Praxis-Grammatik
RUSSISCH

Das große Lern- und Übungswerk.
Anfänger (A1) bis Fortgeschrittene (B2)
Mit Online-Übungen

von
Olena Prusikin

PONS GmbH
Stuttgart

PONS
Praxis-Grammatik
RUSSISCH

Das große Lern- und Übungswerk.
Anfänger (A1) bis Fortgeschrittene (B2)
Mit Online-Übungen

von
Olena Prusikin

Die Inhalte sind identisch mit ISBN 978-3-12-561277-8.

PONS verpflichtet sich, den Zugriff auf die zu diesem Buch passenden Online-Übungen mindestens bis Ende 2021 zu gewährleisten. Einen Anspruch der Nutzung darüber hinaus gibt es nicht.

3. Auflage 2020

© **PONS GmbH, Stöckachstraße 11, 70190 Stuttgart, 2017**
www.pons.de
E-Mail: info@pons.de
Alle Rechte vorbehalten.

Redaktion: Leonie Röhr
Online-Übungen: Olena Prusikin
Logoentwurf: Erwin Poell, Heidelberg
Logoüberarbeitung: Sabine Redlin, Ludwigsburg
Hintergrundbild: Vlado Golub, Stuttgart
Bildnachweis Titelseite: Kathedrale: Thinkstock/prescott0
Einbandgestaltung: Anne Helbich, Stuttgart
Layout: BÜRO CAÏRO, Stuttgart
Layoutüberarbeitung: one pm, Stuttgart
Satz: Satzkasten, Stuttgart
Druck und Bindung: Multiprint GmbH

ISBN: 978-3-12-562898-4

Willkommen

So benutzen Sie dieses Buch

Mit der *Praxis-Grammatik Russisch*
- verbessern Sie Ihre Grammatikkenntnisse,
- können Sie bereits Gelerntes wiederholen, trainieren und vertiefen
- können Sie schnell etwas nachschlagen, wenn Sie unsicher sind.

Die *Praxis-Grammatik Russisch* behandelt alle wesentlichen Themen der russischen Grammatik und führt Sie bis zum Niveau B2 des Europäischen Referenzrahmens.

Der Aufbau eines Kapitels

In Mini-Dialogen wird Ihnen zunächst das grammatische Phänomen in einem alltäglichen Zusammenhang vorgestellt.

Klare, leicht verständliche **Erklärungen** und **Regeln**, übersichtliche Tabellen und ausführliche Gebrauchskästen vermitteln Ihnen schnell sichere Kenntnisse. Viele praktische, realitätsnahe **Beispiele** zeigen Ihnen, wie das grammatische Phänomen richtig angewendet wird.

In den zahlreichen anschließenden **Übungen** können Sie das Erlernte selbst anwenden. Dabei ist der Schwierigkeitsgrad einer Übung jeweils durch Sternchen gekennzeichnet:
* = einfache Übung; ** = mittelschwere Übung; *** = schwierige Übung.
So können Sie selbst auf einfache Weise Ihren Lernfortschritt überprüfen.

In den Randspalten finden Sie jede Menge nützlicher Tipps und Informationen zum richtigen Sprachgebrauch:
- zusätzliche Erklärungen zu grammatischen Phänomenen
- Lerntipps und ergänzende Hinweise
- wichtige Ausnahmen und Stolpersteine
- Wortschatz- und Übersetzungshilfen

In der Randspalte finden Sie auch **Verweise** auf andere Kapitel, die das Verständnis des jeweiligen Themas unterstützen.

Der Anhang

Zu allen Übungen finden Sie ab Seite 262 die **Lösungen**.

Das ausführliche **Stichwortverzeichnis** am Ende des Buches bringt Sie schnell zu den richtigen Stellen in der Grammatik.

Nun viel Erfolg beim Nachschlagen, Lernen und Üben!

Grammatische Fachbegriffe

Russisch	Latein	Deutsch
бу́дущее вре́мя	Futur	Zukunft
вини́тельный паде́ж	Akkusativ	Wen-Fall, 4. Fall
глаго́л	Verb	Tätigkeitswort
гла́сный (звук)	Vokal	Selbstlaut
граммати́ческие времена́	Tempora	Zeiten
да́тельный паде́ж	Dativ	Wem-Fall, 3. Fall
деепричáстие	Adverbialpartizip	-
действи́тельный зало́г	Aktiv	Tätigkeitsform
еди́нственное число́	Singular	Einzahl
же́нский род	feminines Genus	weibliches Geschlecht
имени́тельный паде́ж	Nominativ	Wer-Fall, 1. Fall
(и́мя) прилага́тельное	Adjektiv	Eigenschaftswort
(и́мя) существи́тельное	Substantiv, Nomen	Hauptwort
(и́мя) числи́тельное	Numerale	Zahlwort
изъяви́тельное наклоне́ние	Indikativ	Wirklichkeitsform
ли́чное местоиме́ние	Personalpronomen	persönliches Fürwort
междоме́тие	Interjektion	Ausrufewort
местоиме́ние	Pronomen	Fürwort
мно́жественное число́	Plural	Mehrzahl
мужско́й род	maskulines Genus	männliches Geschlecht
наре́чие	Adverb	Umstandswort
настоя́щее вре́мя	Präsens	Gegenwart
нача́льная фо́рма (глаго́ла)	Infinitiv	Grundform des Verbs
несоверше́нный вид	imperfektiver Aspekt	unvollendeter Aspekt
отрица́ние	Negation	Verneinung
повели́тельное наклоне́ние	Imperativ	Befehlsform
подлежа́щее	Subjekt	Satzgegenstand
предло́г	Präposition	Verhältniswort
предло́жный паде́ж	Präpositiv	6. Fall
прича́стие	Partizip	Mittelwort
просто́е предложе́ние	-	einfacher Satz
проше́дшее вре́мя	Präteritum	einfache Vergangenheit
роди́тельный паде́ж	Genitiv	Wessen-Fall, 2. Fall
склоне́ние	Deklination	Beugung von Substantiven, Pronomen, Adjektiven, Zahlwörter und Partizipien
сло́жное предложе́ние	-	zusammengesetzter Satz
соверше́нный вид	perfektiver Aspekt	vollendeter Aspekt
согла́сный (звук)	Konsonant	Mitlaut
сослага́тельное наклоне́ние	Konjunktiv	Möglichkeitsform
сою́з	Konjunktion	Bindewort
спряже́ние	Konjugation	Beugung von Verben
сре́дний род	neutrales Genus	sächliches Geschlecht
страда́тельный зало́г	Passiv	Leideform
твори́тельный паде́ж	Instrumental	Mittelfall, 5. Fall
части́ца	Partikel	Füllwort, Signalwort

Inhalt

Der Aufbau eines Kapitels	3
Der Anhang	3
Grammatische Fachbegriffe	4

Ру́сский алфави́т – Das russische Alphabet — 8
- Die Schreibschrift — 9
- Hinweise zur Aussprache — 9

Правописа́ние – Rechtschreibung — 10
- Groß- und Kleinschreibung — 10
- Zeichensetzung — 11
- Übungen — 11

Морфоло́гия – Formenlehre — 12
- Das Wort und seine Bestandteile — 13
- Der Lautwechsel im Wortstamm — 14
- Übungen — 14

И́мя существи́тельное – Das Substantiv — 16
- Die Artikellosigkeit des Russischen — 16
- Das grammatische Geschlecht — 16
- Die Zahl — 18
- Die Fälle — 18
- Übungen — 19

Склоне́ния – Deklinationsmodelle — 21
- Allgemeine Hinweise zur Deklination — 21
- Belebte und unbelebte Substantive — 22
- Die Deklination der Substantive im Singular — 22
- Die erste Deklination — 22
- Der Präpositiv mit der Endung -у (-ю) — 24
- Die zweite Deklination — 24
- Die dritte Deklination — 25
- Die gemischte Deklination — 26
- Der partitive Genitiv* — 26
- Übungen — 26
- Die Deklination der Substantive im Plural — 29
- Die erste Deklination — 29
- Die zweite Deklination — 30
- Die dritte Deklination — 30
- Besondere Fälle der Pluralbildung — 31
- Der Genitiv Plural der Substantive — 32
- Die Deklination von Eigennamen — 33
- Übungen — 34

И́мя прилага́тельное – Das Adjektiv — 38
- Die Adjektivdeklination — 38
- Übungen — 41
- Qualitäts- und Beziehungsadjektive — 43
- Die Lang- und die Kurzform der Adjektive — 44
- Übungen — 46
- Die Steigerung der Adjektive — 49
- Der Komparativ — 49
- Der einfache Komparativ — 49
- Der zusammengesetzte Komparativ — 50
- Der Superlativ — 51
- Der einfache Superlativ — 51
- Der zusammengesetzte Superlativ — 51
- Substantivierte Adjektive — 52
- Die Deklination der Familiennamen — 53
- Übungen — 54

Местоиме́ние – Das Pronomen — 57
- Personalpronomen — 58
- Das Reflexivpronomen *себя́* — 59
- Possessivpronomen — 60
- Das reflexive Possessivpronomen *свой* — 62
- Übungen — 62
- Demonstrativpronomen — 65
- Übungen — 68
- Interrogativpronomen — 69
- Relativpronomen — 71
- Übungen — 72
- Negationspronomen — 73
- Übungen — 75
- Indefinitpronomen — 76
- Definitpronomen — 79
- Übungen — 81

И́мя числи́тельное – Das Zahlwort — 84
- Grundzahlwörter — 84
- Die Verbindung aus Grundzahlwort und Substantiv — 85
- Die Verbindung aus Grundzahlwort, Substantiv und Adjektiv — 86

Die Deklination der Grundzahlwörter	87
Rechnen	88
Übungen	89
Sammelzahlwörter	91
Übungen	93
Ordnungszahlwörter	95
Bruch- und Dezimalzahlen	97
Übungen	98
Datum und Uhrzeit	100
Datum	100
Uhrzeit	101
Übungen	102

Глаго́л – Das Verb 105
Der Infinitiv	106
Die Aspekte des Verbs	108
Übungen	114
Verben der Fortbewegung	117
Das Verb *быть*	120
Übungen	122
Verben mit der Partikel *-ся*	125
Unpersönliche Verben	127
Übungen	128
Die Zeiten	131
Das Präteritum	131
Übungen	133
Das Präsens	135
Übungen	138
Das Futur	140
Übungen	142
Der Imperativ	144
Übungen	146
Der Konjunktiv	148
Übungen	149
Das Passiv	151
Übungen	152

Прича́стие – Das Partizip 153
Das Partizip Präsens Aktiv	155
Das Partizip Präteritum Aktiv	156
Die Deklination der Partizipien Präsens und Präteritum Aktiv	158
Übungen	158
Das Partizip Präsens Passiv	160
Das Partizip Präteritum Passiv	161
Die Deklination der Partizipien Präsens und Präteritum Passiv	162
Die Kurzform der Partizipien	163
Übungen	164

Дееприча́стие – Das Adverbialpartizip 167
Adverbialpartizipien der Gleichzeitigkeit	168
Adverbialpartizipien der Vorzeitigkeit	169
Übungen	170

Предло́г – Die Präposition 173
Die Deklination nach Präpositionen	175
Präpositionen mit dem Genitiv	175
Präpositionen mit dem Dativ	176
Präpositionen mit dem Akkusativ	176
Präpositionen mit dem Instrumental	176
Präpositionen mit dem Präpositiv	176
Präpositionen mit dem Akkusativ oder dem Instrumental	177
Präpositionen mit dem Akkusativ oder dem Präpositiv	177
Präpositionen mit drei verschiedenen Fällen	178
Übungen	178

Наре́чие – Das Adverb 181
Die Steigerung der Adverbien	184
Der Komparativ der Adverbien	184
Zum Unterschied zwischen dem Komparativ von Adjektiven und Adverbien	184
Der Superlativ der Adverbien	185
Übungen	185
Prädikative Adverbien	187
Übungen	188

Части́ца – Die Partikel 189
Übungen	194

Междоме́тие – Die Interjektion 196
Übungen	197

Просто́е предложе́ние – Der einfache Satz 199
Die Wortstellung in Aussage- und Fragesätzen	199
Aussagesätze	200
Fragesätze	200
Aufforderungssätze	201
Übungen	203
Satzglieder	206

Das Subjekt	206
Abhängige Satzglieder	208
Übungen	**209**
Das Prädikat	211
Übungen	**214**
Sätze ohne grammatisches Subjekt	**216**
Unbestimmt-persönliche Sätze	216
Allgemein-persönliche Sätze	217
Unpersönliche Sätze	218
Übungen	**221**
Die Negation	**224**
Die Negation mit *не* und *нет*	224
Die Doppelte Verneinung	225
Übungen	**225**

Сло́жное предложе́ние – Der zusammengesetzte Satz — 227

Satzverbindungen	**228**
Übungen	**231**
Satzgefüge	**234**
Objekt- und Subjektsätze	**235**
Konjunktionen in Objekt- oder Subjektsätzen	236
Konjunktionswörter in Objekt- oder Subjektsätzen	241
Übungen	**243**
Attributsätze	**246**
Konjunktionen im Attributsatz	246
Konjunktionswörter im Attributsatz	247
Übungen	**249**
Adverbialsätze	**252**
Adverbialsätze des Ortes	252
Adverbialsätze der Zeit	253
Adverbialsätze des Zweckes	253
Adverbialsätze des Grundes	254
Bedingungssätze	254
Übungen	**256**
Die direkte und die indirekte Rede	**258**
Übungen	**259**

Lösungen — 262

Sachregister — 278

Wortregister — 283

Ру́сский алфави́т – Das russische Alphabet

Am Wortende oder vor stimmlosen Konsonanten werden stimmhafte Konsonanten (wie z. B. d, b, g) stimmlos (also wie t, p, k) ausgesprochen. So klingen **код** (*Code*) und **кот** (*Kater*) zum Beispiel gleich.

Das unbetonte **е** spricht man wie **i** aus.

Ё wird immer betont. In der Schriftsprache wird **ё** oft durch **е** ersetzt.

Das unbetonte **о** wird wie **а** in *alt* ausgesprochen.

Das **щ** können Sie beim Pfeifen durch die Zähne hören!

Buchstabe Druckschrift	Schreibschrift	Buchstabenname	Aussprache
А, а	*А, а*	а	wie **a** in *Affe*
Б, б	*Б, б*	бэ	wie **b** in *Buch*
В, в	*В, в*	вэ	wie **w** in *Wasser*
Г, г	*Г, г*	гэ	wie **g** in *Gans*
Д, д	*Д, д*	дэ	wie **d** in *Dorf*
Е, е	*Е, е*	е	wie **je** in *jedoch*, nach Konsonanten wie **e**
Ё, ё	*Ё, ё*	ё	wie **jo** in *Joch*, nach Konsonanten wie **o**
Ж, ж	*Ж, ж*	жэ	wie das zweite **g** in *Garage*
З, з	*З, з*	зэ	wie **s** in *See* (stimmhaft)
И, и	*И, и*	и	wie **i** in *Igel*
Й, й	*Й, й*	и кра́ткое	(kurzes i) wie **j** in *Joghurt*
К, к	*К, к*	ка	wie **k** in *Kuchen*
Л, л	*Л, л*	эл	etwa wie das englische **l** in *love*
М, м	*М, м*	эм	wie **m** in *Musik*
Н, н	*Н, н*	эн	wie **n** in *Nase*
О, о	*О, о*	о	wie **o** in *Ort*
П, п	*П, п*	пэ	wie **p** in *Panne*
Р, р	*Р, р*	эр	gerolltes **r**
С, с	*С, с*	эс	wie **ß** in *weiß*
Т, т	*Т, т*	тэ	wie **t** in *Turm*
У, у	*У, у*	у	wie **u** in *und*
Ф, ф	*Ф, ф*	эф	wie **f** in *Fall*
Х, х	*Х, х*	ха	wie **ch** in *acht*
Ц, ц	*Ц, ц*	цэ	wie **z** in *Zahn*
Ч, ч	*Ч, ч*	че	wie **tsch** in *Kutsche*
Ш, ш	*Ш, ш*	ша	wie **sch** in *Schule*
Щ, щ	*Щ, щ*	ща	langes weiches **sch**
ъ	*ъ*	твёрдый знак (Härtezeichen)	kein Lautwert, vorheriger Konsonant wird hart ausgesprochen

Ру́сский алфави́т – Das russische Alphabet

Hinweise zur Aussprache

Buchstabe Druckschrift	Schreibschrift	Buchstabenname	Aussprache
ы	*ы*	ы	wie **ü** in *Tür*, die Lippen aber gespreizt wie bei der Aussprache von **i**
ь	*ь*	мя́гкий знак (Weichheitszeichen)	kein Lautwert, vorheriger Konsonant wird weich ausgesprochen
Э, э	*Э, э*	э	wie **ä** in *Ärzte*
Ю, ю	*Ю, ю*	ю	wie **ju** in *Juni*, nach Konsonanten wie **u**
Я, я	*Я, я*	я	wie **ja** in *Jacke*, nach Konsonanten wie **a**

Wenn Sie Probleme mit der Aussprache von weichen Konsonanten haben, stellen Sie sich ein **i** dahinter vor. Hören Sie den Unterschied zwischen dem **k** in *Kiel* und dem **k** in *kahl*?

Die Schreibschrift

Die meisten handgeschriebenen Buchstaben ähneln der Druckschrift, allerdings gibt es einige Abweichungen, auf die man achten soll.

Druckschrift	Handschrift
Бог	*Бог*
Га́мбург	*Га́мбург*
Де́нвер	*Де́нвер*
Лодзь	*Лодзь*
Па́льма	*Па́льма*
Я́лта	*Я́лта*
Тигр	*Тигр*
торт	*торт*
да́ча	*да́ча*
лиши́шь	*лиши́шь*

Die russische **verbundene Handschrift** wird sowohl in privaten Briefen und Notizen als auch in Preisschildern und Formularen verwendet, es macht also durchaus Sinn, sie zu lernen.

Hinweise zur Aussprache

Im Russischen gibt es keine feste **Betonung**. In ein und demselben Wort können je nach Form verschiedene Silben betont sein. In Lern- Wörterbüchern und in dieser Grammatik wird sie bei mehrsilbigen Wörtern durch ein Betonungszeichen angezeigt.

Man unterscheidet zwischen **weichen und harten Konsonanten**. Die harten Konsonanten werden wie die deutschen Konsonanten ausgesprochen. Bei der Aussprache von weichen Konsonanten wird der Zungenrücken angehoben und an den Gaumen gedrückt. Weich sind Konsonanten vor **ь, е, ё, и, ю, я** sowie den Konsonanten **ч** und **щ**. Die Zischlaute **ш, ж** und **ц** sind immer hart, auch wenn danach **ь, е, ё, и, ю, я*** folgen.

In normalen russischen Texten gibt es keine Betonungszeichen!

Beim Lernen neuer Vokabel lernen Sie die Betonung gleich mit.

***е, ё, и, ю, я** werden dann wie **э, о, ы, у, а** ausgesprochen.

Правописа́ние – Rechtschreibung

Groß- und Kleinschreibung

Правописа́ние – Rechtschreibung

Как пи́шется: «Эйяфья́длайёкюдль – достопримеча́тельность Исла́ндии»?

Не зна́ю, прове́рь по словарю́!

Im Russischen gibt es sehr viele Rechtschreibregeln. Wenn Sie ein neues Wort lernen, achten Sie dabei auf die richtige Schreibweise!

– Wie schreibt man „Eyjafjallajökull ist eine Sehenswürdigkeit Islands?"
– Ich weiß es nicht, schlag im Wörterbuch nach.

Groß- und Kleinschreibung

Suffixe sind kleine Wortbausteine, die selber keine Bedeutung haben und zur Bildung neuer Wörter oder Wortarten gebraucht werden. Deutsche Suffixe sind z. B. *-chen*, *-lich* oder *-keit*.

Wie im Deutschen fängt jeder **Satz** im Russischen mit einem Großbuchstaben an und endet mit einem Punkt. Russische **Substantive** werden nur am Satzanfang groß geschrieben.

Personennamen werden groß geschrieben, z. B. Vor-, Vaters- und Nachnamen: Серге́й Алекса́ндрович Есе́нин, А́нна Андре́евна Ахма́това.

Wenn man die Zugehörigkeit ausdrücken möchte und dazu **Possessivadjektive** mit den Suffixen **-ин**, **-ов** oder **-ев** bildet, schreibt man sie groß. Werden sie aber mit dem Suffix **-ск-** gebildet, schreibt man sie klein.

| Ю́лин журна́л, Оле́гова кни́га | толсто́вские кни́ги, пу́шкинский рома́н |

Das Wort und seine Bestandteile, S. 13
Qualitäts- und Beziehungsadjektive, S. 43

журна́л – *Zeitschrift*
кни́га – *Buch*
мо́ре – *Meer*
Но́вый год – *Silvester, Neujahr*
День Всех Святы́х – *Allerheiligen*

Wenn **Eigennamen** (geographische Namen, Theater, Museen etc.) aus zwei oder mehreren Wörtern bestehen, schreibt man in der Regel nur das Wort groß, das diesen Namen näher identifiziert. In der Regel ist es das erste: Чёрное мо́ре, Большо́й теа́тр, Третьяко́вская галере́я.

Dieselbe Regel gilt auch für die Schreibung von **Feiertagsnamen**. Es gibt allerdings einige Ausnahmen.

| Но́вый год День незави́симости | aber: День Побе́ды День Всех Святы́х |

Üben und Anwenden

Rechtschreibung

Zeichensetzung

Auch die russische Zeichensetzung unterscheidet sich manchmal von der deutschen. Die wichtigsten Regeln dazu finden Sie in den Kapiteln **Der einfache Satz**, S. 199 und **Der zusammengesetzte Satz**, S. 227.

Übungen

1. **Lesen** Sie folgende Wörter laut **vor** und **übersetzen** Sie sie ohne Wörterbuch ins Deutsche.*

a) о́пера _____ d) цирк _____

b) шокола́д _____ e) профе́ссор _____

c) теа́тр _____ f) телефо́н _____

2. Schreiben Sie die Sätze ab. Achten Sie dabei auf die korrekte Groß- und Kleinschreibung.*

a) «отцы́ и де́ти» – рома́н ива́на турге́нева.
_____

b) знако́мьтесь, э́то мой брат же́ня, а э́то – моя́ подру́га поли́на.
_____

c) в день побе́ды в москве́ устра́ивают салю́т.
_____

d) река́ днепр протека́ет по террито́рии росси́и, белару́си и украи́ны.
_____

e) пра́здновать но́вый год мы бу́дем у на́ших друзе́й в дюссельдо́рфе.
_____

f) моя́ знако́мая игра́ет в орке́стре большо́го теа́тра.
_____

g) в э́том году́ я не пое́ду на чёрное мо́ре.
_____

Знако́мьтесь! – *Machen Sie sich bekannt!/Darf ich vorstellen?*

устра́ивать – *veranstalten*

салю́т – *Feuerwerk*

пра́здновать – *feiern*

знако́мый, -ая – *der Bekannte, die Bekannte*

Морфоло́гия – Formenlehre

Одно́ мо́ре, мно́го слов!
1. **мо́**ре
2. **мор**ско́й
3. **моря́**к
4. за**мо́р**ский
5. при**мо́р**ье
6. при**мо́р**ский
7. **море**пла́ватель

Ein Meer, viele Wörter!
1. Meer
2. Meeres-, See-
3. Seemann
4. Übersee-, überseeisch
5. Küstenland
6. Küsten-
7. Seefahrer

Im Russischen unterscheidet man zwölf Wortarten:

1.	и́мя существи́тельное	das Substantiv	учени́к, стул, любо́вь
2.	и́мя прилага́тельное	das Adjektiv	хоро́ший, ма́ленький, зелёный
3.	местоиме́ние	das Pronomen	я, твой, э́то
4.	и́мя числи́тельное	das Zahlwort	два, тре́тий
5.	глаго́л	das Verb	чита́ть, идти́, смея́ться
6.	прича́стие	das Partizip	бегу́щий, нарисо́ванный
7.	дееприча́стие	das Adverbialpartizip	пла́ча, разгова́ривая
8.	наре́чие	das Adverb	хорошо́, сего́дня, здесь
9.	предло́г	die Präposition	в, на, о́коло
10.	сою́з	die Konjunktion	и, но, потому́ что
11.	части́ца	die Partikel	ра́зве, ли, же
12.	междоме́тие	die Interjektion	ой! спаси́бо

бегу́щий – *der laufende* (von бе́гать – *laufen*)

нарисо́ванный – *der gemalte* (von нарисова́ть – *malen*)

пла́ча – *weinend* (von пла́кать – *weinen*)

разгова́ривая – *sich unterhaltend* (von разгова́ривать – *sich unterhalten*)

Морфология – Formenlehre

Das Wort und seine Bestandteile

Das Wort und seine Bestandteile

Alle Wörter kann man in zwei große Gruppen einteilen: **flektierbare Wörter** (siehe Wortarten 1-6) und **unflektierbare Wörter** (siehe Wortarten 7-12).

Flektierbare Wörter bestehen aus dem **Stamm** – dem bedeutungstragenden Wortteil – und der **Endung**, die je nach der grammatischen Form verändert wird und auf die Funktion des Wortes im Satz hinweist:

Stamm		Endung	Funktion der Endung
Wurzel	Suffix		
рыб		a	feminin, Nominativ Singular
стол		– (Nullendung)	maskulin, Nom. oder Akk. Singular
холод	н	ый	maskulin, Nom. oder Akk. Singular
говор	и	ть	Infinitiv

Der Stamm kann allein aus der **Wurzel** bestehen:

> двор, дом, дочь, краси́вый

Er kann aber auch ein **Suffix** enthalten:

> до́мик, до́ченька, краси́вейший   Häuschen, Töchterchen, der schönste

Die **Wurzel** ist der **Hauptteil** des Wortes, der seine **Grundbedeutung** trägt.

Das **Suffix** ist die Nachsilbe, die **nach der Wurzel** steht und zur **Bildung neuer Wörter** bzw. **Wortformen** dient.

Allgemein gibt es im Russischen sehr viele Suffixe. So kann z.B. auch ein Adjektiv ein **Verkleinerungs-** bzw. **Verstärkungssuffix** bekommen:

> то́лстенький – толсте́нный   schön rundlich – sehr dick

Der Teil des Wortes, der vor der Wurzel steht und zur Bildung neuer Wörter dient, heißt **Präfix**:

> вход, вы́ход, перехо́д   (abgeleitet von ходи́ть – gehen)

Selbstverständlich kann ein Wort sowohl ein **Präfix** als auch ein **Suffix** haben:

> подоко́нник, надсмо́трщик

Ein Wort kann auch **mehr als eine Wurzel** haben:

> пар-о-хо́д, тре-уго́ль-ный

вход – *Eingang*
вы́ход – *Ausgang*
перехо́д – *Übergang*
подоко́нник – *Fensterbrett*
надсмо́трщик – *Aufseher*
парохо́д – *Dampfschiff*
треуго́льный – *dreieckig*

Морфолóгия – Formenlehre

Der Lautwechsel im Wortstamm

Der Lautwechsel im Wortstamm

Im Russischen tritt sowohl bei der Formbildung ein und desselben Wortes als auch bei der Bildung neuer Wörter durch Präfixe und Suffixe mitunter ein Lautwechsel auf. Dies kann sein:

- ein **Vokalwechsel**: ломáть – разлáмывать, растú – подрóсток;
- **Einschub** oder **Wegfall der Vokale o, e** (der sogenannten flüchtigen Vokale): сон – сны, день – дни;
- ein **Konsonantenwechsel** an der Grenze zwischen dem Stamm und der Endung: круг – кружúть.

Die erste Deklination, S. 22
Die Aspekte des Verbs, S. 108

разлáмывать – *durchbrechen*
подрóсток – *Jugendlicher, Teenager*
кружúть – *kreisen*
крáсить – *färben, streichen*
топúть – *heizen; ertränken*

Die Hauptarten des Konsonantenwechsels sind folgende:

с – ш	крáсить – крáшу	з – ж	возúть – вожý
г – ж	дорогóй – дорóже	к – ч	крик – кричáть
г – ж – з	друг – дружúть – друзья́	ц – ч	лицó – лúчный
д – ж	сидéть – сижý	т – ч	хотéть – хочý
ст – щ	простóй – прóще	п – пл	топúть – топлю́
ск – щ	искáть – ищý	в – вл	ловúть – ловлю́
б – бл	любúть – люблю́	м – мл	кормúть – кормлю́

Übungen

1. Finden Sie **Wörter mit der gleichen Wurzel**, achten Sie dabei auf den möglichen Lautwechsel.*

рукá • бéгать • мóре • дéти • дéрево • стáрый • ручнóй • скóрость • морскóй • стáрость • бег • приручúть • деревя́нный • скóрый • дéтский • скóро • моря́к • вы́бежать • старúк • дéточка • рукавúца

ручнóй – *Arm-, Hand-; zahm*
скóрость – *Geschwindigkeit*
приручúть – *zähmen*
рукавúца – *Fausthandschuh*
дéточка – *Kindlein*

a) рук-/руч-: _рука, ручной,_ _____
b) бег-/беж-: _____
c) мор-: _____
d) дет-: _____
e) дерев-: _____
f) стар-: _____
g) скор-: _____

Üben und Anwenden

Formenlehre

2. Zerlegen Sie die Wörter in ihre **Bestandteile** und ergänzen Sie die Tabelle.**

мы́шка • пододея́льник • перекину́ть • небольшо́й • буты́лочка

Präfix	Wurzel	Suffix	Endung
	мыш	к	а
под			
	ки		
не			
			а

пододея́льник – *Bettbezug*

перекину́ть – *(hin)überwerfen*

3. Versuchen Sie, **möglichst viele Wörter** aus den vorhandenen Wortteilen zu bilden. Benutzen Sie dabei das Wörterbuch, denn nicht alle Kombinationen sind ist möglich!***

Präfixe	Suffixe	Endungen
под-	-овик	-ый
при-	-и-	-ть
пре-	-а-	-ся
до-	-ну-	-а
пере-	-ов-	-ий
по-	-ок	
	-е-	
	-от-	
	-еньк-	

a) -ход-:   *подход, подходить,* _____

b) -красн-: _____

c) -берёз-: _____

d) -прыг-/-прыж-: _____

e) -черн-/-чёрн-: _____

f) -роз-: _____

g) -весел-/-весёл-: _____

15

Имя существительное – Das Substantiv

Die Artikellosigkeit des Russischen, das grammatische Geschlecht

Имя существительное – Das Substantiv

– Почему ты всегда заказываешь только кофе?
– Потому что я не знаю, как склоняются другие существительные!

– Warum bestellst du immer nur Kaffee?
– Weil ich nicht weiß, wie die anderen Substantive dekliniert werden!

Das grammatische Geschlecht, S. 16
Die Zahl, S. 18
Die Fälle, S. 18

Die russischen Substantive bezeichnen **Gegenstände, Lebewesen** sowie **abstrakte Begriffe**, werden nach dem Geschlecht unterschieden und nach Zahl und Fall verändert (dekliniert).

Die Artikellosigkeit des Russischen

Demonstrativpronomen, S. 65
Indefinitpronomen, S. 76

Russische Substantive haben **keinen Artikel**. Ob ein Substantiv bestimmt oder unbestimmt ist, ist im Russischen meistens irrelevant. Das Geschlecht, die Zahl und den Fall des Substantivs erkennt man meistens an seiner Endung.

Soll ein Substantiv **näher bestimmt** werden, können für diesen Zweck je nach Kontext **Indefinit- oder Demonstrativpronomen (какой-то, этот** usw.) verwendet werden:

какой-то – *irgendein*
этот – *dieser*

Она купила машину.	Sie hat <u>das/ein</u> Auto gekauft.
Она купила **эту** машину.	Sie hat <u>das/dieses</u> Auto gekauft.
Она купила **какую-то** машину.	Sie hat sich <u>(irgend-)ein</u> Auto gekauft.

Das grammatische Geschlecht

Für die Verwendung von Substantiven ist ihr grammatisches Geschlecht wichtig. Nach ihrem grammatischen Geschlecht lassen sich alle russischen Substantive **entsprechend ihren Endungen in drei Gruppen** aufteilen:

Имя существительное – Das Substantiv

Das grammatische Geschlecht

Maskulina	Feminina	Neutra
1. Alle Substantive auf **harte Konsonanten** und **-й**: стол, ящик, музе́й 2. Viele Substantive auf **-ь**: руль, день - Bezeichnungen von **männlichen Personen** auf **-тель**: учи́тель, жи́тель - **Monatsnamen** auf **-ь**: ию́нь, сентя́брь	1. Die meisten Substantive auf **-а, -я, -ь**: страна́, неде́ля, крова́ть 2. Alle Substantive auf **-жь, -чь, -шь, -щь**, **-ость**: молодёжь, ночь, мышь, вещь, но́вость, ско́рость	1. Alle Substantive auf **-о, (-ё), -е, -мя**: окно́, ружьё, мо́ре, вре́мя 2. **Fremdsprachige unbelebte** Substantive mit **Stammauslaut** auf einen **Vokal**: пальто́, жюри́, рагу́

Substantive auf **-ь** können männlich oder weiblich sein. Lernen Sie das Geschlecht deshalb immer mit!

молодёжь – *Jugend, Jugendliche*

руль – *Lenkrad*

Substantive wie **мужчи́на** (*Mann*), **па́па** (*Papa*), **дя́дя** (*Onkel*), **де́душка** (*Opa*) haben zwar die typisch weiblichen Endungen **-а/-я**, gehören aber trotzdem zu den Maskulina.

Die zweite Deklination, S. 24

Substantive, die **Lebewesen** (Menschen und Tiere) bezeichnen, können nur weiblich oder männlich sein*. Das grammatische Geschlecht der belebten Substantive lässt sich entweder durch das natürliche Geschlecht des Menschen bzw. des Tieres oder durch die entsprechende Endung bestimmen:

Maskulina	Feminina
ма́льчик, брат, оте́ц	де́вочка, сестра́, мать
бык, кот, пету́х	коро́ва, ко́шка, ку́рица
слон, крокоди́л, волк	обезья́на, па́нда, ры́ба

*Ausnahmen: **живо́тное**, **дитя́** (Tier, Kind – letzteres weniger gebräuchlich) sind Neutra.

Einige **Berufsbezeichnungen** haben männliche und weibliche Formen: учи́тель – учи́тельница (*Lehrer – Lehrerin*), санита́р – санита́рка (*Krankenpfleger – Krankenpflegerin*). Die meisten sind jedoch immer maskulin, egal, ob es sich dabei um einen Mann oder eine Frau handelt: врач (*Arzt/Ärztin*), парикма́хер (*Friseur/Friseurin*), фото́граф (*Fotograf/Fotografin*).

Substantive, die **Kinder** bzw. **Tierjunge** bezeichnen und auf **-ёнок/-онок** enden, sind unabhängig von ihrem natürlichen Geschlecht immer maskulin.

ребёнок, котёнок, медвежо́нок	*das Kind, das Kätzchen, das Bärenjunge*

Die **Deklination** der Substantive und der dazugehörigen Adjektive bzw. Pronomina entspricht dann dem grammatischen Geschlecht. Die **Konjugation** der Verben richtet sich hingegen nach dem eigentlichen Geschlecht der Person:

Но́вый врач пришёл. aber: Но́вый врач пришла́.	*Ein neuer Arzt kam.* *Eine neue Ärztin kam.*

Das Präteritum, S. 131

Имя существительное – Das Substantiv

Die Zahl, die Fälle

Die Zahl

Steht ein **Zahlwort** vor dem Substantiv, muss dies bei der Pluralbildung berücksichtigt werden, denn verschiedene Zahlwörter verlangen verschiedene Pluralformen.

Die meisten russischen Substantive können im **Singular** und im **Plural** gebraucht werden. Der Nominativ Plural wird mit Hilfe der Endungen **-ы/-и**, **-а/-я** (für Maskulina), **-ы/-и** (für Feminina) und **-а/-я** (für Neutra) gebildet.

Maskulina	Feminina	Neutra
стол – столы́	сестра́ – сёстры	письмо́ – пи́сьма
слова́рь – словари́	неде́ля – неде́ли	варе́нье – варе́нья

Einige Substantive werden **nur im Singular** gebraucht, andere dagegen **nur im Plural**.

Grundzahlwörter, S. 84

Die Deklination der Substantive im Plural, S. 29
Besondere Fälle der Pluralbildung, S. 31

Nur im Singular	Nur im Plural
1. **Sammelnamen**: молодёжь, бельё, посу́да, ме́бель	1. Gegenstände, die aus **zwei** oder **mehreren Teilen** bestehen: очки́, брю́ки, но́жницы, весы́, де́ньги, ша́хматы
2. einige **chemische Stoffe, Flüssigkeiten, Lebensmittel**: желе́зо, кислоро́д, пи́во, мя́со	2. einige **Substanzen** und **Lebensmittel**: черни́ла, духи́, сли́вки, дро́жжи
3. einige **Pflanzennamen**: карто́фель, пшени́ца, мали́на, сире́нь, крапи́ва	3. einige **abstrakte Begriffe**: бу́дни, су́тки, кани́кулы, по́хороны
4. viele **abstrakte Begriffe**: пе́ние, внима́ние, мо́лодость, темнота́, любо́вь	

черни́ла – *Tinte*
духи́ – *Parfum*
дро́жжи – *Hefe*
крапи́ва – *Brennnessel*
бу́дни – *Alltag*
су́тки – *24 Stunden*
по́хороны – *Beisetzung*

Die Fälle

Russische Substantive werden **dekliniert**, d. h. sie bekommen je nach Fall unterschiedliche Endungen. Bei der Deklination kann sich außerdem die Wortbetonung verschieben.

Die Präposition, S. 173

Die Fälle weisen im Russischen eine **Vielzahl von Bedeutungen** auf. Durch ein und denselben Fall kann man im Satz verschiedene Beziehungen zwischen den Wörtern zum Ausdruck bringen. Präpositionen verleihen ihnen zusätzliche Bedeutungen.

Wenn Sie ein neues Verb lernen, lernen Sie den Fall, mit dem es gebraucht wird, gleich mit: **звони́ть** + Dat., **ждать** + Gen. usw.

Nominativ	имени́тельный паде́ж	кто? что?	wer? was?
Genitiv	роди́тельный паде́ж	кого́? чего́?	wessen?
Dativ	да́тельный паде́ж	кому́? чему́?	wem?
Akkusativ	вини́тельный паде́ж	кого́? что?	wen? was?
Instrumental	твори́тельный паде́ж	кем? чем?	mit wem? womit?
Präpositiv	предло́жный паде́ж	о ком? о чём?	über wen? worüber?

Der partitive Genitiv, S. 26

Die ersten vier Fälle werden ähnlich wie im Deutschen verwendet.

Имя существительное – Das Substantiv

Übungen

Der **Instrumental** bezeichnet meistens das **Instrument** oder das **Mittel**, mit dessen Hilfe die Handlung durchgeführt wird: рисовáть кúсточк**ой** и крáск**ами** (*mit Pinsel und Farben malen*).

Viele Verben, Präpositionen und grammatikalische Konstruktionen verlangen den Instrumental **rein formal**, ohne dass die oben beschriebene Bedeutung beibehalten bleibt: рабóтать врач**óм** (*als Arzt arbeiten*), дéвушка с весл**óм** (*Mädchen mit dem Ruder*), ýтр**ом** (*am Morgen*).

§ Präpositionen mit dem Instrumental, S. 176

Der **Präpositiv** wird (wie sein Name schon verrät) nur mit **Präpositionen** gebraucht. Seine Bedeutung hängt also von denen der Präpositionen ab.

§ Präpositionen mit dem Präpositiv, S. 176

| Дýмаю **о** жúзн**и**. | Гуля́ю **в** пáрк**е**. |

Übungen

1. Tragen Sie die Substantive je nach **Geschlecht** in die Tabelle ein.*

a) слóво   d) окнó   g) ѝмя   j) простыня́
b) тетрáдь e) ключ   h) глýпость k) гóре
c) дом   f) апрéль i) кнúга   l) парú

простыня́ – *Bettlaken*
гóре – *Unglück*

Maskulina	Feminina	Neutra

2. Verbinden Sie die männlichen Substantive mit dem Zahlwort **одúн**, die weiblichen mit **однá** und die sächlichen mit **однó**.**

a) _одúн_ барáн   e) _____ воспитáтельница
b) _____ овцá   f) _____ адвокáт
c) _____ альбóм g) _____ объявлéние
d) _____ таксú   h) _____ моркóвь

одúн – *ein* (m.)
однá – *eine* (f.)
однó – *ein* (n.)
объявлéние – *Anzeige, Ankündigung*

Üben und Anwenden

Das Substantiv

3. Tragen Sie die Substantive je nach ihrer **Pluralfähigkeit** in eine der drei Spalten ein. **

пери́ла – Geländer
воро́та – Tor
водоро́д – Wasserstoff

a) ~~капу́ста~~
b) ~~де́ньги~~
c) ~~слон~~
d) трусы́
e) обе́д
f) убо́рка
g) смех
h) суп
i) перила
j) воро́та
k) водоро́д
l) зверь

Nur Singular	Singular und Plural	Nur Plural
капуста	слон	деньги

4. Verbinden Sie die Substantive im Singular mit den Pronomen **мой/моя́/моё** und die im Plural mit **мои́**. ***

мой – mein (m.)
моя́ – meine (f.)
моё – mein (n.)
мои́ – meine (Pl.)
зада́ние – Aufgabe

a) _моя_ нога́
b) _____ го́род
c) _____ дочь
d) _____ но́жницы
e) _____ зада́ние
f) _____ конь
g) _____ очки́
h) _____ кани́кулы
i) _____ дом
j) _____ весы́
k) _____ бюро́
l) _____ да́ча

5. Bestimmen Sie, welche **Substantive** im **Singular** gebraucht werden können und schreiben Sie ihre **Singularform**.***

a) носки́ _носок_
b) колго́тки _____
c) боти́нки _____
d) близнецы́ _____
e) очки́ _____
f) но́жницы _____
g) перча́тки _____
h) фина́нсы _____

Склонéния – Deklinationsmodelle

- Кто э́та краси́вая блонди́нка?
- Кого́ вы слу́шаетесь?
- Кому́ вы да́рите цветы́?
- Кого́ вы лю́бите?
- С кем вы гуля́ете?
- О ком вы разгова́риваете?

- Ма́ма!
- Ма́мы!
- Ма́ме!
- Ма́му!
- С ма́мой!
- О ма́ме!

- Wer ist diese hübsche Blondine?
- Auf wen hört ihr?
- Wem schenkt ihr Blumen?
- Wen liebt ihr?
- Mit wem geht ihr spazieren?
- Über wen redet ihr?

- Die Mama!
- Auf die Mama!
- Der Mama!
- Die Mama!
- Mit der Mama!
- Über die Mama!

Die russischen Substantive werden nach dem Geschlecht und den Endungen im Nominativ Singular in vier **Deklinationstypen** eingeteilt, und zwar in die **erste**, die **zweite**, die **dritte** und die **gemischte Deklination**.

Allgemeine Hinweise zur Deklination

Viele russische Substantive wechseln bei der Deklination im Singular und/oder im Plural ihre **Betonung**: сто́л – стола́. Leider gibt es kaum verlässliche Regeln dazu, also muss man im Zweifelsfall ein Wörterbuch zu Rate ziehen.

Zahlreiche Substantive werden **abweichend von der Regel dekliniert** (Lautwechsel, unregelmäßige Endungen usw.). Daher empfiehlt es sich, beim Lernen der neuen Substantive ihre Deklination im Wörterbuch nachzuschlagen und mitzulernen.

! Einige aus Fremdsprachen entlehnte Substantive auf -о, -е, -и, -ю, -у werden nicht dekliniert und haben keine Pluralform. Dazu gehört das männliche Substantiv ко́фе sowie zahlreiche sächliche Substantive wie z. B. ра́дио, кино́, пальто́, кафе́, такси́, меню́, какаду́ usw.

Склонения – Deklinationsmodelle

Die Deklination der Substantive im Singular

Belebte und unbelebte Substantive

Grammatikalisch gesehen sind sämtliche Bezeichnungen für Menschen und Tiere **belebte Substantive**, alle anderen Substantive sind **unbelebt**. Diese Erkenntnis ist für die Deklination der Substantive von großer Wichtigkeit, da sich dadurch folgende Deklinationsmuster erklären lassen:

Die Kategorie der Belebtheit beeinflusst auch die Deklination der dem Substantiv zugeordneten Adjektive, Partizipien, Pronomen und Zahlwörter
▸ **Die Adjektivdeklination**, S. 38
▸ **Das Pronomen**, S. 57
▸ **Das Zahlwort**, S. 84
▸ **Die Deklination der Partizipien**, S. 158

belebt	unbelebt
m.: Akk. Sg. = Gen. Sg.	m., n., f. auf -ь: Akk. Sg. = Nom. Sg.
m./f./n.: Akk. Pl. = Gen. Pl.	m./f./n.: Akk. Pl. = Nom. Pl.

Die Deklination der Substantive im Singular
Die erste Deklination

Zur ersten Deklination gehören die **männlichen** Substantive, die auf einen **Konsonanten** oder **-ь** enden, und die **sächlichen** Substantive auf **-о, -ё, -е**.

Der **Stammauslaut** ist der Laut, auf den der Stamm des Wortes endet, also der letzte Konsonant vor der Endung. Ist der Konsonant hart, spricht man von einem harten Stammauslaut, ist er weich (z. B. wenn der Stamm auf -ь endet), spricht man von einem weichen Stammauslaut.

Männliche Substantive mit hartem Stammauslaut und Stammauslaut auf Zischlaut

Fall	harter Stammauslaut		Zischlaute (ж, ч, ш, щ, ц)		Endungen
	bel.	unbel.	bel.	unbel.	
Nom.	мальчик	диван	товарищ	нож	endungslos (0-Endung)
Gen.	мальчика	дивана	товарища	ножа́	-a
Dat.	мальчику	дивану	товарищу	ножу́	-y
Akk.	мальчика	диван	товарища	нож	wie Gen. (bel.) oder Nom. (unbel.)
Instr.	мальчиком	диваном	товарищем	ножо́м	-ом, -ем
Präp.	(о) мальчике	(о) диване	(о) товарище	(о) ноже́	-e

Im **Instr. Sg.** haben die **männlichen** und die **sächlichen** Substantive auf ж, ч, ш, щ, ц die betonte Endung **-óм** und die unbetonte Endung **-ем**.

Männliche Substantive mit weichem Stammauslaut und Stammauslaut auf -й

Fall	weicher Stammauslaut		Stammauslaut auf -й		Endungen
	bel.	unbel.	bel.	unbel.	
Nom.	конь	дождь	герой	музей	endungslos (0-Endung)
Gen.	коня	дождя́	героя	музея	-я
Dat.	коню	дождю́	герою	музею	-ю
Akk.	коня	дождь	героя	музей	- wie Gen. (bel.) oder Nom. (unbel.)
Instr.	конём	дождём	героем	музеем	-ём, -ем
Präp.	(о) коне́	(о) дожде́	(о) герое	(о) музее	-e

Wenn die Endung im Instrumental betont ist, weist das Substantiv die Endung **-ём** auf. Ist die Endung unbetont, hat es die Endung **-ем**.

Склонéния – Deklinationsmodelle

Die Deklination der Substantive im Singular

Sächliche Substantive mit hartem Stammauslaut

Fall	Substantive	Endungen
Nom.	лéто	-о
Gen.	лéта	-а
Dat.	лéту	-у
Akk.	лéто	- wie Nom.
Instr.	лéтом	-ом
Präp.	(о) лéте	-е

Der Präpositiv braucht immer eine Präposition, z. B. **о** (bzw. **об**, wenn das nachfolgende Wort mit einem Vokal beginnt).

Sächliche Substantive mit weichem Stammauslaut und Stammauslaut auf Zischlaut

Fall	weicher Stammauslaut	Stammauslaut auf ж, ч, ш, щ, ц			Endungen
Nom.	пóле	ружьё	сéрдце	плечó	-ё, -е, -о
Gen.	пóля	ружья́	сéрдца	плеча́	-я, -а
Dat.	пóлю	ружью́	сéрдцу	плечу́	-ю, -у
Akk.	пóле	ружьё	сéрдце	плечó	- wie Nom.
Instr.	пóлем	ружьём	сéрдцем	плечóм	-ём, -ем, -ом
Präp.	(о) пóле	(о) ружьé	(о) сéрдце	(о) плечé	-е

ружьё – *Gewehr*

Nach **ж, ч, ш, щ** und **ц** haben die **sächlichen** Substantive im **Nominativ Singular** die Endung **-ó** in **betonter** und die Endung **-е** in **unbetonter Position**.

лицó, плечó, сéрдце, учи́лище

Ц wird immer hart ausgesprochen!

Männliche Substantive auf -ий und sächliche Substantive auf -ие

Fall	männlich		sächlich	Endungen
	bel.	unbel.		
Nom.	гуманитáрий	планетáрий	собрáние	-ий, -ие
Gen.	гуманитáрия	планетáрия	собрáния	-ия
Dat.	гуманитáрию	планетáрию	собрáнию	-ию
Akk.	гуманитáрия	планетáрий	собрáние	wie Gen. (bel.) oder Nom. (unbel.)
Instr.	гуманитáрием	планетáрием	собрáнием	-ием
Präp.	(о) гуманитáрии	(о) планетáрии	(о) собрáнии	-ии

Das russische Alphabet, S. 8

гуманитáрий – *Geisteswissenschaftler*

Die flüchtigen Vokale in den Substantiven

Einige **männliche** Substantive der **ersten Deklination** erhalten im **Nominativ Singular** einen **Einschubvokal** vor dem letzten Konsonanten, damit das Wort einfacher auszusprechen ist. Dieser Vokal taucht in anderen Fällen nicht auf und wird **flüchtiger Vokal** genannt.

Склонéния – Deklinationsmodelle

Die Deklination der Substantive im Singular

Flüchtige Vokale kommen im Nominativ Singular folgender männlicher Substantive vor:

у́голь – *Kohle*
посо́л – *Botschafter*
ручéй – *Bach*

1. in den Substantiven, die auf -ол(ь), -ел(-ёл), -ер, -ень, -ок, -ек, -енок(-ёнок), -ец enden;	посо́л – посла́ – послу́ – посла́ – … у́голь – угля́ – … орёл – орла́ – … вéтер – вéтра – … мешо́к – мешка́ – … ребёнок – ребёнка – … отéц – отца́ – …
2. in **einsilbigen** Wörtern.	лоб – лба – … сон – сна – …

Manchmal tritt anstelle vom flüchtigen -**е** ein -**ь** oder ein -**й** auf:
лёд – льда
лев – льва
ручéй – ручья́
боéц – бойца́

Der Präpositiv mit der Endung -у (-ю)

Einige männliche Substantive weisen im Präpositiv nach den Präpositionen **в** und **на** die betonte Endung -ý (-ю́) auf.

* Beginnt das Wort mit zwei Konsonanten, wird die Präposition **в** zu **во**.

1. в лесу́, в саду́, в углу́, в шкафу́, в носу́, в глазу́, во рту́*, в бою́, в плену́, в Крыму́	на берегу́, на мосту́, на лугу́, на шкафу́, на лбу́, на носу́, на краю́, на снегу́
2. В како́м году́? – В 2012 году́. В кото́ром часу́?	

Die zweite Deklination

Zur zweiten Deklination gehören die **weiblichen** Substantive auf -**а** (-**я**). Innerhalb der zweiten Deklination unterscheidet man die Beugung der Substantive mit hartem und mit weichem Stammauslaut.

Der Unterschied zwischen diesen beiden Deklinationsmustern besteht hier nur in den **Genitivendungen** (nach **г, к, х** wird **ы** immer zu **и**)!

Weibliche Substantive mit hartem Stammauslaut

Fall	Substantive mit hartem Stammauslaut außer г, к, х	Endungen	Substantive mit Stammauslaut auf г, к, х	Endungen
Nom.	ла́мпа	-а	рука́	-а
Gen.	ла́мпы	-ы	руки́	-и
Dat.	ла́мпе	-е	руке́	-е
Akk.	ла́мпу	-у	ру́ку	-у
Instr.	ла́мпой	-ой	руко́й	-ой
Präp.	(о) ла́мпе	-е	(о) руке́	-е

Склонéния – Deklinationsmodelle

Die Deklination der Substantive im Singular

Weibliche Substantive mit weichem Stammauslaut

Fall	Substantive auf -я	Endungen	Substantive auf -ия	Endungen
Nom.	земля́	-я	ли́ния	-ия
Gen.	земли́	-и	ли́нии	-ии
Dat.	земле́	-е	ли́нии	-ии
Akk.	зе́млю	-ю	ли́нию	-ию
Instr.	землёй	-ей (-ёй)	ли́нией	-ией
Präp.	(о) земле́	-е	(о) ли́нии	-ии

Nach Zischlauten (**ж, ш, ч, щ**) und **ц** haben die Substantive im **Instrumental** die betonte Endung **-ой** und die unbetonte Endung **-ей** (свечо́й, пти́цей).

Das grammatische Geschlecht, S. 16

Nach der zweiten Deklination werden außerdem die **männlichen Substantive** und die **Substantive zweierlei Geschlechts** auf **-а (-я)** gebeugt: мужчи́на, дя́дя, у́мница usw.

Die dritte Deklination

Nach der dritten Deklination werden die **weiblichen** Substantive gebeugt, die im Nominativ Singular auf **-ь** enden.

Fall	Substantiv	Endungen
Nom.	ночь	endungslos (0-Endung)
Gen.	но́чи	-и
Dat.	но́чи	-и
Akk.	ночь	wie Nom.
Instr.	но́чью	-ью
Präp.	(о) но́чи	-и

In der dritten Deklination stimmt der Akk. Sg. mit dem Nom. Sg. überein.

Einige Substantive, deren **Stamm** in allen Fällen des Singulars **betont** ist, weisen im **Präpositiv Singular Endbetonung** auf, falls sie mit den Präpositionen **в** oder **на** gebraucht werden:
ночь – о но́чи – **в** ночи́,
степь – о сте́пи – **в** степи́, кровь – о кро́ви – **на** крови́.

Zur dritten Deklination gehören auch die Substantive **мать** und **дочь**, die in fast allen Fällen das Suffix **-ер-** erhalten.

Fall	Substantive		Endungen
Nom.	мать	дочь	endungslos (0-Endung)
Gen.	ма́тери	до́чери	-и
Dat.	ма́тери	до́чери	-и
Akk.	мать	дочь	wie Nom.
Instr.	ма́терью	до́черью	-ью
Präp.	(о) ма́тери	(о) до́чери	-и

25

Склонéния – Deklinationsmodelle

Übungen

Die gemischte Deklination

Nach diesem Muster werden folgende sächliche Substantive dekliniert: врéмя, знáмя, и́мя, плáмя (*Flamme*), плéмя (*Stamm*), darüber hinaus fünf weitere seltener verwendete Substantive auf -мя.

Zehn Neutra auf -мя und das männliche Substantiv **путь** gehören zur gemischten Deklination.

Fall		Endungen		Endungen
Nom.	врéмя	-я	путь	0-Endung
Gen.	врéмени	-и	пути́	-и
Dat.	врéмени	-и	пути́	-и
Akk.	врéмя	wie Nom.	путь	wie Nom.
Instr.	врéменем	-ем	путём	-ём
Präp.	(о) врéмени	-и	(о) пути́	-и

* Eine Übung zu diesem Thema finden Sie auf S. 36.

Der partitive Genitiv*

Die Aspekte des Verbs, S. 108

Nach den Verben, die den Akkusativ regieren, können ess- und trinkbare Objekte auch im Genitiv stehen, wenn sich diese Objekte nur auf einen (**kleineren**) **Teil der vorhandenen Menge** an Lebensmitteln beziehen. Der partitive Genitiv wird **nur mit vollendeten Verben** verwendet.

графи́н – *Karaffe*

Maskulina bilden neben regelmäßigen auch umgangssprachliche Formen des partitiven Genitivs auf **-у/-ю**: Я купи́ла сы́ру, мёду, сáхару и чáю.

Partitiver Genitiv	Akkusativ
Я нали́л **сóка** в стакáн. (ein bisschen Saft, davon ist noch mehr da)	Я нали́л **сок** в графи́н. (den ganzen Saft, den ich hatte)
Онá вы́пила **молокá**. (ein bisschen Milch)	Онá вы́пила **молокó**. (die ganze Milch)

Übungen

1. Bestimмen Sie **Geschlecht** und **Fall** der hervorgehobenen Substantive.*

пляж – *Strand*
складнóй стул – *Klappstuhl*
бинóкль – *Fernglas*
футля́р – *Etui*

Пляж (a) *(Mask., Nom.)* был пуст. Тóлько у **мóря** (b) _____ на складнóм **стýле** (c) _____ сидéл **мужчи́на** (d) _____ с **бинóклем** (e) _____ и смотрéл на вóлны, чáек и **корáбль** (f) _____ у **горизóнта** (g) _____ . Ря́дом с егó **стýлом** (h) _____ стоя́ла **сýмка** (i) _____ с **буты́лкой** (j) _____ **воды́** (k) _____ , тóлстой **тетрáдью** (l) _____ и **футля́ром** (m) _____ от **бинóкля** (n) _____ .

Üben und Anwenden

Deklinationsmodelle: Die Deklination der Substantive im Singular

2. Beantworten Sie die **Fragen** mit den **Substantiven** in Klammern.*

a) Кого́ ты встре́тил в па́рке? – (друг) _Дру́га_____ .
b) Кто был у вас в гостя́х? – (ро́дственник) _____ .
c) Что вы изуча́ли в университе́те? – (фи́зика) _____ .
d) С кем Оле́г е́здил в о́тпуск? – (подру́га) _____ .
e) О чём вы разгова́ривали? – (о́тпуск) _____ .
f) Что ты купи́ла? – (пла́тье) _____ .
g) Где ты гуля́ешь с соба́кой? – (лес) _____ .
h) Чем ты э́то нарисова́ла? – (каранда́ш) _____ .
i) Кто у тебя́ в мешке́? – (кот) _____ .
j) Кому́ ты его́ пода́ришь? – (жена́) _____ .

Die Fragewörter helfen Ihnen, den richtigen Fall zu wählen!

Die Fälle, S. 18

мешо́к – *Sack*

3. Bestimmen Sie, zu welcher **Deklination** die Substantive gehören.*

a) хала́т __1.__   b) ёж _____   c) нога́ _____
d) но́вость _____   e) полоте́нце _____   f) коро́ль _____
g) ло́жка _____   h) мазь _____   i) по́езд _____
j) пе́сня _____   k) дельфина́рий _____   l) го́ре _____
m) клей _____   n) форе́ль _____   o) бревно́ _____
p) чай _____   q) ко́фе _____   r) пи́во _____

хала́т – *Kittel*
ёж – *Igel*
полоте́нце – *Handtuch*
мазь – *Salbe*
клей – *Kleber*
бревно́ – *Baumstamm*

4. Ergänzen Sie die **Tabellen**.**

Nom.	ключ	(d) _____	му́хи	ка́мень	(h) _____	(k) _____
Gen.	(a) _ключа́_	му́хи		(h) _____	стекла́	
Dat.	ключу́	(e) _____		ка́мню	(l) _____	
Akk.	(b) _____	му́ху		(i) _____	стекло́	
Instr.	(c) _____	(f) _____		ка́мнем	(m) _____	
Präp.	о ключе́	(g) _____		(j) _____	о стекле́	

ра́нец – *Ranzen*
сеть – *Netz*
я́блоня – *Apfelbaum*
входно́й биле́т – *Eintrittskarte*

Üben und Anwenden

Deklinationsmodelle: Die Deklination der Substantive im Singular

Nom.	любо́вь	(q) _____	муж	(x) _____
Gen.	(n) _любви́_	со́лнца	(u) _____	исто́рии
Dat.	любви́	(r) _____	му́жу	(y) _____
Akk.	(o) _____	со́лнце	(v) _____	исто́рию
Instr.	(p) _____	(s) _____	му́жем	(z) _____
Präp.	о любви́	(t) _____	(w) _____	об исто́рии

5. Setzen Sie die Substantive in Klammern in den richtigen **Fall**.***

a) Ната́ша наде́ла _кофту_____ (ко́фта).

b) Ма́льчик несёт ра́нец _____ (подру́га).

c) Рыба́к лови́л ры́бу _____ (сеть).

d) Я уви́дел краси́вую _____ (ба́бочка).

e) Мы вспомина́ли о _____ (ле́то).

f) В _____ (сад) растёт я́блоня.

g) Моя́ сестра́ показа́ла _____ (контролёр) свой входно́й _____ (биле́т).

h) Вчера́ я помы́ла _____ (окно́) в кабине́те

6. Wählen Sie die **richtige Form der Substantive**, schreiben Sie die russischen Buchstaben, die in Klammern davor stehen, in die Kästchen links unten und erfahren Sie, wie der tiefste Süßwassersee der Erde heißt.***

му́ха – *Fliege*
стрекоза́ – *Libelle*
объявле́ние – *Anzeige*
поднима́ть тру́бку – *den Hörer abnehmen*
птене́ц – *Küken*

a) Малы́ш лежи́т на рука́х у …
(а) ма́ти. (б) ма́тери. (в) ма́терью.

b) Му́ха пла́вает в моём …
(а) борще́. (б) борщу́. (в) борща́.

c) Стрекоза́ лета́ла над …
(и) ручеем. (й) ручьём. (к) ручеём.

d) Я звоню́ вам по …
(и) объявле́ние. (й) объявле́нием. (к) объявле́нию.

e) Подними́, пожа́луйста, …
(а) тру́бку. (б) тру́бка. (в) тру́бкой.

f) Э́тот птене́ц вы́растет и ста́нет …
(к) пти́цой. (л) пти́цей. (м) пти́цем.

Die Deklination der Substantive im Plural

Wie bereits im Kapitel **Die Zahl**, S. 18 erwähnt, bilden die meisten russischen Substantive den **Nominativ** Plural mit den Endungen
- **-ы** (die männlichen und die weiblichen Substantive mit hartem Stammauslaut);
- **-и** (die männlichen und die weiblichen Substantive, deren Stamm auf einen weichen Konsonanten, **г/к/х** oder einen Zischlaut endet);
- **-а** und **-я** (die sächlichen Substantive mit hartem bzw. weichem Stammauslaut).

Die Maskulina, Neutra und Feminina haben im **Dativ** Plural die Endung **-ам (-ям)**, im **Instrumental -ами (-ями)** und im **Präpositiv -ах (-ях)**. Im **Genitiv** Plural weisen die Substantive unterschiedliche Endungen auf. Im **Akkusativ** fallen die Endungen bei belebten Substantiven mit den Endungen im Gen. zusammen, bei den unbelebten hingegen mit den Endungen im Nom.

 Die Zahl, S. 18

 Die Wörter **лю́ди**, **две́ри**, **ло́шади** bilden im Plural die **Instrumentalformen людьми́, дверьми́, лошадьми́**.

Die erste Deklination

Männliche Substantive mit hartem Stammauslaut

Fall	belebt	Endungen	unbelebt	Endungen
Nom.	пило́ты	-ы	дубы́	-ы
Gen.	пило́тов	-ов	дубо́в	-ов
Dat.	пило́там	-ам	дуба́м	-ам
Akk.	пило́тов	wie Gen.	дубы́	wie Nom.
Instr.	пило́тами	-ами	дуба́ми	-ами
Präp.	(о) пило́тах	-ах	(о) дуба́х	-ах

 Der Genitiv Plural der Substantive, S. 32

Die männlichen und sächlichen Substantive, die im Nominativ Plural auf **-ья** enden (**бра́тья, кры́лья, дере́вья** etc.), behalten das **-ь** in allen Fällen und werden (bis auf den Gen. Pl. mit der Endung **-ьев**) wie die männlichen Substantive mit weichem Stammauslaut dekliniert.

Männliche Substantive mit weichem Stammauslaut, auf Zischlaute und г, к, х

Fall	belebt	Endungen	unbelebt	Endungen
Nom.	врачи́	-и	огни́	-и
Gen.	враче́й	-ей	огне́й	-ей
Dat.	врача́м	-ам	огня́м	-ям
Akk.	враче́й	wie Gen.	огни́	wie Nom.
Instr.	врача́ми	-ами	огня́ми	-ями
Präp.	(о) врача́х	-ах	(об) огня́х	-ях

 Die Präposition, S. 173

Склонéния – Deklinationsmodelle

Die Deklination der Substantive im Plural

Sächliche Substantive

Der **Unterschied** zwischen den Pluralendungen der männlichen und der sächlichen Substantive besteht nur in den **Nominativendungen**.

Fall				Endungen
Nom.	óкна	поля́	зда́ния	-а, -я, -ия
Gen.	óкон	поле́й	зда́ний	endungslos (0-Endung), -ей, -ий
Dat.	óкнам	поля́м	зда́ниям	-ам, -ям, -иям
Akk.	óкна	поля́	зда́ния	wie Nominativ
Instr.	óкнами	поля́ми	зда́ниями	-ами, -ями, -иями
Präp.	(об) óкнах	(о) поля́х	(о) зда́ниях	-ах, -ях, -иях

Die zweite Deklination

Fall	bel.	unbel.	unbel.	Endungen
Nom.	сёстры	неде́ли	а́рмии	-ы, -и, -ии
Gen.	сестёр	неде́ль	а́рмий	endungslos (Nullendung), -ий
Dat.	сёстрам	неде́лям	а́рмиям	-ам, -ям, -иям
Akk.	сестёр	неде́ли	а́рмии	wie Nom. (unbel.) oder Gen. (bel.)
Instr.	сёстрами	неде́лями	а́рмиями	-ами, -ями, -иями
Präp.	(о) сёстрах	(о) неде́лях	(об) а́рмиях	-ах, -ях, -иях

Die dritte Deklination

Fall	bel.	unbel.	Endungen
Nom.	мы́ши	тетра́ди	-и
Gen.	мыше́й	тетраде́й	-ей
Dat.	мыша́м	тетра́дям	-ам, -ям
Akk.	мыше́й	тетра́ди	wie Nom. (unbel.) oder Gen. (bel.)
Instr.	мыша́ми	тетра́дями	-ами, -ями
Präp.	(о) мыша́х	(о) тетра́дях	-ах, -ях

Склоне́ния – Deklinationsmodelle

Die Deklination der Substantive im Plural

Besondere Fälle der Pluralbildung

1. Einige männlichen Substantive, vor allem viele Berufsbezeichnungen haben im **Nominativ Plural** die Endungen **-а**, **-я**. Die Endung wird dabei betont.

-а	-я
глаз – глаза́	я́корь – якоря́
но́мер – номера́	учи́тель – учителя́
па́спорт – паспорта́	пу́дель – пуделя́
бе́рег – берега́	
по́езд – поезда́	
дом – дома́	
до́ктор – доктора́	
ма́стер – мастера́	

я́корь – *Anker*

2. Einige Maskulina mit hartem Stammauslaut und Neutra auf **-о** bekommen im Plural die Endung **-ья**.

Maskulina	Neutra
сын – сыновья́	крыло́ – кры́лья
брат – бра́тья	перо́ – пе́рья
друг – друзья́	де́рево – дере́вья
лист – ли́стья	

лист (*Blatt Papier*) – листы́
aber:
лист (*Pflanzenblatt*) – ли́стья

цвето́к (*Blume*) – цветы́
aber:
цвет (*Farbe*) – цвета́

3. Personenbezeichnungen auf **-анин**, **-янин** haben im Plural die Endungen **-ане**, **-яне**.

-анин ▶ -ане	-янин ▶ -яне
англича́нин – англича́не	крестья́нин – крестья́не

4. Substantive auf **-онок**, **-ёнок** weisen im Plural die Endungen **-ата**, **-ята** auf.

-онок ▶ -ата	-ёнок ▶ -ята
медвежо́нок – медвежа́та	котёнок – котя́та
зайчо́нок – зайча́та	маслёнок – масля́та

маслёнок – *Butterpilz*

5. Einige Substantive bilden **unregelmäßige** Pluralformen:

ребёнок – де́ти	челове́к – лю́ди
и́мя – имена́*	я́блоко – я́блоки
су́дно – суда́	цвето́к – цветы́

*Genau so werden die Pluralformen der anderen Substantive auf **-мя** gebildet.

 Die gemischte Deklination, S. 26

 Die Deklination der Substantive im Plural, S. 29

Diese Pluralformen werden genauso dekliniert wie die „normalen" Substantive im Plural.

Die Deklination der Substantive im Plural

Der Genitiv Plural der Substantive

Im Genitiv Plural weisen die Substantive unterschiedliche Endungen auf.

Maskulina

Die Form des Genitivs Plural wird in den meisten Wörterbüchern angegeben. Lernen Sie sie mit!

Der Genitiv Plural wird nach Wörtern, die **unbestimmte Mengen** bezeichnen wie z. B. **мно́го, не́сколько, ма́ло**, den **Zahlen ab 5** und der Negation **нет** benutzt.

Das Zahlwort, S. 84
Die Negation mit не und нет, S. 224

не́мец – *Deutscher*
граждани́н – *Bürger*
крестья́нин – *Bauer*
коло́дец – *Brunnen*
мураве́й – *Ameise*
чуло́к – *Strumpf*

-ов	Substantive mit **hartem Stammauslaut**: лес (Nom. Sg.) – леса́ (Nom. Pl.) – лесо́в (Gen. Pl) оте́ц – отцы́ – отцо́в
-(ь)ев (unbetont)	Die **stammbetonten** Substantive **-ья**: брат – бра́тья – бра́тьев стул – сту́лья – сту́льев
-ёв (betont)	**Substantive** mit **Stammauslaut** auf **-ц**, wenn die **Endung** im Genitiv Plural **unbetont** ist: коло́дец – коло́дцы – коло́дцев не́мец – не́мцы – не́мцев Substantive auf **-й**: трамва́й – трамва́и – мураве́й – муравьи́ – муравьёв трамва́ев
-ей	Die **endungsbetonten** Substantive auf **-ья**: друг – друзья́ – друзе́й Bei Stammauslaut auf **weichen Konsonanten** und **Zischlaut**: врач – врачи́ – враче́й конь – ко́ни – коне́й
endungslos	сапо́г – сапоги́ – сапо́г раз – разы́ – раз чуло́к – чулки́ – чуло́к партиза́н – партиза́ны – партиза́н Substantive auf **-анин, -янин**: граждани́н – гра́ждане – крестья́нин – крестья́не – гра́ждан крестья́н

Neutra

о́блако – облака́ – облако́в

Im Genitiv Plural kann ein **Vokal im Wortstamm** auftauchen:
яйцо́ – яи́ц; окно́ – о́кон; письмо́ – пи́сем usw.

0-Endung	Substantive auf **-о** und auf **-е** bei **Stammauslaut** auf **-ц** und Zischlaute: письмо́ – пи́сьма – пи́сем окно́ – о́кна – о́кон полоте́нце – полоте́нца – полоте́нец яйцо́ – я́йца – яи́ц
-ий	Substantive auf **-ие**: собра́ние – собра́ния – собра́ний зда́ние – зда́ния – зда́ний
-ев	Substantive auf **-о**, die im Nominativ Singular auf **-ья** enden: де́рево – дере́вья – дере́вьев перо́ – пе́рья – пе́рьев
-ей	Substantive auf **-е**: мо́ре – моря́ – море́й по́ле – поля́ – поле́й

Склонéния – Deklinationsmodelle

Die Deklination von Eigennamen

Feminina

0-Endung (harter Konsonant)	Substantive auf **-a**: жéнщина – жéнщины – жéнщин страна́ – стра́ны – стран
0-Endung (**-ь**, **-й**)*	Substantive auf **-я**: ды́ня – ды́ни – дынь ста́туя – ста́туи – ста́туй
-ей	Substantive auf **-ья**: семья́ – се́мьи – сем**е́й** статья́ – статьи́ – стат**е́й** Feminina der **dritten Deklination**: мать – ма́тери – матер**е́й** мышь – мы́ши – мыш**е́й** тетра́дь – тетра́ди – тетра́д**ей** ночь – но́чи – ноч**е́й**

*Ausnahmen:
ви́шня – ви́шни – **ви́шен**
пе́сня – пе́сни – **пе́сен**
ба́шня – ба́шни – **ба́шен**

ды́ня – *Honigmelone*
статья́ – *Artikel*

Die Deklination von Eigennamen

Form

Im Russischen bilden die meisten **Familiennamen** dem Geschlecht des Trägers entsprechend weibliche und männliche Formen.

Im Singular werden die **männlichen Familiennamen** auf **-ов, -ев, -ёв, -ин, -ын** vorwiegend wie maskuline Substantive dekliniert.

Э́то Ко́ля Петро́в. Вчера́ я ви́дел Петро́ва. (Akk.)	Э́то Никола́й Сидо́рин. Э́то пода́рок Сидо́рину. (Dat.)

Die **weiblichen Familiennamen** auf **-ова, -ева, -ёва, -ина, -ына** werden im Singular vorwiegend wie Adjektive dekliniert.*

Familiennamen im Plural auf **-овы, -евы, -ёвы, -ины, -ыны** werden wie Adjektive dekliniert.

Vor- und Vatersnamen werden im Unterschied zu den Familiennamen wie normale Substantive dekliniert

Э́то дочь Ли́дии Степа́новны. (Gen.)	Я звони́л И́горю Андре́евичу. (Akk.)

Ortsnamen werden wie Substantive dekliniert.

Львы живу́т в А́фрике. (Präp.)	Она́ чита́ет об исто́рии Ки́ева. (Gen.)

*Mehr zur Deklination der Familiennamen, die wie Adjektive dekliniert werden

Die Deklination der Familiennamen, S. 53

Der Vatersname wird vom Vornamen des Vaters mit Hilfe der Suffixe **-ович/-евич** und **-овна/-евна** gebildet:
Сергей Ива́н**ович**, Иван Серге́**евич**, Анна Ива́н**овна**, Елена Серге́**евна**.

Склонéния – Deklinationsmodelle

Übungen

In den Familiennamen auf **-их/-ых** wird immer die Endsilbe betont.

Nicht dekliniert werden:

1. Ukrainische Familiennamen auf -ко:	Ти́щенко, Лы́сенко
2. Russische Familiennamen auf **-их/-ых**:	Долги́х, Черны́х
3. Russische Familiennamen auf **-ич** und **nicht-russische Familiennamen** auf **Konsonanten**, wenn sie auf **Frauen** bezogen sind:	Татья́на Дру́бич, Мари́я А́нна Мо́царт
4. Nichtrussische Familiennamen auf **Vokal**:	Пикассо́, Растре́лли
5. Nichtrussische **geographische Namen** auf **-е, -и, -о, -у**:	Зимба́бве, Тбили́си, О́сло, Баку́

Мы слу́шали о́перу **Лы́сенко**.
Я звони́л Ива́ну **Белы́х**.
Я люблю́ **Пикассо́**.
Э́то портре́т Мари́и А́нны **Мо́царт**. (aber: Я был в до́ме **Мо́царта**.)
Про́шлым ле́том он был в **О́сло**.

Übungen

1. Bilden Sie die **Pluralformen**.*

при́нтер – *Drucker*
скри́пка – *Geige*

a) я́блоко   *я́блоки*
b) гру́ша   _____
c) кре́сло   _____
d) при́нтер   _____
e) крова́ть   _____
f) костёр   _____
g) сестра́   _____
h) гарди́на   _____
i) мо́ре   _____
j) чемода́н   _____
k) скри́пка   _____
l) мяч   _____
m) дире́ктор   _____
n) ве́шалка   _____

2. Bestimmen Sie das Geschlecht und den Deklinationstyp der Ortsnamen.*

a) Москва́   *fem., 2. Dekl.*
b) Берли́н   _____
c) Евро́па   _____
d) Ле́йпциг   _____
e) Австра́лия   _____
f) Сара́ево   _____
g) Кишенёв   _____
h) Волы́нь   _____

Üben und Anwenden

Deklinationsmodelle: Die Deklination der Substantive im Plural

3. Setze Sie die angegebenen maskulinen Substantive in den **Genitiv** und ordnen Sie sie in **Gruppen**.*

ученики́ • врачи́ • бра́тья • словари́ • студе́нты • дома́ • портфе́ли • города́ • дни • сту́лья • календари́ • друзья́ • языки́ • геро́и • телефо́ны • го́луби • ме́сяцы • экза́мены • украи́нцы

портфе́ль – *Aktentasche*
го́лубь – *Taube*

(a) -ов	(b) -(ь)ев	(c) -ей
ученико́в	бра́тьев	враче́й

4. Beantworten Sie die Fragen nach dem Muster, benutzen Sie dabei den **Genitiv Plural**.**

упражне́ние – *Übung*

a) – В ва́шем до́ме оди́н эта́ж?

– Нет, в на́шем до́ме пять _этаже́й_____ .

b) – Вы сде́лали два упражне́ния?

– Нет, я сде́лала не́сколько _____ .

c) – Кири́лл купи́л одну́ тетра́дь?

– Нет, он купи́л мно́го _____ .

d) – В э́той табли́це четы́ре числа́?

– Нет, в э́той табли́це де́сять _____ .

e) – В э́той кни́ге два́дцать четы́ре страни́цы?

– Нет, в э́той кни́ге три́дцать _____ .

f) – На не́бе есть облака́?

– Нет, на не́бе нет _____ .

g) – У вас во дворе́ расту́т дере́вья?

– Нет, у нас во дворе́ нет _____ .

Üben und Anwenden

Deklinationsmodelle: Die Deklination von Eigennamen

5. Setzen Sie die Substantive in den **Akkusativ** oder ~~den partitiven Genitiv~~.**

a) Купи́, пожа́луйста, _сыра_ (сыр) на у́жин.
b) Кто опя́ть съел весь _сыр_ (сыр)?
c) Ко́шка вы́пила всю _во́ду_ (вода́).
d) Я налила́ ко́шке _во́ду_ (вода́).
e) Мой брат лю́бит _мёд_ (мёд) в ча́е.
f) Ма́ма положи́ла сы́ну _мёд_ (мёд) в чай.
g) Я съе́ла всю _клубни́ку_ (клубни́ка), бо́льше нет.
h) Дай мне ещё _клубни́ку_ (клубни́ка), пожа́луйста.

клубни́ка – Erdbeere

6. Wählen Sie die richtige Form der **Eigennamen**.**

a) Вчера́ я встре́тила …
  ☐ 1. Серге́я Андре́евича.   ☐ 2. Серге́й Андре́евича.

b) Ле́том мы пое́дем в …
  ☐ 1. Тбили́сю.   ☐ 2. Тбили́си.

c) Я не узна́л …
  ☐ 1. Тама́ры Фёдоровной.   ☐ 2. Тама́ру Фёдоровну.

d) Учени́к чита́л стихи́ …
  ☐ 1. Тара́са Шевче́нки.   ☐ 2. Тара́са Шевче́нко.

e) Это кни́га …
  ☐ 1. Экзюпери́.   ☐ 2. Экзюпера́.

f) Мы смотре́ли фильм по сцена́рию …
  ☐ 1. Алекса́ндра Адамо́вича.   ☐ 2. Алекса́ндра Адамо́вич.

сцена́рий – Drehbuch

g) Я вспо́мнила о …
  ☐ 1. Ю́лии Гиле́виче.   ☐ 2. Ю́лии Гиле́вич.

h) Он познако́мился с …
  ☐ 1. Андре́ем Черны́хом.   ☐ 2. Андре́ем Черны́х.

Übung und Anwenden

Deklinationsmodelle: Die Deklination der Substantive im Plural

7. Diese Sätze sind falsch. Bringen Sie sie in Ordnung!***

a) Я ре́жу бума́гой но́жницы.

  Я режу ножницами бумагу.

b) В овоща́х и фру́ктах он купи́л магази́н.

  _____

c) Учи́тель объясня́л дете́й пра́вилам.

  _____

d) Па́па забива́ет молото́к гвоздя́ми.

  _____

e) Мы чита́ем пти́цы и зве́ри о кни́гах и журна́лах.

  _____

f) Почтальо́н принёс мне ро́дственников от пи́сем.

  _____

g) Ко́шки всегда́ боя́тся мыше́й.

  _____

h) Я́годы лю́бят медве́дей.

  _____

i) Я чита́ю автомоби́ли о журна́ле.

  _____

j) Ни́на звони́т ва́жному вопро́су по ма́тери.

  _____

k) Де́вочка да́рит кни́ге дру́га.

  _____

l) По́езд опозда́л на друзе́й.

  _____

забива́ть – *einschlagen*
молото́к – *Hammer*
гвоздь – *Nagel*
но́жницы – *Schere*
ро́дственник – *Verwandter*
опозда́ть – *sich verspäten*

Имя прилага́тельное – Das Adjektiv

Die Adjektivdeklination

Имя прила́гательное – Das Adjektiv

Э́то са́мая больша́я матрёшка, э́то – больша́я, э́то – сре́дняя, э́то – ма́ленькая, а э́то – са́мая ма́ленькая.

сре́дний – *mittlerer, mittelgroß*

Das ist die größte Matrjoschka, das ist eine große, das ist eine mittelgroße, das ist eine kleine und das ist die kleinste.

Qualitäts- und Beziehungsadjektive, S. 43

Das Adjektiv bezeichnet **Eigenschaften** und **Merkmale** (большо́й, деревя́нный) sowie die **Zugehörigkeit** der **Substantive** (за́ячий хвост, роди́тельский дом) und beantwortet die Fragen како́й? кака́я? како́е? каки́е? (*was für ein/eine/welche?*) oder чей? чья? чьё? чьи? (*wessen?*). Es bezieht sich auf ein Substantiv und stimmt mit ihm in Geschlecht, Zahl und Fall überein:

за́ячий хвост – *Hasenschwanz*

роди́тельский дом – *Elternhaus*

Я вы́нула ма́леньк**ую** матрёшк**у** из сре́дн**ей** матрёшк**и**.
Больш**и́е** матрёшк**и** стоя́т ря́дом.

Die Adjektivdeklination

Form

In **Wörterbüchern** steht immer die **männliche Form** der Adjektive.

Die **Geschlechtsendung** des Adjektivs hängt von dem **Stammauslaut** sowie von der **Wortbetonung** ab.* Der Adjektivstamm kann auf einen **harten Konsonanten**, auf **г, к, х**, auf die Zischlaute **ж, ч, ш, щ** oder einen **weichen Konsonanten** enden.

*Unterscheidet sich das **natürliche Geschlecht** des Bezugsworts vom grammatischen, so folgt das Adjektiv dem natürlichen Geschlecht.

Das grammatische Geschlecht, S. 16

1. Die meisten russischen Adjektive haben einen harten Stammauslaut.	männlich	unbetonte Endung -ый: но́вый, бе́лый, дли́нный
		betonte Endung -о́й: голубо́й, молодо́й, просто́й
	sächlich	Endung -ое: просто́е, но́вое, ста́рое
	weiblich	Endung -ая: но́вая, бе́лая, дли́нная
	Plural	Endung -ые: но́вые, просты́е, бе́лые, дли́нные, ста́рые

Имя прилагательное – Das Adjektiv

Die Adjektivdeklination

2. Nach г, к, х, ж, ч, ш, щ kann nie ein -ы folgen.	männlich		unbetonte Endung -ий: ма́ленький, све́жий, хоро́ший
			betonte Endung -ой: друго́й, плохо́й, большо́й
	sächlich		Endung -ое: ма́ленькое, плохо́е, большо́е
			unbetonte Endung -ее (nur in Adjektiven mit Stammauslaut ж, ч, ш, щ): све́жее, хоро́шее, горя́чее
	weiblich		Endung -ая: ма́ленькая, све́жая, больша́я
	Plural		Endung -ие: ма́ленькие, плохи́е, све́жие, больши́е
3. Adjektive auf weiches -н-	männlich		Endung -ий: си́ний, ле́тний, после́дний
	sächlich		Endung -ее: си́нее, ле́тнее, после́днее
	weiblich		Endung -яя: си́няя, ле́тняя, после́дняя
	Plural		Endung -ие: си́ние, ле́тние, после́дние

Die **Deklination der Adjektive** richtet sich nach dem Geschlecht, der Zahl und dem Fall des Substantivs, auf das sich das Adjektiv bezieht.

Maskulinum Singular

	harter Stammauslaut		auf г, к, х	auf ж, ч, ш, щ		weicher Stammauslaut
	Betonung auf Stamm	Betonung auf Endung		Betonung auf Stamm	Betonung auf Endung	
N.	но́вый	просто́й	ти́хий	хоро́ший	большо́й	си́ний
G.	но́вого	просто́го	ти́хого	хоро́шего	большо́го	си́него
D.	но́вому	просто́му	ти́хому	хоро́шему	большо́му	си́нему
A.	wie Gen. (bei belebten Substantiven) oder Nom. (bei unbelebten Substantiven)					
I.	но́вым	просты́м	ти́хим	хоро́шим	больши́м	си́ним
P.	(о) но́вом	(о) просто́м	(о) ти́хом	(о) хоро́шем	(о) большо́м	(о) си́нем

Die Deklination von Adjektiven mit Stamm auf г, к, х ist bis auf den Nominativ (ти́хий, лихо́й) unabhängig von der Betonungsposition.
Die Adjektive mit dem weichen Stammauslaut sind immer stammbetont.

In den Genitivendungen -ого, -его wird г wie в ausgesprochen.

Die Deklinationsendungen der **männlichen** und der **sächlichen Form** der Adjektive sind in allen Fällen außer im Nominativ und im Akkusativ gleich. Wie bei den Substantiven stimmen die Akkusativendungen mit denen im Genitiv (falls sich das Adjektiv auf ein belebtes Substantiv bezieht) oder im Nominativ (wenn es sich um ein unbelebtes Substantiv handelt) überein.

Имя прилагательное – Das Adjektiv

Die Adjektivdeklination

Neutrum Singular

	harter Stammauslaut	auf г, к, х	auf ж, ч, ш, щ		weicher Stammauslaut
			Betonung auf Stamm	Betonung auf Endung	
Nom.	новое	тихое	хорошее	большое	синее
Gen.	нового	тихого	хорошего	большого	синего
Dat.	новому	тихому	хорошему	большому	синему
Akk.	новое	тихое	хорошее	большое	синее
Instr.	новым	тихим	хорошим	большим	синим
Präp.	(о) новом	(о) тихом	(о) хорошем	(о) большом	(о) синем

In allen Fällen außer dem Nominativ und Akkusativ werden die männlichen und die sächlichen Adjektive gleich dekliniert.

Femininum Singular

	harter Stammauslaut	auf г, к, х	auf ж, ч, ш, щ		weicher Stammauslaut
			Betonung auf Stamm	Betonung auf Endung	
Nom.	новая	тихая	хорошая	большая	синяя
Gen.	новой	тихой	хорошей	большой	синей
Dat.	новой	тихой	хорошей	большой	синей
Akk.	новую	тихую	хорошую	большую	синюю
Instr.	новой	тихой	хорошей	большой	синей
Präp.	(о) новой	(о) тихой	(о) хорошей	(о) большой	(о) синей

Die weiblichen Adjektive haben im Genitiv, Dativ, Instrumental und Präpositiv die gleichen Endungen: -ой oder -ей.

Analog zur Substantivdeklination sind der maskuline Akkusativ Singular dem Genitiv gleich, wenn sich das Adjektiv auf ein Substantiv bezieht, das **etwas Belebtes** bezeichnet. Dagegen stimmt er mit dem Nominativ überein, wenn es sich bei dem Bezugswort nicht um ein Lebewesen handelt.

секрет – *Geheimnis*

| Я знаю маленького мальчика. | Я знаю маленький секрет. |

Adjektive, die sich auf männliche Substantive mit den Endungen **-а, -я** beziehen, stehen in der männlichen Form und werden dementsprechend dekliniert.

Das grammatische Geschlecht, S. 16

| Это мой старый дедушка. | Я вижу высокого мужчину. |

Plural

Im Genitiv und Präpositiv sind die Endungen gleich (-ых, -их).

Im Plural ist die Wortbetonung für die Deklination irrelevant.

Fall	harter Stammauslaut	auf г, к, х	Stammauslaut auf ж, ч, ш, щ	weicher Stammauslaut
Nom.	новые	тихие	большие	синие
Gen.	новых	тихих	больших	синих
Dat.	новым	тихим	большим	синим
Akk.	новых (bel.) новые (unbel.)	тихих (bel.) тихие (unbel.)	больших (bel.) большие (unbel.)	синих (bel.) синие (unbel.)
Instr.	новыми	тихими	большими	синими
Präp.	(о) новых	(о) тихих	(о) больших	(о) синих

Имя прилагательное – Das Adjektiv

Übungen

Gebrauch

Adjektive beziehen sich im Russischen auf ein Substantiv (sehr selten auf ein Personalpronomen) und bezeichnen seine **Eigenschaften** oder **Merkmale**.

Я взяла́ **ма́мину** (Zugehörigkeit) **но́вую** (Eigenschaft) **шёлковую** (Merkmal) блу́зку.

Das Adjektiv kann als **Attribut** gebraucht werden, dann steht es vor dem Substantiv und **stimmt** mit ihm **in Geschlecht, Zahl und Fall überein**:

Он чита́ет интере́сн**ую** кни́г**у** о да́льн**их** стра́н**ах**.

Oft werden **im Deutschen** russische attributive Adjektive mit Substantiven durch ein **Kompositum** wiedergegeben:

морско́й бе́рег	*Seestrand*
де́тская ко́мната	*Kinderzimmer*
шёлковая блу́зка	*Seidenbluse*

Adjektive können auch als **Prädikate** auftreten und eine Aussage über das Subjekt des Satzes treffen. Im **Präsens** wird dabei das Verb **быть** (*sein*) weggelassen, im **Präteritum** benutzt man die Formen **был, была́, бы́ло, бы́ли**, im **Futur** die Formen **бу́дет, бу́дут**.

Präsens	Präteritum	Futur
Э́тот хлеб чёрствый.	Кни́га **была́** ску́чная.	Доро́га **бу́дет** до́лгая.

 Qualitäts- und Beziehungsadjektive, S. 43

 Für das Prädikat wird oft (vor allem in der geschriebenen Sprache) die Kurzform des Adjektivs benutzt.

 Die Lang- und die Kurzform der Adjektive, S. 44
Das Prädikat, S. 211
Das Subjekt, S. 206
Das Verb *быть*, S. 120

Übungen

1. Ergänzen Sie die **Adjektivendungen**.*

a) но́в**ый** дом
b) ра́нн_____ у́тро
c) зелён_____ одея́ло
d) ры́ж_____ соба́ка
e) у́зк_____ мост
f) ка́р_____ глаза́
g) ста́р_____ маши́на
h) больн_____ дя́дя
i) сле́дующ_____ ме́сяц
j) осе́нн_____ пого́да

ры́жий – *rothaarig*
ка́рий – *braun* (nur im Kontext „braune Augen")

Üben und Anwenden

Das Adjektiv: Die Adjektivdeklination

2. Setzen Sie die **Betonungszeichen**.*

общий – *gemeinsam*
волчий – *Wolfs-*
чужой – *fremd*

a) левый c) общее e) рыжий g) смешной i) волчье
b) золотой d) добрый f) большое h) плохое j) чужое

3. Beantworten Sie die Fragen, setzen Sie dabei die **Adjektive** in Klammern in den richtigen **Fall**.**

a) Какую книгу ты пишешь? – _Детскую._ (детский)

b) Какой это журнал? – _____ (женский)

c) Какого цвета у неё глаза? – _____ (синий)

d) Какое письмо ты читаешь? – _____ (новый)

e) Какого брата ты встретил вчера? – _____ (старший)

f) Какой краской он красит корову? – _____ (лиловый)

галстук – *Krawatte*

g) К какому костюму подходит этот галстук? – К _____ (тёмный)

4. Suchen Sie die passenden **Adjektive** und setzen Sie sie in die richtige **Form**.***

> бедный • большой • деревянный • острый • южный •
> свежий • прекрасный • радужный • старший

a) Бабушка, почему у тебя такие _большие_ зубы?

b) У меня нет _____ брата.

ёж – *Igel*
иголка – *Nadel*
радужный – *regenbogenfarben*

c) У ежа _____ иголки.

d) Принц поцеловал _____ принцессу.

e) Мы подарим эти игрушки _____ детям.

f) Под _____ мостом течёт ручей.

g) Они несли _____ флаг.

h) Из _____ окна видны горы.

i) Пойдём на _____ воздух!

Имя прилагательное – Das Adjektiv

Qualitäts- und Beziehungsadjektive

Qualitäts- und Beziehungsadjektive

Alle russischen Adjektive lassen sich in Qualitäts- und Beziehungsadjektive einteilen. Die **Qualitätsadjektive** bezeichnen die Merkmale, die bei einem Gegenstand in mehr oder minder starkem Maße auftreten können (**высо́кий** дом, **краси́вый** го́род). Die **Beziehungsadjektive** lassen dagegen keinen Vergleich und keine Steigerung zu und bezeichnen die Eigenschaften eines Gegenstandes durch Beziehung auf andere Gegenstände, Stoffe, Zeitpunkte und Orte (**стекля́нная** ва́за, **вчера́шний** день, **речна́я** вода́).

стекля́нный – *Glas-, gläsern*
вчера́шний – *gestrig*
речно́й – *Fluss-*

Form

Qualitätsadjektive

- bestehen oft nur aus der **Wurzel** und der **Endung**: но́в**ый** костю́м, ста́р**ое** де́рево
- werden hauptsächlich von **Substantiven** mit Hilfe des Suffixes **-н-** und den Adjektivendungen gebildet: холо́д**н**ый, вку́с**н**ый
- haben häufig das Suffix **-к-**: высо́**к**ий, я́р**к**ий.

Die Adjektivdeklination, S. 38

Beziehungsadjektive

- sind **immer von Substantiven abgeleitet**. Dabei enthalten sie die Suffixe **-н-**, **-ск-**, **-ат-**, **-ист-**, **-ов-**, **-ев-**, **-ическ-**, **-енн-**, **-ан-**, **-ян-**: желе́з**н**ый, ки́ев**ск**ий, горб**а́т**ый, боло́т**ист**ый, мех**о́в**ый, пол**ев**о́й, истор**и́ческ**ий, пи́сь**менн**ый, ко́ж**ан**ый, ветр**ян**о́й.

Wenn der Stamm des Substantivs, von dem das Adjektiv abgeleitet wird, auf г, к, х, т, ц endet, findet ein Konsonantenwechsel statt: доро́га – доро́жный, со́лнце – со́лнечный usw.

Gebrauch

Qualitätsadjektive bezeichnen z. B.:

die **Farbe**:

бе́лый снег, жёлтый песо́к

die **Größe** oder die **Form**:

большо́й о́стров, кру́глый стол

die **physischen Eigenschaften**:

лёгкий рюкза́к, молода́я мать

die **Charaktereigenschaften**:

до́брый ма́льчик, у́мная соба́ка

Beziehungsadjektive erläutern z. B.:
das **Material**:

сере́бряное кольцо́, шерстяны́е носки́

Der Lautwechsel im Wortstamm, S. 14

желе́зный – *eisern*
горба́тый – *bucklig*
боло́тистый – *sumpfig*
мехо́вый – *Pelz-*
полево́й – *Feld-*
ветряно́й – *Wind-*
шерстяно́й – *Woll-*

И́мя прилага́тельное – Das Adjektiv

Die Lang- und die Kurzform der Adjektive

die **Person**, für die der Gegenstand gedacht ist:

де́тский стул, же́нский журна́л

die **Zeit**:

весе́нние цветы́, у́тренний чай

den **Ort**:

го́рная река́, морска́я ры́ба

die **Art der Tätigkeit**:

спорти́вные но́вости, о́перный теа́тр

den **Besitz**:

ма́мины очки́, Та́нина су́мка

Die Lang- und die Kurzform der Adjektive

Im Russischen unterscheidet man Lang- und Kurzformen der Adjektive. **Qualitätsadjektive** können **beide Formen** haben, **Beziehungsadjektive** haben **nur Langformen**.

Langform	Kurzform
высо́кий шкаф	шкаф высо́к
зи́мний день	– (keine Kurzform)

Form

Die Kurzformen werden gebildet, indem von den Langformen der Qualitätsadjektive die Endung gestrichen wird. Die Adjektive bekommen dann die folgenden Endungen:

Die Kurzformen werden nicht nach dem Fall verändert!

Ein **e** wird auch dann eingeschoben, wenn in der Langform ein **ь** oder ein **й** vor dem Suffix -к- steht:
го́рький – го́рек
сто́йкий – сто́ек

Singular			Plural
Mask.	Fem.	Neutr.	alle drei Geschlechter
–	-а	-о	-ы, -и (nach weichen Konsonanten und г, к, х, ж, ц, ш, щ)

здоро́в**ый** – здоро́в – здоро́в**а** – здоро́в**о** – здоро́в**ы**
хоро́ш**ий** – хоро́ш – хороша́ – хорошо́ – хорош**и́**

Endet der Stamm des Adjektivs auf zwei Konsonanten, wird in der männlichen Kurzform ein **о** oder ein **е/ё** zwischen diese Konsonanten eingefügt.

И́мя прилага́тельное – Das Adjektiv

Die Lang- und die Kurzform der Adjektive

о vor к	е/ё vor н, р, л
бли́зкий – бли́зок	больно́й – бо́лен
у́зкий – у́зок	у́мный – умён
лёгкий – лёгок	о́стрый – остёр

сто́йкий – *standhaft*

Die Adjektive auf **-енный** haben in der Kurzform entweder die Endung **-ен** oder die Endung **-енен**.

уве́ренный – уве́рен	обыкнове́нный – обыкнове́нен

уве́ренный – *sicher*
обыкнове́нный – *gewöhnlich*

Die Adjektive **большо́й** und **ма́ленький** haben keine Kurzformen. Stattdessen verwendet man die Adjektive **вели́кий** und **ма́лый**.

вели́кий	вели́к, велика́, велико́, велики́
большо́й	
ма́лый	мал, мала́, мало́, малы́
ма́ленький	

§ Das Prädikat, S. 211
Das Subjekt, S. 206

Gebrauch

Die Kurzformen der Adjektive können **nur als Prädikat** verwendet werden und bestimmen das Subjekt.

| Наш дом краси́в. | Я в э́том уве́рена. |

Für die Vergangenheit benutzt man das Verb **быть** (*sein*) in den Formen **был, была́, бы́ло, бы́ли**, für die Zukunft werden die Formen **бу́дет** (Sg.) und **бу́дут** (Pl.) verwendet. Im Präsens wird das Verb **быть** meistens nicht gebraucht.

Präteritum	Э́ти джи́нсы **бы́ли** мне велики́.
Präsens	Э́ти джи́нсы мне велики́.
Futur	Э́ти джи́нсы **бу́дут** мне велики́.

In einigen Fällen ist **sowohl die Lang- als auch die Kurzform** des Adjektivs als Prädikat möglich, allerdings sind die Formen nicht immer austauschbar.

Die Kurzform gilt gegenüber der Langform als **schriftsprachlich**. Man kann also schreiben bzw. sagen, ohne die Bedeutung zu verändern:

| Исто́рия была́ интере́сна. | oder: | Исто́рия была́ интере́сная. |

Die Kurzform kann eine **zeitliche Begrenzung** ausdrücken:

| Моя́ сестра́ больна́я. | Meine Schwester ist (*chronisch*) krank. |
| Моя́ сестра́ больна́. | Meine Schwester ist (*im Moment*) krank. |

Имя прилагательное – Das Adjektiv

Übungen

> Die **Langform** bezeichnet eine **konkrete Eigenschaft**, die **Kurzform** bezeichnet eine **subjektive Eigenschaft** in Bezug auf eine Person, einen Gegenstand oder Umstände.
>
> Ботинки широкие. *Die Schuhe sind weit.*
> Ботинки мне широки. *Die Schuhe sind mir zu weit.*
>
> In Sätzen mit dem Subjekt **это** wird die Kurzform des Adjektivs (Sg. Neutr.) gebraucht.
>
> Это мне понятно. Это очень странно.
>
> Ist von einem prädikativen Adjektiv ein **Objekt abhängig**, wird immer die Kurzform verwendet.
>
> Мы рады встрече. Он готов к собеседованию.

собеседование – *Vorstellungsgespräch*

Übungen

1. Bestimmen Sie, welche **Adjektive** zu den **Qualitäts-** und welche zu den **Beziehungsadjektiven** gehören.*

резиновый – *Gummi-*

деревянный • интересный • мягкий • немецкий • резиновый • речной • тёплый • технический • толстый • усталый

Qualitätsadjektive	Beziehungsadjektive
интересный	деревянный

2. Setzen Sie in die **Kurzformen** die richtigen **Vokale o/e/ё** ein.*

крепкий – *stark*
горький – *bitter*
хитрый – *schlau*

a) скуч_е_н d) низ___к g) гор___к
b) свет___л e) креп___к h) хит___р
c) ост___р f) ум___н i) дол___г

Üben und Anwenden

Das Adjektiv: Qualitäts- und Beziehungsadjektive, Lang- und Kurzform

3. Suchen Sie zu jedem Substantiv je ein **passendes Qualitäts-** und **Beziehungsadjektiv** und setzen Sie diese in die richtige Form.**

a) _круглый резиновый_ мяч
b) _____ журнал
c) _____ комната
d) _____ день
e) _____ пирог
f) _____ полка

> ванный, вкусный, высокий, длинный, книжный, круглый, литературный, майский, просторный, резиновый, толстый, яблочный

ванный – *Bade-*
просторный – *geräumig*

4. Ergänzen Sie die fehlenden **Lang-** (m. Nom. Sg.) **und Kurzformen** der Adjektive.**

Langform	Kurzform			
	m.	f.	n.	Pl.
новый	a) _нов_	нова	b) _ново_	новы
c) _____	широк	d) _____	широко	e) _____
умный	f) _____	умна	g) _____	умны
h) _____	болен	i) _____	больно	j) _____
короткий	k) _____	коротка	l) _____	коротки
m) _____	плох	n) _____	плохо	o) _____

Das Wort **ванная** kann auch ohne Substantiv in der Bedeutung *Badezimmer* gebraucht werden.

§ Substantivierte Adjektive, S. 52

5. Suchen Sie zu jedem Adjektiv eines aus der Box heraus, das das **Gegenteil** ausdrückt, und bilden Sie die passende **Kurzform**.***

> больной • большой • грустный • интересный • короткий • бедный • высокий • полезный • полный • сложный • спокойный

a) Это платье мне длинно, а то – _коротко_.
b) Курение вредно, а спорт – _____.
c) Этот стакан пуст, а тот – _____.
d) Этот ребёнок здоров, а тот – _____.
e) Эти туфли мне малы, а те – _____.
f) Эта книга была скучна, а та – _____.
g) Девушка была весела, а юноша – _____.

курение – *Rauchen*
скучный – *langweilig*

Üben und Anwenden

Das Adjektiv: Qualitäts- und Beziehungsadjektive, Lang- und Kurzform

h) Вчера́ я был взволно́ван, а сего́дня уже́ _____.

i) Э́ти упражне́ния легки́, а те – _____.

j) Э́тот челове́к бога́т, а тот – _____.

k) Э́тот дом ни́зок, а тот – _____.

6. Richtig oder falsch? Kreuzen Sie die Sätze mit der **richtigen Adjektivform** an. Passen Sie auf, manchmal sind beide Varianten möglich!***

a) 1. ☐ Я больна́я гри́ппом.
    2. ☐ Я больна́ гри́ппом.

b) 1. ☐ Му́зыка была́ о́чень краси́ва.
    2. ☐ Му́зыка была́ о́чень краси́вая.

c) 1. ☐ Э́то бу́дет весёлое.
    2. ☐ Э́то бу́дет ве́село.

d) 1. ☐ В э́том году́ была́ сне́жная зима́.
    2. ☐ В э́том году́ была́ сне́жна зима́.

e) 1. ☐ Э́то ко́жаная су́мка.
    2. ☒ Э́то ко́жана су́мка.

f) 1. ☐ Но́вый дива́н бу́дет удо́бный.
    2. ☐ Но́вый дива́н бу́дет удо́бен.

g) 1. ☐ Твоя́ шля́па мне велика́.
    2. ☐ Твоя́ шля́па мне больша́я.

h) 1. ☐ Их дочь похо́жая на роди́телей.
    2. ☐ Их дочь похо́жа на роди́телей.

i) 1. ☐ Э́тот пиро́г вишнёвый?
    2. ☐ Э́тот пиро́г вишнёв?

j) 1. ☐ До пя́тницы я соверше́нно свобо́ден.
    2. ☐ До пя́тницы я соверше́нно свобо́дный.

Die Steigerung der Adjektive

Steigerungsformen lassen sich **nur von Qualitätsadjektiven** bilden. Von den Beziehungsadjektiven können keine Steigerungsformen gebildet werden. Qualitätsadjektive bilden zwei Steigerungsformen: den **Komparativ** und den **Superlativ**.

Der Komparativ

Man unterscheidet zwischen dem **einfachen** (веселée) und dem **zusammengesetzten** (бóлее весёлый) Komparativ.

Form

Der einfache Komparativ

Der einfache Komparativ wird durch Anfügen der Suffixe **-ee** oder **-e** an den Adjektivstamm gebildet. Die meisten Adjektive bilden den einfachen Komparativ mit dem Suffix **-ee**:

весёлый – весел**ée**	си́льный – сильн**ée**
краси́вый – красив**ée**	сла́бый – слаб**ée**

In der Komparativform wird in der Regel das erste **-e** des Suffixes **-ee** betont (s. Tabelle). **Lange Adjektive** mit mindestens drei Silben sind in der Komparativform **stammbetont** (внимáтельнее, осторóжнее). Die Komparativformen auf **-e** sind immer **stammbetont**.

Von Adjektiven mit Stammauslaut auf **г, д, т, к, х** oder **ст, ск** sowie von einigen anderen Adjektiven wird der Komparativ mit Hilfe des Suffixes **-e** gebildet. Dabei tritt ein **Konsonantenwechsel** ein (г, д ▶ ж; к, т ▶ ч; х ▶ ш; ст ▶ щ).

г, д ▶ ж	т, к ▶ ч	х ▶ ш	ст ▶ щ, ск ▶ щ
дорогóй – доро́же	крутóй – кру́че	сухóй – су́ше	простóй – прóще
молодóй – моло́же	звóнкий – звóнче	ти́хий – ти́ше	плóский – плóще

крутóй – *steil*
звóнкий – *klangvoll, wohlklingend*
плóский – *flach*

Bei einigen Adjektiven **entfallen** im Komparativ die **Suffixe -к-, -ок-**, im Wurzelauslaut tritt ein Konsonantenwechsel auf.

ни́зкий – ни́же	бли́зкий – бли́же
высóкий – вы́ше	корóткий – корóче

Ebenfalls mit Hilfe des Suffixes **-e** bildet man den Komparativ einiger anderen Adjektive:

большóй – бóльше	пóздний – пóзже (*oder* позднéе)
сла́дкий – сла́ще	глубóкий – глу́бже

Merken Sie sich:
далёкий – **да́льше**
тóнкий – **тóньше**
дóлгий – **дóльше**
хорóший – **лу́чше**
плохóй – **ху́же**
ма́ленький – **мéньше**

И́мя прилага́тельное – Das Adjektiv

Die Steigerung der Adjektive

Der zusammengesetzte Komparativ

Der zusammengesetzte Komparativ kann von **allen Qualitätsadjektiven** gebildet werden. Er wird durch Voranstellung von **бо́лее** gebildet.

| све́тлый | ▸ | бо́лее све́тлый |
| до́брый | ▸ | бо́лее до́брый |

Das Adjektiv verändert sich nach Fall, Geschlecht und Zahl wie das dazugehörige Substantiv, das **бо́лее** bleibt dagegen stets unverändert.

Gebrauch

Den Komparativ benutzt man, um **Vergleiche** anzustellen. Er bezeichnet die Eigenschaft, die bei einem Gegenstand oder einer Person stärker ausgeprägt ist als bei einem bzw. einer anderen.

за́яц – *Hase*
черепа́ха – *Schildkröte*

▌ Лев **сильне́е** ко́шки.   Ко́шка **слабе́е** льва.

Der Vergleich mithilfe des einfachen Komparativs kann im Russischen auf zwei verschiedene Weisen erfolgen:

• Das Vergleichswort steht im **Genitiv**:

▌ Жира́ф вы́ше **зе́бры**.   За́яц быстре́е **черепа́хи**.

Vor **чем** steht in der Regel ein Komma.

• Die Konjunktion *als* nach dem Komparativ wird durch die Konjunktion **чем** wiedergegeben. Das Vergleichswort steht in diesem Fall im **Nominativ**.

▌ Жира́ф вы́ше, **чем зе́бра**.   За́яц быстре́е, **чем черепа́ха**.

Nach dem **zusammengesetzten** Komparativ ist **nur** ein Vergleich durch **чем** + **Nominativ** möglich.

▌ Жира́ф бо́лее высо́кий, **чем зе́бра**.   За́яц бо́лее бы́стрый, **чем черепа́ха**.

Der einfache und der zusammengesetzte Komparativ sind untereinander **austauschbar**, aber der **zusammengesetzte Komparativ** ist eher in der **Schriftsprache** zu verwenden.

Имя прилагательное – Das Adjektiv

Die Steigerung der Adjektive

Der Superlativ

Im Russischen unterscheidet man den einfachen und den zusammengesetzten Superlativ.

Der einfache Superlativ

Form

Der einfache Superlativ wird durch das Einfügen der Suffixe **-ейш-** oder **-айш-** gebildet. Die Formen werden wie das Adjektiv **хоро́ший** gebeugt.

-ейш-	-айш- (nach г, к, х)*
бога́тый – бога́т**ейш**ий	глубо́кий – глубо**ч**а́**йш**ий
краси́вый – краси́в**ейш**ий	кра́ткий – кра**тч**а́**йш**ий
си́льный – сильн**ейш**ий	стро́гий – стро**ж**а́**йш**ий
у́мный – умн**ейш**ий	ти́хий – ти**ш**а́**йш**ий

 Die Adjektivdeklination, S. 38

* Dabei findet ein Konsonantenwechsel statt: г ▶ ж, к ▶ ч, х ▶ ш.

Viele Superlativformen können zum Ausdruck der Verstärkung mit **наи-** präfigiert werden:

си́льный – **наи**сильне́йший	stark – der allerstärkste
хоро́ший – **наи**лу́чший	gut – der allerbeste
стро́гий – **наи**строжа́йший	streng – der allerstrengste

 Der Lautwechsel im Wortstamm, S. 14

 Merken Sie sich folgende Sonderformen:
хоро́ший – лу́чше – **лу́чший**
плохо́й – ху́же – **ху́дший**
ма́ленький – ме́ньше – **ме́ньший**

Der zusammengesetzte Superlativ

Form

Der zusammengesetzte Superlativ kann **von allen Qualitätsadjektiven** gebildet werden, und zwar durch Voranstellen von **са́мый**.

молодо́й	▶	са́мый молодо́й
весёлый	▶	са́мый весёлый
глу́пый	▶	са́мый глу́пый

Ein zusammengesetzter Superlativ kann auch durch Verbindung des einfachen Komparativs mit dem Genitiv des Pronomens **все** (*alle*) gebildet werden:

Он ста́рше **всех**.	Er ist der Älteste (von allen).
Она́ умне́е **всех**.	Sie ist die Klügste (von allen).

 Von vielen Adjektiven kann **kein einfacher Superlativ** gebildet werden (z. B. ра́нний, молодо́й, больно́й). Hier ist lediglich die Bildung des zusammengesetzten Superlativs möglich. Im Zweifelsfall sollte man den zusammengesetzten Superlativ benutzen.

Der zusammengesetzte Superlativ kann auch mit **наибо́лее** gebildet werden.

| са́мый высо́кий | наибо́лее высо́кий |
| са́мый популя́рный | наибо́лее популя́рный |

Имя прилагательное – Das Adjektiv

Substantivierte Adjektive

 Die Adjektivdeklination, S. 38

Der Superlativ wird **nach Geschlecht, Zahl und Fall abgewandelt**, das Wort **наиболее** und die Formen des einfachen Komparativs mit **всех** bleiben **unverändert**.

самый (наиболее) высокий	высочайший
Мы были на Цугшпитце – самой (наиболее) высокой горе Германии.	Мы поднялись на Цугшпитце – высочайшую гору Германии.

Gebrauch

Der Superlativ zeigt, dass ein Gegenstand oder eine Person eine Eigenschaft in **höchstem Maße** aufweist.

▎ Заяц быстрый, лошадь быстрее, а гепард – **самый быстрый**.

Er kann allerdings auch sein, dass etwas nur in **ungewöhnlich hohem Maße** vorhanden ist.

взрослый – *erwachsen, Erwachsener*
вести себя – *sich benehmen*
рабочее место – *Arbeitsplatz*
запрещено – *verboten*
рабочий – *Arbeiter*
бастовать – *streiken*
зарплата – *Lohn, Gehalt*

▎ умнейший человек   *ein überaus kluger Mensch*
редчайший случай   *ein höchst seltener Fall*

Der **einfache Superlativ** ist für die **Schriftsprache** typisch und wird seltener verwendet als der zusammengesetzte. Die zusammengesetzte Form mit **самый** wird **sowohl in der Schriftsprache als auch in der Umgangssprache** gebraucht.

Substantivierte Adjektive

Einige Adjektive können in der Bedeutung von Substantiven gebraucht werden und deren Funktion im Satz übernehmen.

 Die Adjektivdeklination, S. 38

Adjektiv	Substantiviertes Adjektiv
Взрослые люди иногда ведут себя как дети.	**Взрослые** иногда ведут себя как дети.
На **рабочем месте** запрещено курить.	**Рабочие** бастуют из-за низкой зарплаты.

Das substantivierte Adjektiv kann zur näheren Bestimmung ein weiteres Adjektiv bei sich haben: **новая булочная, старый больной** usw.

Form

Die Adjektive in Substantivfunktion sowie die völlig zu Substantiven gewordenen Adjektive werden **wie Adjektive dekliniert**.

Имя прилагательное – Das Adjektiv

Die Deklination der Familiennamen

> **Gebrauch**
>
> Manche Adjektive sind komplett zu Substantiven geworden und nur noch als solche gebräuchlich:
>
> | | |
> |---|---|
> | прохо́жий | *Passant* |
> | портно́й | *Schneider* |
> | мостова́я | *Straßenpflaster* |
> | запята́я | *Komma* |

Die Deklination der Familiennamen

Männliche Familiennamen auf **-ын, -ин, -ов, -ев, -ёв** werden **wie** die männlichen **Substantive** der ersten Deklination mit hartem Stammauslaut dekliniert, haben aber im Instrumental die adjektivische Endung **-ым**.

Weibliche Familiennamen auf **-ына, -ина, -ова, -ева, -ёва** werden **wie Adjektive** dekliniert, haben aber im Akkusativ die Endung **-у**.

Im **Plural** haben diese Familiennamen die Nominativendung **-ы**, in den übrigen Fällen werden sie **wie Adjektive** im Plural dekliniert.

 Deklinationsmodelle, S. 21
Die Adjektivdeklination, S. 38

Fall	männlich	weiblich	Plural
Nominativ	Щедри́н	Щедрина́	Щедри́ны
Genitiv	Щедрина́	Щедрино́й	Щедри́ных
Dativ	Щедрину́	Щедрино́й	Щедри́ным
Akkusativ	Щедрина́	Щедрину́	Щедри́ных
Instrumental	Щедри́ным	Щедрино́й	Щедри́ными
Präpositiv	(о) Щедрине́	(о) Щедрино́й	(о) Щедри́ных

Die Familiennamen mit Adjektivendungen **-ский (-цкий), -ская (-цкая)** werden ausnahmslos **wie Adjektive** dekliniert.

Fall	-цкий (-ский)	-ская (-цкая)	Plural
Nominativ	Высо́цкий	Краси́нская	Краси́нские
Genitiv	Высо́цкого	Краси́нской	Краси́нских
Dativ	Высо́цкому	Краси́нской	Краси́нским
Akkusativ	Высо́цкого	Краси́нскую	Краси́нских
Instrumental	Высо́цким	Краси́нской	Краси́нскими
Präpositiv	(о) Высо́цком	(о) Краси́нской	(о) Краси́нских

Я разгова́ривал с Макси́мом Ла́риным.
Она́ встре́тила О́льгу Ла́рину.
Мы бы́ли в гостя́х у семьи́ Ла́риных.

 Die Deklination von Eigennamen, S. 33

Üben und Anwenden

Das Adjektiv: Die Steigerung, Substantivierte Adjektive, Familiennamen

Übungen

1. **Steigern** Sie die **Adjektive**. Ergänzen Sie die fehlenden Formen.*

Der einfache Komparativ und der zusammengesetzte Superlativ sind die gebräuchlichsten Steigerungsformen.

Als Zusatzübung können Sie auf einem Extrablatt auch den zusammengesetzten Komparativ mit **бо́лее** und den einfachen Superlativ von den in der Übung genannten Adjektiven bilden.

	Grundform	einfacher Komparativ	zusammengesetzter Superlativ
a)	сухо́й	*су́ше*	*са́мый сухо́й*
b)	мо́крый	_____	_____
c)	твёрдый	_____	_____
d)	тёплый	_____	_____
e)	_____	мя́гче	_____
f)	_____	ху́же	_____
g)	_____	ме́дленнее	_____
h)	_____	_____	са́мый дли́нный
i)	_____	_____	са́мый ма́ленький
j)	_____	_____	са́мый гру́стный

2. Entscheiden Sie, ob die Adjektive **Steigerungsformen** bilden können und sortieren Sie sie in die beiden Spalten ein.*

удо́бный – *bequem*
соба́чий – *Hunde-*
ку́хонный – *Küchen-*

> лёгкий • желе́зный • тёмный • весе́нний • счастли́вый •
> то́нкий • кра́сный • сла́бый • речно́й • удо́бный • соба́чий •
> гро́мкий • компью́терный • ку́хонный

kann Steigerungsformen bilden	kann keine Steigerungsformen bilden

3. Schreiben Sie in Klammern ein S, wenn das hervorgehobene Wort ein **Substantiv** ist, und ein A, wenn das hervorgehobene Wort ein **Adjektiv** ist.*

a) Я обе́дала в <u>столо́вой</u>. (*S*)

b) Суп на́до есть <u>столо́вой</u> ло́жкой. (___)

c) <u>Больно́го</u> везу́т в больни́цу. (___)

Üben und Anwenden

Das Adjektiv: Die Steigerung, Substantivierte Adjektive, Familiennamen

d) <u>Больна́я</u> ко́шка ничего́ не ест. (___)

e) Я е́ду в экску́рсию по <u>ру́сским</u> города́м. (___)

f) <u>Ру́сские</u> всегда́ гостеприи́мны. (___)

g) <u>Мёртвые</u> не куса́ются. (___)

h) В <u>мёртвый</u> сезо́н пляж пуст. (___)

i) По у́лице иду́т <u>вое́нные</u>. (___)

j) Они́ пою́т <u>вое́нные</u> ма́рши. (___)

столо́вая – *Kantine, Mensa*
столо́вая ло́жка – *Esslöffel*
гостеприи́мный – *gastfreundlich*
куса́ться – *beißen*
мёртвый сезо́н – *Nebensaison*
вое́нный – *Angehöriger des Militärs / der Armee; militärisch, Militär-*

4. Setzen Sie die **Familiennamen** in die richtige Form.**

a) Са́ша пьёт ко́фе с <u>Кристи́ной Лози́нской</u> (Кристи́на Лози́нская – Instr.)

b) Я знако́ма с _____ (Серге́й Серге́ев – Instr.).

c) Сего́дня в кла́ссе нет _____ (Ка́тя Беля́ева – Gen.).

d) Мне ну́жно позвони́ть _____ (Оле́г Ильи́н – Dat.).

e) Они́ встре́тили _____ (Окса́на Нау́мова – Akk.).

f) Он чита́ет кни́гу о _____ (Пу́шкин – Präp.).

g) В 1972 году́ Фи́шер победи́л _____ (Спа́сский – Akk.).   победи́ть – *besiegen*

5. Ersetzen Sie den **zusammengesetzten Superlativ** durch den **einfachen**.**

a) Эльбру́с – са́мая высо́кая гора́ Евро́пы.
   высоча́йшая _____

b) Транссиби́рская магистра́ль – са́мая дли́нная желе́зная доро́га в ми́ре.
   _____

c) Байка́л – са́мое глубо́кое о́зеро в ми́ре.
   _____

d) Каспи́йское мо́ре – са́мое кру́пное о́зеро в ми́ре.   кру́пный – *groß*
   _____

e) Верхоя́нск – са́мый холо́дный го́род в ми́ре.
   _____

f) Во́лга – са́мая дли́нная река́ в Евро́пе.
   _____

Üben und Anwenden

Das Adjektiv: Die Steigerung, Substantivierte Adjektive, Familiennamen

6. Bilden Sie **Sätze** nach dem folgenden Muster.***

a) ста́рший: Ми́ша – Ро́ма – Андре́й

Рома старше Миши, а Андрей – самый старший.

b) мла́дший: Ю́ля – О́ля – Ле́на

_____

ту́мбочка – *Nachttisch*
лягу́шка – *Frosch*
ули́тка – *Schnecke*
мотоци́кл – *Motorrad*
черепа́ха – *Schildkröte*

c) высо́кий: ту́мбочка – стол – шкаф

_____

d) ме́дленный: лягу́шка – черепа́ха – ули́тка

_____

e) бы́стрый: велосипе́д – мотоци́кл – самолёт

_____

f) бли́зкий: Сату́рн – Юпи́тер – Марс

_____

7. **Übersetzen** Sie ins Russische.***

a) Mein Haus ist höher als dein Haus.

_____

b) Der Gepard ist das schnellste Tier der Welt.

_____

c) Die Donau ist länger als der Rhein.

_____

d) Schokolade ist süßer als Karotten.

_____

e) Der Lamborghini Veneno ist das teuerste Auto der Welt.

_____

f) In Moskau dauert der kürzeste Tag des Jahres sieben Stunden.

_____

Местоиме́ние – Das Pronomen

– Wer sind all diese Menschen?
– Das bin ich, und das da sind meine Schwestern.
– Und wer ist das?
– Das sind ihre Männer und unsere Eltern, und das da sind unsere Kinder.

Als **Pronomen** bezeichnet man Wörter, die **stellvertretend für ein Substantiv** stehen oder **ein Substantiv begleiten**. Im Russischen gibt es neun verschiedene Pronomentypen.

Personalpronomen	я, ты, он, она́, оно́ …	ich, du, er, sie, es …
Reflexivpronomen	себя́	sich
Possessivpronomen	мой, твой, его́, её …	mein, dein, sein, ihr …
Demonstrativpronomen	э́тот, тот, тако́й	dieser, jener, solcher
Interrogativpronomen	кто? что? како́й?	wer? was? was für ein?
Relativpronomen	кото́рый, кто, что	der, wer, was
Negationspronomen	никто́, ничто́, никако́й	niemand, nichts, keiner
Indefinitpronomen	кто́-то, что́-нибу́дь	jemand, irgendetwas
Definitpronomen	сам, весь, ка́ждый	selbst, ganz, jeder

Местоимéние – Das Pronomen

Personalpronomen

Personalpronomen

Nach den Präpositionen **вне, благодаря́, всле́дствие, вопреки́, согла́сно, навстре́чу** erhalten die Pronomen der 3. Person **kein н-**!

Personalpronomen stehen für eine **Person** oder eine **Sache**, die **bekannt** ist und **nicht wiederholt** werden soll.

Form

Steht vor den Personalpronomen der 3. Person (**он, оно́, она́, они́**) eine **Präposition**, wird im Russischen ein **н-** vorgeschaltet.

горди́ться – *stolz sein*

Я дарю́ **ему́** пода́рок.	Я иду́ <u>к</u> **нему́** в го́сти.
Мы ви́дели **её** вчера́.	Вот ва́за, поста́вь <u>в</u> **неё** цветы́.
Где мой ключ? Ты **их** не ви́дел?	Мы бы́ли <u>у</u> **них** в гостя́х.

Die Deklination der Personalpronomen

Die Deklinationsformen der Pronomen **он** und **оно́** sind gleich.

его́ wird **ево́** ausgesprochen.

*s. unten bei „Gebrauch".

		1. Person	2. Person	3. Person		
Singular	Nom.	я	ты	он	она́	оно́
	Gen.	меня́	тебя́	(н)его́	(н)её	(н)его́
	Dat.	мне	тебе́	(н)ему́	(н)ей	(н)ему́
	Akk.	меня́	тебя́	(н)его́	(н)её	(н)его́
	Instr.	мной	тобо́й	(н)им	(н)ей	(н)им
	Präp.	(обо) мне	(о) тебе́	(о) нём	(о) ней	(о) нём
Plural	Nom.	мы	вы, Вы*	они́		
	Gen.	нас	вас/Вас	(н)их		
	Dat.	нам	вам/Вам	(н)им		
	Akk.	нас	вас/Вас	(н)их		
	Instr.	на́ми	ва́ми/Ва́ми	(н)и́ми		
	Präp.	(о) нас	(о) вас/Вас	(о) них		

Gebrauch

Personalpronomen ersetzen Personennamen oder Gegenstandsbezeichnungen. Damit bezeichnet man:
- den/die **Sprecher selbst**: 1. Person – **я** (Sg.), **мы** (Pl.);
- den oder die **Gesprächspartner**: 2. Person – **ты** (Sg.), **вы/Вы** (Pl.);
- die Person oder den Gegenstand, **über die/den gesprochen wird**: 3. Person – **он, она́, оно́** (Sg.), **они́** (Pl.).

Я хочу́ поговори́ть с **тобо́й** о ко́шке. Сего́дня **она́** о́чень гру́стная.	Мы не мо́жем прийти́ к **вам** с детьми́. **Они́** сейча́с у ба́бушки.

Местоимéние – Das Pronomen

Das Reflexivpronomen себя

Im Russischen benutzt man das Pronomen der 2. Person Plural **Вы** als **Höflichkeitsform**. In Briefen wird es groß geschrieben.

▪ Я пишу́ **Вам** впервы́е.   *Ich schreibe Sie zum ersten Mal an.*

Wenn man **sich selbst** und **eine** oder **mehrere andere Personen** als **Gruppe** darstellen möchte, benutzt man das Pronomen **мы** mit der Präposition **с** (statt der deutschen Konstruktion *XY und ich*).

▪ Мы с сестро́й бы́ли в кино́.   *Meine Schwester und ich waren im Kino.*

Das Reflexivpronomen *себя*

Form

Im Russischen gibt es im Unterschied zum Deutschen **nur ein Reflexivpronomen** – **себя** (*sich*). Dies kann alle Personen und Geschlechter und sowohl den Singular als auch den Plural vertreten.

Die Deklination des Reflexivpronomen себя

	Singular und Plural	Deutsch
Nominativ	–	–
Genitiv	себя	*mich, dich, sich, uns, euch*
Dativ	себе́	*mir, dir, sich, uns, euch*
Akkusativ	себя	*mich, dich, sich, uns, euch*
Instrumental	собо́й	– *
Präpositiv	(о) себе́	– *

* Da es im Deutschen keinen Instrumental und Präpositiv gibt, werden die Pronomen je nach Satzkonstruktion mit Akkusativ- oder Dativformen **übersetzt**:
У меня́ с **собо́й** письмо́. – *Ich habe einen Brief bei mir.*
Я горжу́сь **собо́й**. – *Ich bin stolz auf mich.*

Gebrauch

Das Pronomen **себя** bezieht sich immer auf das **Subjekt** des Satzes und tritt als Objekt auf.

▪ **Dativ**
Ты пригото́вил **себе́** у́жин.
Ты не узнаёшь **себя** на фо́то.

Akkusativ
(*Du hast dir das Abendessen gekocht.*)
(*Du erkennst dich auf dem Foto nicht.*)

Местоиме́ние – Das Pronomen

Possessivpronomen

Possessivpronomen

Possessivpronomen geben eine **Zugehörigkeit** oder einen **Besitz** an.

Form

	1. Person	2. Person	3. Person
Singular	мой	твой	его́/её/его́
Plural	наш	ваш, Ваш	их

Die Possessivpronomen **мой** und **твой** werden nach demselben Muster dekliniert. Die Deklination von **наш** und **ваш** ist ebenfalls gleich.

Deklination von мой (твой)

	Mask. Sg.	Fem. Sg.	Neutr. Sg.	Plural
Nom.	мой	моя́	моё	мои́
Gen.	моего́*	мое́й	моего́*	мои́х
Dat.	моему́	мое́й	моему́	мои́м
Akk.	моего́* (bel.) мой (unbel.)	мою́	моё	мои́х (bel.) мои́ (unbel.)
Instr.	мои́м	мое́й	мои́м	мои́ми
Präp.	(о) моём	(о) мое́й	(о) моём	(о) мои́х

*Das **r** in der Pronominalendung **-ero** wird als **в** ausgesprochen.

Deklination von наш (ваш/Ваш)

	Mask. Sg.	Fem. Sg.	Neutr. Sg.	Plural
Nom.	наш	на́ша	на́ше	на́ши
Gen.	на́шего*	на́шей	на́шего*	на́ших
Dat.	на́шему	на́шей	на́шему	на́шим
Akk.	на́шего* (bel.) наш (unbel.)	на́шу	на́ше	на́ших (bel.) на́ши (unbel.)
Instr.	на́шим	на́шей	на́шим	на́шими
Präp.	(о) на́шем	(о) на́шей	(о) на́шем	(о) на́ших

Analog zur Substantivdeklination sind der maskuline Akk. Sg. sowie der Akk. Pl. aller drei Geschlechter mit dem Genitiv identisch, wenn sich das Possessivpronomen auf ein Substantiv bezieht, das ein **Lebewesen** bezeichnet.

Die Pronomen **его**, **её** und **их** bleiben in allen Formen unverändert.

Э́то **его́** бра́т. (Nom.)
Она́ звони́т **её** сестре́. (Dat.)
Мы знако́мы с **их** роди́телями. (Instr.)

Он боя́лся **его́** бра́та. (Gen.)
Она́ зна́ет **её** сестру́. (Akk.)
Мы говори́м об **их** роди́телях. (Präp.)

Местоиме́ние – Das Pronomen

Possessivpronomen

Gebrauch

Die russischen Possessivpronomen werden meist genauso gebraucht wie die deutschen, um den **Besitz** oder die **Zugehörigkeit** der Substantive anzuzeigen.

▎ Э́то **мой** дом.   *Das ist mein Haus.*
▎ Э́то **его́** брат.   *Das ist sein Bruder.*

Die Possessivpronomen können auch **ohne Substantive** gebraucht werden, wenn aus dem Kontext klar ist, worauf sie sich beziehen (z. B. als Antwort auf eine Frage). Die Pronomen behalten dabei **Zahl**, **Geschlecht** und **Fall** des Substantivs, auf das sie sich beziehen. Wenn der Name des Gegenstands nicht davor genannt wird, wird eher die Form des **Neutr. Sg.** gebraucht.

Im Deutschen werden dafür Sonderformen wie *meins*, *deiner* etc. verwendet.

▎ Чьи э́то кни́ги? – **Мой**.   (an der Kasse) Э́то то́же **ва́ше**? – Да, **моё**.
▎ Её зарпла́та вы́ше, чем **его́**.
▎ Э́то твоя́ ша́пка? – Да, **моя́**.   Я что́-то нашла́. Э́то **твоё**?

Es gibt noch einige Besonderheiten im Gebrauch der Possessivpronomen. So kann man im Russischen nicht nur eine **Personengruppe** durch ein Possessivpronomen im Plural vertreten lassen, sondern dabei auch **einzelne Personen hervorheben**.

▎ Здесь **на́ша с сестро́й** ко́мната.   *Hier ist das Zimmer von meiner Schwester und mir.*
▎ **Ваш с Артёмом** прое́кт мне нра́вится.   *Das Projekt von Artjom und dir/Ihnen gefällt mir.*

Personalpronomen, S. 58

Wie das Personalpronomen **вы/Вы** steht das Possessivpronomen der 2. Pers. Pl. **ваш/Ваш** entweder für eine **Personengruppe** oder als eine **höfliche Anrede** an eine Person. **Großgeschrieben** wird es in Briefen, offiziellen Anschreiben und Fragebögen, wenn es sich auf eine Person bezieht.

▎ Де́ти, убери́те **ва́ши** игру́шки!
▎ Уважа́емые жильцы́ до́ма №4, в **ва́шем** до́ме бу́дет ремо́нт.
▎ Уважа́емая И́нна Ма́рковна, **Ва́ше** письмо́ я получи́л 21.04.2013.

уважа́емый – *geehrt*
ремо́нт – *Renovierung, Reparatur*

Местоиме́ние – Das Pronomen

Übungen

Das reflexive Possessivpronomen свой

Im Russischen gibt es ein reflexives Possessivpronomen свой. Ins Deutsche kann man es mir *sein/ihr eigenes* übersetzen.

Die Deklination von **свой** ist dieselbe wie bei **мой**, **твой**.

Die Deklination von **мой (твой)**, S. 60

Form

Das reflexive Possessivpronomen свой wird nach Geschlecht, Zahl und Fall verändert:

Mask. Sg.	Fem. Sg.	Neutr. Sg.	Plural
свой	своя́	своё	свои́

Gebrauch

Wie die übrigen Possessivpronomen auch, zeigt das Pronomen **свой** einen Besitz oder eine Zugehörigkeit an. Es wird jedoch nur dann verwendet, wenn der Gegenstand dem **Subjekt**, also der handelnden Person gehört* (Sätze 1, 4). Wenn der Gegenstand hingegen nicht dem Subjekt, sondern einer anderen Person gehört, steht ein anderes Possessivpronomen (Satz 2). Wenn der Gegenstand mit dem Possessivpronomen selbst Subjekt des Satzes ist, muss ebenfalls ein anderes Possessivpronomen stehen (Satz 3). Beachten Sie, dass für **alle Personen** im **Singular** und **Plural** nur dieses eine Pronomen zur Verfügung steht.

*Ausnahmen: das Sprichwort „**Своя́** руба́шка бли́же к те́лу." (*Jeder ist sich selbst der Nächste.*) sowie Sätze wie „У него́ есть **своя́** ко́мната." (*Er hat ein eigenes Zimmer.*).

(Я разгова́ривала с Вади́мом о Ва́не.)   (*Ich habe mich mit Wadim über Wanja unterhalten.*)

1. <u>Вади́м</u> дал мне **свой** телефо́н.   *Wadim hat mir seine* (eigene) *Telefonnummer gegeben.*

2. Вади́м дал мне **его́** телефо́н.   *Wadim hat mir seine* (Wanjas) *Telefonnummer gegeben.*

3. **Его́** <u>но́мер</u>: 0562-449911.   *Seine* (Wadims oder Wanjas) *Nummer ist: 0562-449911*

4. Пото́м <u>я</u> дала́ Вади́му **свой** рабо́чий но́мер телефо́на.   *Dann habe ich Wadim <u>meine</u> Büronummer gegeben.*

Übungen

1. Wählen Sie die richtige Form der **Personalpronomen** aus.*

идти́ + Dat. – *jemandem gut stehen*

звони́ть + Dat. – *jemanden anrufen*

a) Купи́ э́то пла́тье, _____ тебе́ идёт.

     1. его́   2. оно́   3. она́

b) Ты _____ звони́ла?

     1. меня́   2. мне   3. мной

Üben und Anwenden

Das Pronomen: Personal-, Possessiv- und Reflexivpronomen

c) А́ня пи́шет _____ письмо́.

   1. нему́   2. его́   3. ему́

d) Он идёт с _____ в кино́.

   1. она́   2. ей   3. ней

e) Я не ви́жу _____.

   1. тебя́   2. тобо́й   3. ты

f) Вот статья́ о _____.

   1. мы   2. нас   3. на́ми

g) У меня́ есть для _____ пода́рок!

   1. Вас   2. Вам   3. Вы

h) Ты встре́тишь _____ на вокза́ле.

   1. них   2. ни́ми   3. их

2. Ergänzen Sie in der Tabelle die fehlenden **Possessivpronomen**.*

	Mask. Sg.	Fem. Sg.	Neutr. Sg.	Plural
Nom.	твой	твоя́	_____	твои́
Gen.	_____	твое́й	_____	_____
Dat.	_____	_____	твоему́	_____
Akk.	_____	твою́	_____	_____
Instr.	_____	_____	твои́м	_____
Präp.	(о) твоём	_____	_____	(о) твои́х

3. Aufräumaktion im Kinderzimmer! Finden Sie die richtigen **Possessivpronomen**.*

a) Ма́ма, па́па, вот _ваши_____ биле́ты в кино́!

b) Ма́ша, э́то _____ ку́кла?

c) Где _____ пылесо́с?

d) Позови́ дете́й, я нашла́ _____ ди́ски с мультфи́льмами.

e) Э́то руба́шка Макси́ма? – Да, э́то _____ руба́шка.

f) Макси́м, э́то _____ мяч? – Да, мой.

> её • наш • твой •
> ва́ши • твоя́ •
> его́ • мой • их

ку́кла – *Puppe*
пылесо́с – *Staubsauger*
мультфи́льм – *Zeichentrickfilm*

Üben und Anwenden

Das Pronomen: Personal-, Possessiv- und Reflexivpronomen

g) Кто-нибудь видел _____ очки? Я ничего не вижу.

h) Это Машины альбомы? – Нет, это не _____ .

4. Setzen Sie das richtige **Personalpronomen** oder das **Reflexivpronomen себя** in der richtigen Form ein.**

a) Я вижу _себя_ в зеркале.

За нами едет машина, я вижу _её_ в зеркале.

мобильный – *Handy*
одинокий – *einsam*
старушка – *altes Mütterchen*
позволить себе – *sich leisten*
позволить – *erlauben, lassen*
позвонить – *klingeln*

b) Ты купила _____ красивую сумку.

У тебя скоро день рождения. Я куплю _____ сумку.

c) У него не работает телефон. Родители не могут _____ позвонить.

Он ищет свой мобильный и звонит сам _____ .

d) Это Ира, я часто играю с _____ в шахматы.

Эта одинокая старушка играет сама с _____ в шахматы.

e) Мы не можем _____ этого позволить.

Мы позвонили в дверь. Он позволил _____ войти.

5. Bilden Sie Sätze mit einem **Possessivpronomen** oder mit dem **reflexiven Possessivpronomen свой**.***

a) Лена забыла дома ручку.   я/дать/она/ручка.

Я дала ей свою ручку.

коробка – *Schachtel*
напечатать – *drucken, veröffentlichen*
отличный – *ausgezeichnet*

b) Мой муж – художник.   мы/подарить/друг/картина.

_____

c) Юрий купил коробку конфет.   он/дать/конфеты/дети.

_____

d) Мою статью напечатали в газете.   вы/читать/статья (Frage)

_____

e) – Она поедет на море одна?   – нет/она/поехать/с/друзья:

_____

f) У меня отличная новая машина!   мы/поехать/на/машина.

_____

64

Местоиме́ние – Das Pronomen

Demonstrativpronomen

Demonstrativpronomen

Die Demonstrativpronomen liefern einen **Hinweis** auf ein Lebewesen, einen Gegenstand oder einen Sachverhalt und heben sie aus einer Reihe gleichartiger Lebewesen bzw. Gegenstände oder Sachverhalte hervor. Die wichtigsten russischen Demonstrativpronomen sind **э́тот** (*dieser*), **тот** (*jener*), **тако́й** (*solcher, so ein*) und **сто́лько** (*so viel*).

Form

Die Demonstrativpronomen **э́тот** und **тот** und **тако́й richten sich** in Geschlecht, Zahl und Fall **nach dem Substantiv**, auf das sie sich beziehen.

Das Pronomen **тако́й** wird **wie das Adjektiv большо́й** dekliniert.

Die Adjektivdeklination, S. 38

У **э́той** де́вочки све́тлые во́лосы, а у **того́** ма́льчика – тёмные.
В **таку́ю** пого́ду лу́чше сиде́ть до́ма.

Die Deklination der Demonstrativpronomen э́тот, тот

	Fall	Maskulinum		Femininum		Neutrum	
Sg.	Nom.	э́тот	тот	э́та	та	э́то	то
	Gen.	э́того	того́	э́той	той	э́того	того́
	Dat.	э́тому	тому́	э́той	той	э́тому	тому́
	Akk.	wie Gen. (bel.) oder Nom. (unbel.)		э́ту	ту	э́то	то
	Instr.	э́тим	тем	э́той	той	э́тим	тем
	Präp.	(об) э́том	(о) том	(об) э́той	(о) той	(об) э́том	(о) том
Pl.	Nom.	э́ти				те	
	Gen.	э́тих				тех	
	Dat.	э́тим				тем	
	Akk.	wie Gen. (belebt) oder Nom. (unbelebt)					
	Instr.	э́тими				те́ми	
	Präp.	(об) э́тих				(о) тех	

Das Pronomen **сто́лько** vertritt ein **Grundzahlwort**. Folgt dem Pronomen im Nominativ oder dem formgleichen Akkusativ ein **Substantiv**, so steht dieses im **Genitiv**. **Dekliniert** wird es wie ein Adjektiv im Plural.

Grundzahlwörter, S. 84
Die Deklination der Adjektive im Plural, S. 40

Мне не ну́жно **сто́лько** я́блок. | Он говори́т на **сто́льких** языка́х.

Местоиме́ние – Das Pronomen

Demonstrativpronomen

Die Deklination des Demonstrativpronomens сто́лько

Fall	belebt	unbelebt
Nom.	сто́лько люде́й	сто́лько журна́лов
Gen.	сто́льких люде́й	сто́льких журна́лов
Dat.	сто́льким лю́дям	сто́льким журна́лам
Akk.	wie Gen.	wie Nom.
Instr.	сто́лькими людьми́	сто́лькими журна́лами
Präp.	(о) сто́льких лю́дях	(о) сто́льких журна́лах

Gebrauch

Das Demonstrativpronomen **э́тот** weist auf ein Lebewesen oder einen Gegenstand hin, die sich **in der Nähe** befinden oder von denen **gerade gesprochen** wurde.
Dabei kann es als Attribut, also als Beschreibung verwendet werden und wird daher in der Form dem dazugehörigen Substantiv **angeglichen**.

Кака́я у́лица? – **Э́та** у́лица.	*Welche Straße? – Diese Straße.*
Како́го учи́теля? – **Э́того** учи́теля.	*Welchen Lehrer? – Diesen Lehrer.*

In den Fragen **кто э́то? что э́то?** und in den Antworten auf diese Fragen wird das Pronomen **э́то** (Neutrum) verwendet. Das Demonstrativpronomen **э́то** wird als Subjekt weder nach dem Geschlecht noch nach der Zahl verändert.

Кто **э́то**? – **Э́то** мой друг.	Что **э́то**? – **Э́то** кино́.
Что **э́то**? – **Э́то** апте́ка.	Кто **э́то**? – **Э́то** на́ши сосе́ди.

Das Verb **быть**, S. 120 §

In dieser Form kann **э́то** auch auf etwas hinweisen, wovon im Satz davor die Rede war. Im Präteritum und Futur wird dabei das Verb **быть** (Präteritum: **был, была́, бы́ло, бы́ли**; Futur: **бу́дет, бу́дут**) gebraucht.

стро́ительство – *Bau (-arbeiten)*
торго́вый центр – *Einkaufszentrum*

Напро́тив ви́дно большо́е зда́ние. **Э́то** моя́ шко́ла.	В ко́мнату вошла́ краси́вая де́вушка. **Э́то была́** моя́ сестра́.
На столе́ лежа́т кни́ги. **Э́то** но́вые словари́.	Во́зле вокза́ла идёт строи́тельство. **Э́то бу́дет** торго́вый центр.

Das Pronomen **э́то** (Sg. Neutr.) kann sich auf die **ganze vorhergehende Aussage** beziehen und wird als Subjekt oder Objekt gebraucht und dementsprechend dekliniert.

из-за э́того – *deshalb, deswegen*

- Я сдал экза́мен! - **Э́то** хорошо́!	Вчера́ шёл дождь. **И́з-за э́того** мы не пое́хали в го́ры.

Местоиме́ние – Das Pronomen

Demonstrativpronomen

Das Demonstrativpronomen **тот** wird verwendet, wenn man über **weiter entfernte** Lebewesen oder Gegenstände spricht. Werden Pronomen **э́тот** und **тот** in einem Satz gebraucht, dient es der Unterscheidung bzw. der **Gegenüberstellung** zweier Personen oder Sachen.

▎ Ви́дишь **того́** ма́льчика? Его́ зову́т Дени́с.
  Э́ти цветы́ краси́вые, но **те** мне бо́льше нра́вятся.

Тот kann auch in einem Satzgefüge vorkommen. Es steht dann im Hauptsatz und der nachfolgende Nebensatz gibt eine **zusätzliche Erklärung oder eine weitere Information**.

 Satzgefüge, S. 234

▎ Я расскажу́ вам о **том**, что случи́лось вчера́.

▎ Я расскажу́ вам о **той** неприя́тности, кото́рая случи́лась вчера́.

неприя́тность – *Unannehmlichkeit*

Das Demonstrativpronomen **тако́й** weist auf ein **Merkmal** eines Gegenstandes bzw. eines Lebewesens hin. Es tritt oft im **Hauptsatz** eines **Satzgefüges** auf.

▎ Я хоте́ла купи́ть ро́зовое ле́тнее пла́тье. Но **тако́го** пла́тья я не нашла́ и купи́ла зелёное зи́мнее.
  Принеси́те мне, пожа́луйста, **тако́й** торт, как у же́нщины за сосе́дним столо́м.

Das Pronomen **сто́лько** weist auf die **Zahl** oder **Menge** der Gegenstände hin. Diese ist aus dem vorhergehenden Satz bereits **bekannt**.

▎ Там бы́ло 500 челове́к. Пе́ред **сто́лькими** людьми́ он ещё не пел.
  – Положи́ть тебе́ ещё кусо́к пирога́?
  – Нет, спаси́бо, **сто́лько** я не съем.

In Verbindung mit **же** kann **сто́лько** auch in der Bedeutung *genauso viel* benutzt werden.

▎ На ни́жней по́лке стои́т **сто́лько же** книг, ско́лько и на ве́рхней.
  У малыша́ три зу́ба. У его́ де́душки **сто́лько же**.

Üben und Anwenden

Das Pronomen: Demonstrativpronomen

Übungen

1. Welche Form von **этот** passt in den Satz? Kreuzen Sie an.*

a) ___ моя́ ко́мната.

☐ 1) э́та ☐ 2) э́то

распрода́жа – *Ausverkauf*

b) Смотри́, каки́е краси́вые ту́фли. ___ ту́фли я купи́ла на распрода́же.

☐ 1) э́то ☐ 2) э́ти

c) Мой компью́тер опя́ть не рабо́тает. ___ о́чень стра́нно.

☐ 1) э́тот ☐ 2) э́то

d) Посмотри́ на фотогра́фию. С ___ де́вочкой я учи́лась в одно́м кла́ссе.

☐ 1) э́то ☐ 2) э́той

2. Ergänzen Sie die Sätze mit **этот** oder **тот** in der richtigen Form.**

a) – Кто здесь? – *Это* я.

b) – Авто́бус пришёл. _____ авто́бус идёт в центр? – Нет, _____ туда́ не идёт. – А _____ ? – _____ идёт.

c) Посмотри́ на _____ дома́ за реко́й!

d) Мне предложи́ли интере́сный прое́кт. На́до об _____ поду́мать.

e) Я уже́ прочита́ла _____ кни́ги, кото́рые ты мне присла́л.

3. Welche Sätze passen zusammen? **Verbinden Sie** die Sätze mit Linien.**

a) Мне подари́ли телефо́н.

разбира́ться в + Präp. – *sich auskennen mit*

b) Для то́рта ну́жно шесть яи́ц.

c) Он разбира́ется в маши́нах.

d) Они́ жена́ты 25 лет.

e) Сего́дня +40°C!

f) У моего́ па́пы три вну́чки.

g) Сто́лько у меня́ не́ было.

h) Я купи́л таку́ю, как он сказа́л.

i) О тако́м я всегда́ мечта́л.

j) Тако́й пого́ды давно́ не́ было.

k) У моего́ сто́лько же.

l) Сто́лько лет они́ сча́стливы.

Местоимéние – Das Pronomen

Interrogativpronomen

Interrogativpronomen

Interrogativpronomen sind Pronomen, die man benutzt, um **Fragen** zu bilden. Im Russischen gibt es folgende Interrogativpronomen:

Кто?	Wer?
Что?	Was?
Какóй, какáя, какóе, какúе?	Was für ein …? Wie ist? Welch…?
Котóрый, котóрая, котóрое, котóрые?	Welch …?
Чей, чья, чьё, чьи?	Wessen?
Скóлько?	Wie viel?

Form

Die Pronomen **кто? что?** werden wie folgt **dekliniert**:

Nominativ	кто?	что?
Genitiv	когó?	чегó?
Dativ	комý?	чемý?
Akkusativ	когó?	что?
Instrumental	кем?	чем?
Präpositiv	(о) ком?	(о) чём?

Когó ты вúдишь? – Жирáфа.   **Чем** ты пúшешь? – Карандашóм.

Sie werden aber weder nach dem Geschlecht noch nach der Zahl geändert. Folgt in der **Frage** auf das Pronomen ein **Verb** im **Präteritum**, so steht dieses nach **кто** im **mask**. **Sg**., nach **что** hingegen im **Neutr. Sg**. In der Antwort werden die Verben dem Subjekt des Antwortsatzes angeglichen.

Das Präteritum, S. 131

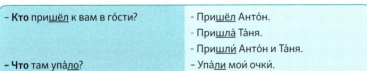

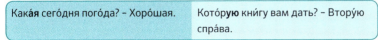

Die Adjektivdeklination, S. 38

Die Interrogativpronomen **какóй?** (**какáя? какóе? какúе?**) und **котóрый?** (**котóрая? котóрое? котóрые?**) stimmen mit dem dazugehörigen Substantiv in Geschlecht, Zahl und Fall überein und werden **wie Adjektive dekliniert**.

Как**áя** сегóдня погóда? – Хорóшая.	Котó**рую** кнúгу вам дать? – Вторýю спрáва.

Местоиме́ние – Das Pronomen

Interrogativpronomen

Das Pronomen **чей?** nimmt im Gegensatz zum deutschen *wessen?* dieselben Formen (Geschlecht, Zahl und Fall) an wie das Substantiv, auf das es sich bezieht.

Fall	Mask. Sg.	Fem. Sg.	Neutr. Sg.	Plural
Nom.	чей?	чья?	чьё?	чьи?
Gen.	чьего́?	чьей?	чьего́?	чьих?
Dat.	чьему́?	чьей?	чьему́?	чьим?
Akk.	wie Gen. (bel.) oder wie Nom. (unbel.)	чью?	чьё?	wie Gen. (bel.) oder wie Nom. (unbel.)
Instr.	чьим?	чьей?	чьим?	чьи́ми?
Präp.	(о) чьём?	(о) чьей?	(о) чьём?	(о) чьих?

Die Deklination des Demonstrativpronomens *сто́лько*, S. 66

Das Pronomen **ско́лько?** wird wie das Pronomen **сто́лько** dekliniert.

Gebrauch

Wenn man nach einem **Lebewesen** fragt, benutzt man die Frage **кто?**, in Fragen nach **Gegenständen, Sachen und abstrakten Begriffen** wird **что?** verwendet.

катамара́н – *Tretboot*

Кто э́то? – Мой брат.   **Что** э́то? – Катамара́н.
Кто э́то? – Дельфи́н.   **Что** тако́е ру́мба? – Та́нец.

Fragt man nach einem **Merkmal** oder einer **Eigenschaft** einer Person oder eines Gegenstandes, benutzt man das Interrogativpronomen **како́й?** Dieses Pronomen kann auch als **Verstärkung in Ausrufesätzen** verwendet werden.

Како́й э́то язы́к? – Ру́сский.   **Кака́я** краси́вая карти́на!
Кака́я здесь вода́? – Горя́чая.   **Како́й** чуде́сный день!

Wenn man nach einem Gegenstand fragt, der **in einer Reihe ähнlicher Gegenstände** steht, verwendet man das Pronomen **кото́рый?**

обло́жка – *Bucheinband*
кра́йний – *der letzte*

– Да́йте мне кни́гу!
– **Каку́ю?**   – **Кото́рую?**
– Ту, большу́ю с си́ней обло́жкой.   – Кра́йнюю спра́ва.

Datum und Uhrzeit, S. 100

Das Pronomen **кото́рый** wird auch in der Frage nach der Uhrzeit **Кото́рый час?** *Wie spät ist es?* benutzt.

– **Кото́рый час?** – Два часа́.   *Wie spät ist es? – Zwei Uhr.*

Местоиме́ние – Das Pronomen

Relativpronomen

Mit dem Pronomen **чей?** fragt man nach dem **Besitzer**. Im Deutschen verwendet man die Konstruktion *Wem gehört ...?*

Чья́ э́то ша́пка? – Э́то моя́ ша́пка.   Wem gehört diese Mütze? – Das ist meine Mütze.

Das Pronomen **ско́лько?** (*wie viel*) benutzt man für die Frage nach der **Anzahl oder Menge**. Nach dem **Nominativ** und dem **Akkusativ** von **ско́лько?** steht das **Substantiv** im **Genitiv**. Bei **zählbaren** Gegenständen benutzt man den **Plural**, bei **nicht zählbaren** oder **abstrakten** Begriffen den **Singular**. In den anderen Fällen stimmt **ско́лько?** mit dem Substantiv überein.

Ско́лько здесь буты́лок? – Пять.   Ско́лько здесь воды́? – Пять ли́тров.
Со ско́льких лет мо́жно голосова́ть?
Ско́льким лю́дям ты позвони́л?

голосова́ть – *abstimmen, wählen*

Die Frage *Um wie viel Uhr?* wird im Russischen mit **Во ско́лько (часо́в)?** wiedergegeben.

Дава́й встре́тимся за́втра. – Во ско́лько? – В двена́дцать часо́в.

 Datum und Uhrzeit, S. 100

Relativpronomen

Zu den Relativpronomen zählen im Russischen die Pronomen **кто** (*wer*), **что** (*dass*), **како́й** (*was für ein*), **кото́рый** (*welcher*), **чей** (*dessen*) und **ско́лько** (*wie viel*). In einem **zusammengesetzten Satz** verbinden sie den **Hauptsatz** mit dem **Nebensatz** (Relativsatz).

 Satzgefüge, S. 234

Im Hauptsatz können die Demonstrativpronomen **тот**, **тако́й**, **сто́лько** benutzt werden.

Я не по́мню, **кто** был вчера́ на конце́рте.
Он **тако́й** челове́к, **что** уме́ет рабо́тать с детьми́.
Посмотри́, **кака́я** за́втра бу́дет пого́да.
Э́то **та** кни́га, **кото́рую** ты мне сове́товала.
Она́ не зна́ла, **чей** э́то ребёнок.
Они́ проводи́ли вме́сте **сто́лько** вре́мени, **ско́лько** могли́.

пла́виться – *schmelzen*
проводи́ть вре́мя – *Zeit verbringen*

Auf die Verwendung einzelner Relativpronomen wird im Kapitel **Satzgefüge**, S. 234 detaillierter eingegangen. Dort sind auch Übungen zu dem Thema zu finden.

Üben und Anwenden

Das Pronomen: Interrogativpronomen

Übungen

1. Stellen Sie Fragen, benutzen Sie dabei die Interrogativpronomen **кто?** oder **что?**.*

a) _Кто это?_ – Это студе́нт.
b) _____ – Это газе́та.
c) _____ – Это молода́я коа́ла.
d) _____ – Это моя́ подру́га.
e) _____ – Это твоя́ но́вая маши́на.
f) _____ – Это её роди́тели.
g) _____ – Это его́ докуме́нты.

2. Setzen Sie die **Pronomen in der richtigen Form** ein.**

a) _Какую_ (како́й) кни́гу ты сейча́с чита́ешь?
b) _____ (кото́рый) час?
c) _____ (чей) э́то карти́ны?

по́льзоваться + Instr. - nutzen

d) _____ (ско́лько) друзья́м ты об э́том рассказа́л?
e) _____ (како́й) програ́ммами Вы по́льзуетесь?
f) _____ (чей) футбо́лку ты наде́л?
g) _____ (ско́лько) пи́ва вы вчера́ вы́пили?
h) _____ (кото́рый) ча́шку ты хо́чешь?
i) О _____ (како́й) го́роде вы говори́те?

3. Suchen Sie das **richtige Fragepronomen** aus und **setzen Sie es richtig ein**.***

вечери́нка – Party

(a) _____ был вчера́ на вечери́нке? (b) _____ из свои́х знако́мых ты встре́тила? (c) С _____ ты познако́милась? (d) О _____ вы разгова́ривали? (e) _____ пла́тье ты наде́ла? (f) На _____ маши́не ты е́здила? (g) _____ еду́ вы ели? (h) _____ вы де́лали по́сле у́жина? (i) _____ му́зыку вы слу́шали? (j) В _____ часу́ ты верну́лась домо́й?

72

Negationspronomen

Die russischen Negationspronomen (verneinende Pronomen) werden mit Hilfe der Partikel **ни-** und **не-** von Interrogativpronomen abgeleitet.

никто́	*niemand*	**ни**како́й	*(gar) keiner*	**не́**кого	*nichts*
ничто́	*nichts*	**ни**чье́й	*niemandes*	**не́**чего	*niemand* (in unpersönl. Sätzen)

не- ist immer betont, **ни-** ist immer unbetont.

Form

Die Negationspronomen **никто́**, **ничто́**, **никако́й**, **ничье́й** werden wie die entsprechenden Interrogativpronomen **кто?** **что?** **како́й?** **чей?** dekliniert.

In einem Satz, der ein Negationspronomen **никто́**, **ничто́**, **никако́й** oder **ничье́й** enthält, muss das Verb immer durch **не** verneint werden bzw. ein **нет** vorhanden sein.

Никто́ не мо́жет тебе́ помо́чь.	У них **нет никаки́х** интере́сов.
Меня́ **ничто́ не** остано́вит.	У меня́ нет **ничьи́х** адресо́в.

Verbindet man die Pronomen **никто́**, **ничто́**, **не́кого**, **не́чего** mit einer **Präposition**, so wird diese zwischen die Partikel **ни** oder **не** und **кого́** bzw. **чего́** usw. gesetzt. Die Konstruktion wird dann getrennt geschrieben.

Ни у кого́ не́ было зонта́.	*Niemand hatte einen Regenschirm.*
Нам с ва́ми **не́ о чем** говори́ть.	*Wir haben nichts zu bereden.*

Die Pronomen **не́кого**, **не́чего** werden zwar auch dekliniert, haben aber **keine Nominativform**, da sie nur in Sätzen ohne Subjekt vorkommen können.

Ей **не́кому** позвони́ть.	*Sie hat niemanden, den sie anrufen könnte.*
Мне **не́чего** с ней обсужда́ть.	*Es gibt nichts, worüber ich mit ihr diskutieren müsste.*

Interrogativpronomen, S. 69

Die doppelte Verneinung, die so entsteht, drückt im Gegensatz zum Deutschen eine Verneinung aus. Vergleichen Sie:
Я **никого́ не** зна́ю. = *Ich kenne niemanden.* (Verneinung) Nicht:
Ich kenne nicht niemanden. = *Ich kenne jemanden.* (Bejahung)

Sätze ohne grammatisches Subjekt, S. 216

обсужда́ть – *besprechen*

Gebrauch

Die Pronomen **никто́**, **ничто́** werden in Sätzen mit einem grammatischen Subjekt gebraucht. Sie können sowohl als **Subjekt** einer Handlung als auch in der Rolle des **Objekts** einer Handlung auftreten.

Subjekt	Objekt
Никто́ не пришёл на наш конце́рт.	Я **никому́** об э́том не скажу́.
Ничто́ не мо́жет меня́ пора́довать.	Мы не мо́жем **ничего́** найти́.

Das Subjekt, S. 206

пора́довать – *freuen*

Местоиме́ние – Das Pronomen

Negationspronomen

Die Pronomen **никто́**, **ничто́**, **никако́й**, **ниче́й** werden meistens als Verstärkung einer Verneinung gebraucht.

Мне **не** звони́ли. (Man hat mich nicht angerufen.)	Мне **никто́ не** звони́л. (Mich hat keiner angerufen.)
Я сего́дня ещё **не** ел. (Ich habe heute noch nicht gegessen.)	Я сего́дня ещё **ничего́ не** ел. (Ich habe heute noch nichts gegessen.)
У него́ **нет** недоста́тков. (Er hat keine Macken.)	У него́ **нет никаки́х** недоста́тков. (Er hat keinerlei Macken.)
На шко́льном пра́зднике **не** бу́дет роди́телей. (Auf dem Schulfest wird es keine Eltern geben.)	На шко́льном пра́зднике **не** бу́дет **ничьи́х** роди́телей. (Auf dem Schulfest wird es niemandes/überhaupt keine Eltern geben.)

Sätze ohne grammatisches Subjekt, S. 216

Die Negationspronomen **не́кто** und **не́что** verwendet man in Sätzen **ohne grammatisches Subjekt**, sie werden ausschließlich als Objekt mit einem Verb im Infinitiv verwendet. Das logische Objekt (die handelnde Person) steht dabei im Dativ.

Нам **не́кого** боя́ться.	Es gibt niemanden, vor dem wir Angst haben müssten.
Ему́ бы́ло **не́ о чем** рассказа́ть.	Er hatte nichts zu erzählen.

Die Pronomen **не́кого**, **не́чего** weisen darauf hin, dass die **Handlung unmöglich** ist, weil die für sie benötigten Personen oder Gegenstände fehlen. Dadurch ergibt sich ein klarer Unterschied zu den Pronomen **никого́** und **ничего́**. Vergleichen Sie:

*In diesem Satz gibt es zwei Pronomen im Dativ (**не́кому** und **мне**), die verschiedene Funktionen haben.

не-	ни-
Не́кому мне помо́чь*. (Es ist niemand da, der mir helfen könnte.)	**Никто́** не помога́ет мне. (Man könnte mir helfen, tut das aber nicht.)
Мне **не́кого** позва́ть. (Es ist niemand da, den ich rufen könnte).	Я **никого́** не зову́. (Es sind Leute in der Nähe, aber ich rufe niemanden.)
Ему́ **не́чего** есть. (Es ist nichts da, was er essen könnte.)	Он **ничего́** не ест. (Es ist etwas zu essen da, aber er hat keinen Hunger/Appetit.)

Üben und Anwenden

Das Pronomen: Negationspronomen

Übungen

1. **Ничего́** oder **не́чего**? **Никого́** oder **не́кого**? Streichen Sie das falsche Pronomen durch.*

a) Мы ничего́/не́чего об э́том не зна́ли.

b) У меня́ есть то́лько пи́во. Бо́льше пить ничего́/не́чего.

c) Здесь так мно́го люде́й, а я никого́/не́кого не зна́ю.

d) Здесь так мно́го люде́й, а мне никого́/не́кого попроси́ть помо́чь.

e) Ничего́/Не́чего не тро́гай, э́то музе́й!   тро́гать – *anfassen*

f) Мне ничего́/не́чего сказа́ть, я сама́ ничего́/не́чего не понима́ю.

g) Я не хочу́ ни с ке́м/не́ с кем разгова́ривать, у меня́ боли́т голова́.

h) Здесь все таки́е ску́чные, ни с ке́м/не́ с кем поговори́ть.

2. Ersetzen Sie die **Demonstrativ-** bzw. **Possessivpronomen** durch **Negationspronomen**.**

a) Э́того я не зна́ю.

   Я ничего не знаю.

b) Э́тих цвето́в у неё нет.

c) Он не отвеча́ет на мои́ звонки́.

d) Они́ не зна́ют об э́том.

e) Я не по́льзуюсь э́тими духа́ми.

f) Он не лю́бит меня́.

g) Ты не расска́зывала мне о сва́дьбе.

75

Indefinitpronomen

*Zur Bedeutung der Pronomen: **Gebrauch**, S. 77

Die meisten Indefinitpronomen werden von Interrogativpronomen mit Hilfe der Partikeln **-то**, **-либо**, **-нибудь**, **-кое** gebildet.*

-то	кто́-то		что́-то
	чей-то		како́й-то
-либо	кто́-либо		что́-либо
	чей-либо		како́й-либо
-нибудь	кто́-нибудь		что́-нибудь
	чей-нибудь		како́й-нибудь
кое-	кое-кто́		кое-что́
	кое-чей		кое-како́й

Die zweite Gruppe der Indefinitpronomen bilden die Substantive **не́кто** (*ein gewisser, jemand*), **не́что** (*etwas*), **не́кий** (*ein gewisser, irgendein*), **не́который** (*gewiss, einige*) und **не́сколько** (*einige*).

Form

Interrogativpronomen, S. 69

Die **Deklination** der Pronomen mit den Partikeln **-то**, **-либо**, **-нибудь**, **кое-** werden entspricht der **Deklination** von **Interrogativpronomen** ohne Partikeln. Die Partikeln sind immer mit **Bindestrich** angefügt.

вы́тереть – *abwischen*

Я кого́-то ви́жу.	Мне не нужна́ чья́-ли́бо по́мощь.
Вы́три э́то чем-нибудь.	У меня́ есть кое-кака́я информа́ция.

*Die Bindestriche entfallen dabei.

In Verbindung mit einer **Präposition** werden die Pronomen mit **кое-** getrennt. Die Präposition wird zwischen die zwei Teile gesetzt: **кое с ке́м**, **кое о** чём*.

Verbindet man die Pronomen mit **-то**, **-либо**, **-нибудь** mit einer **Präposition**, so steht diese vor dem Pronomen: **о** ко́м-нибудь, **на** чём-либо, **с** ке́м-то.

Сего́дня ве́чером у меня́ встре́ча **кое с ке́м**.
Вчера́ я чита́л статью́ **о чём-то** интере́сном.

дви́жущийся – *sich bewegend*

Das Partizip, S. 153

Die Pronomen **не́кто** und **не́что** werden nur im **Nominativ** und im formgleichen **Akkusativ** gebraucht. **Не́что** ist sächlich. Es wird immer mit einem **Attribut** (Adjektiv oder Partizip) verbunden.

Произошло́ **не́что** стра́нное.	Бы́ло ви́дно **не́что** дви́жущееся.

Не́кто wird nur im **Nominativ**, oft in **Verbindung** mit männlichen und weiblichen **Namen** verwendet.

Пришёл **не́кто** Петро́в.	Пришла́ **не́кто** Еле́на Да́риевна.

Местоиме́ние – Das Pronomen

Indefinitpronomen

Das Pronomen **не́кий** richtet sich in **Geschlecht**, **Zahl** und **Fall** nach dem dazugehörigen **Substantiv** und wird wie ein **Adjektiv dekliniert**. Seine Deklinationsformen werden aber selten gebraucht.

Мне звони́л не́кий студе́нт.	Неда́вно я получи́л письмо́ от не́ких знако́мых.
Не́кая де́вушка звони́т мне ка́ждый день.	Ему́ вы́платили не́кую су́мму де́нег.

вы́платить – *auszahlen*
су́мма – *Betrag*

Fall	Mask.	Fem.	Neutr.	Plural
Nom.	не́кий	не́кая	не́кое	не́кие
Gen.	не́коего	не́кой	не́коего	не́ких
Dat.	не́коему	не́кой	не́коему	не́ким
Akk.	wie Gen. (bel) oder Akk. (unbel.)	не́кую	не́кое	wie Gen. (bel) oder Akk. (unbel.)
Instr.	не́ким	не́кой	не́ким	не́кими
Präp.	(о) не́коем	(о) не́кой	(о) не́коем	(о) не́ких

Die Adjektivdeklination, S. 38

Не́который wird wie ein **Adjektiv dekliniert** und tritt im Satz als **Attribut** auf.

Не́которое вре́мя наза́д я купи́л э́тот уче́бник.	Не́которым лю́дям легко́ учи́ть иностра́нные языки́.

Не́сколько wird wie ein **Adjektiv** im **Plural** dekliniert. Im **Nominativ** und **Akkusativ** steht das Substantiv im **Genitiv Plural**. In **allen anderen Fällen** stimmen stehen Substantiv und Pronomen im **selben Fall**.

Не́сколько челове́к вы́шли/вы́шло* из ко́мнаты.	Он говори́л с не́сколькими врача́ми.
Я уви́дел не́сколько маши́н.	Она́ ду́мала о не́скольких веща́х одновреме́нно.

*Wenn das dazugehörige **Substantiv** das **Subjekt** des Satzes ist, kann das **Verb** im **Plural** oder im **Singular** (im **Präteritum** – im **Neutrum Plural**) stehen.
Не́сколько челове́к **стоя́т/стои́т** в коридо́ре.

Gebrauch

Die Pronomen mit **-то** werden verwendet:
a) wenn es im Satz um eine Person oder Sache geht, die **dem Sprecher unbekannt** ist;

Кто́-то звони́т.	*Es ruft jemand an.*
Я ви́жу что́-то кра́сное.	*Ich sehe etwas Rotes.*

b) wenn es im Satz um eine Person oder Sache geht, die **dem Sprecher früher bekannt** war, die er **aber zum Sprechzeitpunkt vergessen** hat.

Я что́-то чита́ла о Вас. (aber ich weiß nicht mehr was)	Кого́-то он мне напомина́ет. (aber ich weiß nicht mehr an wen)

напомина́ть – *erinnern*

Местоимение – Das Pronomen

Indefinitpronomen

Die Pronomen mit -**либо** sowie **некто**, **нечто**, **некий** werden hauptsächlich in der Schriftsprache gebraucht.

Die Pronomen mit -**нибудь** oder -**либо** werden gebraucht, wenn im Satz von einer Person oder Sache die Rede ist, die **völlig unbestimmt** und **beliebig** ist. Dabei geht es meist um die Zukunft.

| Завтра мы поедем в **какой-нибудь** парк. | Morgen fahren wir in irgendeinen Park. |
| Возьми с собой **какую-нибудь** еду. | Nimm irgendetwas zu essen mit. |

Die Pronomen mit der Partikel **кое**- verwendet man, wenn es im Satz um eine Person, einen Gegenstand oder ein Merkmal geht, die **dem Sprecher bekannt, dem Gesprächspartner aber unbekannt** sind.

| К тебе **кое-кто** пришёл! | Da ist Besuch für dich gekommen! (ich weiß, wer es ist, du aber nicht) |

Außerdem können diese Pronomen in derselben Bedeutung wie **некоторые** gebraucht werden.

Я вчера был в гостях, встретил там **кое-каких** друзей.

Das Pronomen **нечто** hat eine ähnliche Bedeutung wie **что-то** und bezeichnet einen (evtl. nur dem Gesprächspartner) unbekannten Gegenstand oder Sachverhalt.

| Я слышала **что-то** интересное. | Я слышала **нечто** интересное. |

Die Pronomen **некий** und **некто** können eine **unbekannte Person** bezeichnen. **Некий** tritt als Attribut eines Substantivs auf, **некто** steht als selbständiges Subjekt.

проникнуть – *eindringen*
украсть – *stehlen*

| **Некто** проник в квартиру и украл аквариум. | **Некий** преступник проник в квартиру и украл аквариум. |

возникнуть – *auftreten*
трудность – *Schwierigkeit*
подпрыгнуть – *hüpfen*

Некий und **некто** benutzt man auch in **Verbindung** mit einem **Personennamen**, wenn es um eine Person geht, die **kaum bekannt** ist.

Вдруг появился **некто/некий** Александров и всех спас.

Das Pronomen **некоторые** kann bedeuten:
a) dass es sich um einen **Teil des Ganzen** handelt (mit **из** + Gen.);

Некоторые из нас очень устали. (nicht alle)
Некоторые студенты уже ушли домой.

b) eine **Sache unbekannter Größe**;

Некоторое время назад я написал им письмо. (*vor einiger Zeit*)
У меня возникли **некоторые** трудности. (*gewisse Schwierigkeiten*)

Местоимéние – Das Pronomen

Definitpronomen

> Das Pronomen **нéсколько** bezeichnet eine **unbestimmte Anzahl**.
>
> Он знáет нéсколько инострáнных языкóв.   *Er kann mehrere Fremdsprachen.*
>
> В кóмнате бы́ло нéсколько человéк.   *Im Zimmer waren einige Leute.*

Definitpronomen

Zu den Definitpronomen zählen **весь** (*ganz, all*), **сам** (*selbst*), **сáмый***, **кáждый** (*jeder, alle*), **любóй** (*ein beliebiger*), **всякий** (*jeder*).

*Da das Pronomen **сáмый** je nach Kontext verschiedene Bedeutungen haben kann (s. **Gebrauch**, S. 80), wird hier keine Übersetzung angegeben.

Form

Alle Definitpronomen **stimmen mit** den dazugehörigen **Substantiven** in Geschlecht, Zahl und Fall **überein**.

Die Deklination von весь

Fall	Mask. und Neutr.	Fem.	Plural
Nom.	весь, всё	вся	все
Gen.	всегó	всей	всех
Dat.	всемý	всей	всем
Akk.	wie Gen. (bel.) oder Nom. (unbel.)	всю	wie Gen. (bel.) oder Nom. (unbel.)
Instr.	всем	всей	всéми
Präp.	(обо) всём	(обо) всей	(обо) всех

Wie bei anderen Adjektiven wird **г** in Genitivendungen wie **в** ausgesprochen.

Die Adjektivdeklination, S. 38

Die Pronomen **сáмый**, **кáждый**, **любóй** und **всякий** werden wie Adjektive dekliniert.

Die Deklination von сам

Fall	Mask. und Neutr.	Fem.	Plural
Nom.	сам, самó	самá	сáми
Gen.	самогó	самóй	самúх
Dat.	самомý	самóй	самúм
Akk.	wie G. (bel.) oder N. (unbel.)	самý	wie G. (bel.) oder N. (unbel.)
Instr.	самúм	самóй	самúми
Präp.	(о) самóм	(о) самóй	(о) самúх

Im Singular stimmen die Deklinationsformen von **сáмый** mit denen von **сам** überein (Ausnahme: Nominativ). Die Betonung fällt aber bei **сáмый** immer auf **сáм-**.

Местоиме́ние – Das Pronomen

Definitpronomen

Gebrauch

Das Pronomen **сам** weist **nach** einem **Substantiv** oder **Personalpronomen** darauf hin, dass die Person eine Handlung **allein**, **ohne Hilfe** durchführt.

покра́сить – *streichen*

Я **сам** покра́сил сте́ну.
Ребёнок уме́ет **сам** одева́ться.

Das Pronomen **са́мый** hebt **vor** einer **Personenbezeichnung** eine **konkrete Person** hervor, betont ihre **Wichtigkeit**.

Я не бу́ду говори́ть с секретарём. Мне ну́жно ви́деть **самого́** дире́ктора и поговори́ть с ним **сами́м**. То́лько он **сам** мо́жет приня́ть реше́ние.

Der Superlativ, S. 51 §

Steht **са́мый** vor einem **Adjektiv**, so bildet es **Superlativformen**.

Э́тот компью́тер – **са́мый** дешёвый, а э́тот – **са́мый** дорого́й.

Vor einem **Substantiv** betont **са́мый** die **äußerste Grenze** bei Orts- und Zeitangaben.

Они́ гуля́ли до **са́мого** утра́. (... *die ganze Nacht hindurch bis zum Morgengrauen*)
Мы подняли́сь на **са́мую** верши́ну горы́. (... *auf die äußerste Bergesspitze*)

Mit den Pronomen **тот**, **та**, **то**, **те** und **э́тот**, **э́та**, **э́то**, **э́ти** bedeutet **са́мый** *derselbe, dieselbe, dasselbe, dieselben*.

На ней **то** же **са́мое** пла́тье, что и вчера́.
Мы уже́ разгова́ривали на **э́ту** же **са́мую** те́му.

Das Definitpronomen **весь** hat die Bedeutung *all*, *ganz*.
Весь kann als **Attribut** vor einem Substantiv gebraucht werden.

Он съел **весь** хлеб.
Но́чью **все** ко́шки се́ры.

Die Pronomen **всё** oder **все** können auch **ohne Substantiv** als **Subjekt** oder **Objekt** des Satzes auftreten:

Все уже́ спят.
Спаси́бо вам за **всё**.

Die Pronomen **ка́ждый**, **любо́й**, **вся́кий** bezeichnen ein **einzelnes Wesen** oder **Ding** aus einer **Anzahl gleichartiger** Wesen oder Dinge.

Э́то зна́ет **ка́ждый** (**любо́й**, **вся́кий**) шко́льник.

Местоиме́ние – Das Pronomen

Übungen

Das Pronomen **ка́ждый** kann außerdem ähnlich wie **все** eine **Gesamtheit** ausdrücken.

Ка́ждый гото́в к экза́мену.   **Все** гото́вы к экза́мену.

Es kann auch für **sich wiederholende Handlungen** verwendet werden.

Я **ка́ждый** день звоню́ роди́телям.   *(jeden Tag)*
Лека́рство на́до пить **ка́ждые** три часа́.   *(alle drei Stunden)*

Mit **любо́й** kann man einen **Gegenstand** aus einer **Reihe gleichartiger Gegenstände** hervorheben.

Выбира́йте **любы́е** часы́, они́ все ка́чественные.

ка́чественный – *hochwertig*

Das Pronomen **вся́кий** kann zusätzlich die Bedeutung *verschieden, allerlei* haben.

Он расска́зывал **вся́кие** исто́рии из жи́зни.

Übungen

1. Setzen Sie die **Pronomen** in die **richtige Form**.*

a) Мы живём в _са́мом_ (са́мый) дорого́м го́роде Евро́пы.

b) _____ (ка́ждый) неде́лю Дми́трий хо́дит на футбо́л.

c) В _____ (не́сколько) дома́х не́ было электри́чества.

d) _____ (весь) кани́кулы Ва́ля провела́ в селе́ у ба́бушки.

e) Он не лю́бит знако́миться с _____ (кто́-то) но́вым.

f) Э́ти носки́ мо́жно носи́ть с _____ (любо́й) о́бувью.

g) Не во _____ (вся́кий) го́роде есть теа́тр.

h) Мне _____ (что́-то) здесь не хвата́ет.

i) Мы бы́ли в Ро́тенбурге и купи́ли мно́го _____ (вся́кий) ёлочных игру́шек.

электри́чество – *Strom*
не хвата́ть + Gen. – *fehlen*
ёлочные игру́шки – *Christbaumschmuck*

Üben und Anwenden

Das Pronomen: Indefinit- und Definitpronomen

2. Kreuzen Sie an, ob die **Pronomen richtig** (R) oder **falsch** (F) gebraucht werden. **

	R	F
a) У меня есть некоторые друзья.	☐	☐
b) Некоторые слова в тексте я не могу перевести.	☐	☐
c) Она надела те же самые бусы, что и вчера.	☐	☐
d) Твой велосипед самый быстрее моего.	☐	☐
e) Они были здесь сам месяц.	☐	☐
f) Ты сам не спишь и мне не даёшь.	☐	☐
g) Я хочу вам кое-что сказать.	☐	☐
h) Ты идёшь гулять кое с кем или один?	☐	☐
i) Всё, что ей нужно, лежит в шкафу.	☐	☐
j) Всё уже ушли.	☐	☐

бусы – *Perlenkette*

3. Setzen Sie die Pronomen mit **-то**, **-нибудь** oder **кое-** in der richtigen Form ein.**

> кое-что • что-нибудь • какой-то • что-то • ~~кое-кто~~ •
> чей-то • кто-нибудь • какой-нибудь • чей-то • кое-кто

сюрприз – *Überraschung*
забронированный – *reserviert*

a) Сейчас _кое-кто_ придёт. Это тебе сюрприз!
b) Он сказал мне _____ важное, но я уже забыла.
c) Закрой глаза, я принёс _____ интересное.
d) Возьми _____ книгу и открой её на второй странице.
e) Я слышу _____ голос, но не понимаю, кто это говорит.
f) Если _____ случится, позвоните нам.
g) _____ может мне сказать, что случилось?
h) Тут лежит _____ полотенце, это не твоё?
i) Здесь _____ ошибка, это место забронировано.
j) Подожди минуту, мне надо _____ позвонить.

Übungen und Anwenden

Das Pronomen: Indefinit- und Definitpronomen

4. **Übersetzen** Sie ins Deutsche.***

a) Некоторых людей я не понимаю.

b) Я вижу нескольких лошадей, а ты?

c) Бери любой журнал, у меня их несколько.

d) Каждое утро он сам готовит завтрак для всей семьи.

e) Всю зиму она ходит в той же самой шапке, что и осенью.

f) Принимайте эти таблетки каждые два часа.

g) Он сам написал эту музыку.

h) Анна понимает все славянские языки.

славянский – *slawisch*
шкатулка – *Schatulle*
справиться + Dat. – *etwas schaffen, fertig werden mit*

i) В этой шкатулке лежат всякие пуговицы.

j) С этим заданием справится не всякий!

k) Каждое лето мы ездим на Чёрное море.

l) У меня есть такой же шарф, как у тебя.

m) Они работали до самой ночи.

Имя числительное – Das Zahlwort

Grundzahlwörter

Имя числительное – Das Zahlwort

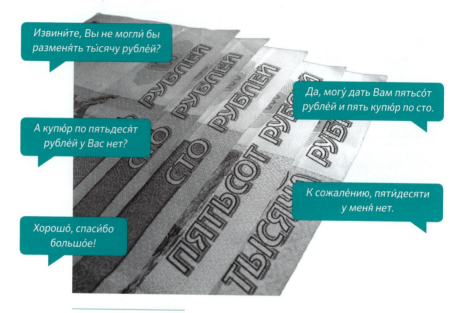

– Извините, Вы не могли бы разменять тысячу рублей?
– Да, могу дать Вам пятьсот рублей и пять купюр по сто.
– А купюр по пятьдесят рублей у Вас нет?
– К сожалению, пятидесяти у меня нет.
– Хорошо, спасибо большое!

– Entschuldigen Sie, könnten Sie eintausend Rubel wechseln?
– Ja, ich kann Ihnen einen Fünfhunderter und fünf Hundert-Rubel-Scheine geben.
– Haben Sie keine Fünfzig-Rubel-Scheine?
– Leider habe ich keine Fünfziger.
– Auch gut, vielen Dank!

Im Russischen gibt es **Grund-**, **Ordnungs-** und, im Unterschied zum Deutschen, auch **Sammelzahlwörter**.

Grundzahlwörter

Die Grundzahlwörter bezeichnen eine **Zahl** von Gegenständen oder Lebewesen und beantworten die Frage **сколько?** (*wie viel/wie viele?*).

игрок – *Spieler*
команда – *Team, Mannschaft*

| – Сколько игроков в футбольной команде? | – Одиннадцать. |

Nach ihrer Struktur werden die Zahlwörter in **drei Gruppen** eingeteilt:

– **einfache** Zahlwörter:	один, два, десять, сорок, сто, тысяча
– **zusammengesetzte** Zahlwörter:	одиннадцать, двадцать, пятьсот
– **mehrgliedrige** Zahlwörter:	тридцать один, четыреста шестнадцать

Имя числительное – Das Zahlwort

Grundzahlwörter

1 – 9		11 – 19		Zehner		Hunderter	
1	один*	11	одиннадцать	10	десять	100	сто
2	два	12	двенадцать	20	двадцать	200	двести
3	три	13	тринадцать	30	тридцать	300	триста
4	четыре	14	четырнадцать	40	сорок	400	четыреста
5	пять	15	пятнадцать	50	пятьдесят	500	пятьсот
6	шесть	16	шестнадцать	60	шестьдесят	600	шестьсот
7	семь	17	семнадцать	70	семьдесят	700	семьсот
8	восемь	18	восемнадцать	80	восемьдесят	800	восемьсот
9	девять	19	девятнадцать	90	девяносто	900	девятьсот

0	ноль (нуль)**		
1.000	тысяча	1.000.000	миллион
2.000	две тысячи	2.000.000	два миллиона
5.000	пять тысяч	5.000.000	пять миллионов
		1.000.000.000	миллиард

*In der Umgangssprache benutzt man beim Zählen oft **раз** statt **один**.

Ноль und **нуль** sind – außer in Redewendungen – frei austauschbar.

Die russische **триллион** hat nur zwölf Nullen (und nicht achtzehn wie die deutsche Trillion).

Bei den Zahlen 15-19, 20 und 30 steht das **-ь** am Ende des Wortes. Die Zahlen 50-80 und 500-900 haben hingegen ein **Weichheitszeichen** in der Mitte.

Alle großen Zahlen werden aus den Zahlwörtern aus der obigen Tabelle aneinandergereiht. Dabei ist die **Reihenfolge** beim Lesen bzw. Sprechen wie folgt: **Tausender – Hunderter – Zehner – Einer**:

1981 – тысяча девятьсот восемьдесят один

Die Verbindung aus Grundzahlwort und Substantiv

Die **Grundzahlen** werden in der Verbindung mit Substantiven **nicht** nach dem Geschlecht unterschieden. Ausnahmen bilden das Zahlwort **один** und **два**, die drei bzw. zwei Geschlechtsformen haben.

Maskulinum	Femininum	Neutrum
один матрас	одна подушка	одно одеяло

Maskulinum und Neutrum	Femininum
два матраса два одеяла	две подушки

Ebenso werden **mehrgliedrige Zahlwörter** verändert, die als **letztes** Wort eine **1** oder eine **2** enthalten.

двадцать одна квартира, **тридцать два** стола, **сорок две** копейки

И́мя числи́тельное – Das Zahlwort

Grundzahlwörter

Im **Nominativ** und im formgleichen **Akkusativ** verändert sich die Form der gezählten Substantive in Abhängigkeit von der vorhergehenden Zahl. Die Substantive stehen:

nach 1, 21, 31 usw.	nach 2, 3, 4, 22, 23, 24 usw.	nach allen übrigen Zahlwörtern
im **Nominativ Singular**: оди́н дом, два́дцать одна́ дверь, три́дцать одно́ окно́	im **Genitiv Singular**: два до́ма, два́дцать три две́ри, три́дцать четы́ре окна́	im **Genitiv Plural**: пять домо́в, оди́ннадцать двере́й, два́дцать о́кон

Deklinationsmodelle, S. 21

Die Deklination der Grundzahlwörter, S. 87

In allen **anderen Fällen** stehen die **Zahlwörter** mit dem gezählten **Substantiv** im **gleichen Fall**, die **Substantive** stehen dabei im **Plural** (außer nach оди́н, одна́, одно́):

> В **двух о́кнах** гори́т свет.
> Из **одного́ окна́** ви́дно мо́ре.
> Под **пятью́ о́кнами** расту́т кусты́.

Die Verbindung aus Grundzahlwort, Substantiv und Adjektiv

Wenn das Zahlwort im **Nominativ** oder im formgleichen **Akkusativ** steht, gelten folgende Regeln:

nach 1, 21, 31 usw.	nach 2, 3, 4, 22, 23, 24 usw.	nach allen übrigen Zahlwörtern
Das Adjektiv steht im **Nominativ Sg.** und **stimmt** im Geschlecht mit dem **Substantiv überein**: оди́н большо́й дом три́дцать одна́ широ́кая дверь два́дцать одно́ у́зкое окно́	Das Adjektiv steht im **Plural**. 1. Bezieht es sich auf ein **männliches** oder **sächliches Substantiv**, so steht es im **Genitiv Pl.**: два больши́х до́ма три у́зких окна́. 2. Bezieht es sich auf ein **weibliches Substantiv**, so steht es im **Nominativ Pl.** oder **Genitiv Pl.**: две широ́кие две́ри/ две широ́ких две́ри	Das Adjektiv steht **unabhängig** vom Geschlecht des Substantivs im Genitiv Pl.: пять больши́х домо́в шесть широ́ких двере́й два́дцать у́зких о́кон

In den **anderen Fällen stimmen** Zahlwort und Adjektiv mit dem **Substantiv überein**.

> В **двух у́зких о́кнах** гори́т свет.
> Из **одного́ у́зкого окна́** ви́дно мо́ре.
> Под **пятью́ у́зкими о́кнами** расту́т кусты́.

Имя числительное – Das Zahlwort

Grundzahlwörter

Die Deklination der Grundzahlwörter

Im Unterschied zum Deutschen werden die **Grundzahlwörter** im Russischen **dekliniert**.
Steht die Grundzahl im Nominativ oder im formgleichen Akkusativ, so gelten gesonderte Regeln. In allen anderen Fällen stimmt sie mit dem folgenden Substantiv in Geschlecht, Zahl und Fall überein.

Я не могу́ ждать ни **одно́й мину́ты**. (Gen. Sg.)	В **трёх коро́бках** ничего́ не́ было. (Präp. Pl.)

Zur Verwendung von Zahlwörtern mit Substantiven im Nom. und formgleichen Akk. ▶
Die Verbindung aus Grundzahlwort und Substantiv, S. 85

Deklination von оди́н

Fall	Mask.	Fem.	Neutr.	Plural
Nom.	оди́н	одна́	одно́	одни́
Gen.	одного́	одно́й	одного́	одни́х
Dat.	одному́	одно́й	одному́	одни́м
Akk.	wie Gen. (bel.) oder Nom. (unbel.)	одну́	wie Gen. (bel.) oder Nom. (unbel.)	wie Gen. (bel.) oder Nom. (unbel.)
Instr.	одни́м	одно́й	одни́м	одни́ми
Präp.	(об) одно́м	(об) одно́й	(об) одно́м	(об) одни́х

Die Pluralform **одни́** wird wie folgt verwendet:
– mit Substantiven, die nur im Plural gebraucht werden (одни́ но́жницы),
– in der Bedeutung *lauter, nur* (В э́той шко́ле у́чатся **одни́** де́вочки.)
– im Sinne von *die einen* (als Gegensatz zu *die anderen*): **Одни́** студе́нты сда́ли экза́мен, други́е не сда́ли.

Deklination von два, три, четы́ре

Fall	Mask., Neutr.	Fem.	Mask., Fem., Neutr.	Mask., Fem., Neutr.
Nom.	два	две	три	четы́ре
Gen.	двух	двух	трёх	четырёх
Dat.	двум	двум	трём	четырём
Akk.	wie Genitiv (bel.) oder Nominativ (unbel.)			
Instr.	двумя́	двумя́	тремя́	четырьмя́
Präp.	(о) двух	(о) двух	(о) трёх	(о) четырёх

§ **Belebte und unbelebte Substantive**, S. 22

Die Zahlwörter **со́рок** (*vierzig*), **девяно́сто** (*neunzig*) und **сто** (*hundert*) haben im Genitiv, Dativ, Instrumental und Präpositiv die Endung **-а** (**сорока́, девяно́ста, ста**). Der Akkusativ gleicht dem Nominativ.

Он занима́лся бо́ксом до **сорока́** лет. У меня́ с собо́й был кошелёк со **ста** рубля́ми.	Э́то ваго́н на **девяно́сто** пассажи́ров.

кошелёк – *Geldbeutel, Portemonnaie*

Die Zahlwörter **пять, шесть, семь … де́сять, оди́ннадцать, двена́дцать … два́дцать, три́дцать**, die auf **-ь** enden, werden wie die Substantive der 3. Deklination dekliniert.
In den zusammengesetzten Zahlwörtern **пятьдеся́т, шестьдеся́т, се́мьдесят, во́семьдесят** sowie in den Zahlwörtern, die Hunderter bezeichnen (**две́сти, три́ста … девятьсо́т**), werden beide Teile dekliniert.

§ **Die dritte Deklination**, S. 25

И́мя числи́тельное – Das Zahlwort

Grundzahlwörter

Deklination von 5 – 30, 50 – 80, 500 – 900

Ob das Substantiv belebt oder unbelebt ist, spielt nur bei **оди́н, два, три, четы́ре** eine Rolle. Bei allen anderen Zahlwörtern gleicht der Akk. dem Nom., ganz unabhängig davon, ob es sich um Lebewesen handelt oder nicht. (Я ви́жу шесть шкафо́в/ти́гров).

Fall	5 – 30	50 – 80	500 – 900
Nom.	пять	пятьдеся́т	пятьсо́т
Gen.	пяти́	пяти́десяти	пятисо́т
Dat.	пяти́	пяти́десяти	пятиста́м
Akk.	wie Nom.	wie Nom.	wie Nom.
Instr.	пятью́	пятью́десятью	пятьюста́ми
Präp.	(о) пяти́	(о) пяти́десяти	(о) пятиста́х

Deklination von 200, 300, 400

Nom.	две́сти	три́ста	четы́реста
Gen.	двухсо́т	трёхсо́т	четырёхсо́т
Dat.	двумста́м	трёмста́м	четырёмста́м
Akk.	wie Nom.	wie Nom.	wie Nom.
Instr.	двумяста́ми	тремяста́ми	четырьмяста́ми
Präp.	(о) двухста́х	(о) трёхста́х	(о) четырёхста́х

Die Deklination der Substantive im Singular, S. 22 §

Die Zahlwörter **ты́сяча, миллио́н, миллиа́рд** werden wie Substantive dekliniert.

> Он заплати́л ты́сячу рубле́й.

Bei den mehrgliedrigen Zahlwörtern wird jedes Wort dekliniert:

> При́был по́езд с четырьмяста́ми восемью́десятью семью́ пассажи́рами.

*бу́дет kann, vor allem bei einfachen Berechnungen, auch weggelassen werden: Два плюс два – четы́ре.

Rechnen

2 + 2 = 4	два **плюс** два бу́дет* четы́ре / два плюс два равня́ется четырём
4 – 2 = 2	четы́ре **ми́нус** два бу́дет два / равня́ется двум
2 × 3 = 6	два **умно́жить на** три бу́дет шесть / равня́ется шести́
6 : 2 = 3	шесть **раздели́ть на** два бу́дет три / равня́ется трём
$3^2 = 9$	три в квадра́те бу́дет де́вять / равня́ется девяти́
$2^3 = 8$	два **в тре́тьей сте́пени** бу́дет во́семь / равня́ется восьми́
$\sqrt{9} = 3$	**(квадра́тный) ко́рень из** девяти́ бу́дет три / равня́ется трём

Ordnungszahlwörter, S. 95 §

равня́ться + Dat. – *entsprechen, gleichkommen*

Beim **Multiplizieren** der Zahlen von 2 bis 10 werden außerdem die Sonderformen **два́жды, три́жды ... де́сятью** verwendet. Dabei wird **умно́жить на** weggelassen:

2 × 3 = 6	два́жды три – шесть
3 × 3 = 9	три́жды три – де́вять
4 × 3 = 12	четы́режды три – двена́дцать
5 × 3 = 15	пя́тью три – пятна́дцать
6 × 3 = 18	ше́стью три – восемна́дцать
7 × 3 = 21	се́мью три – два́дцать оди́н

Die Wörter **пя́тью ... де́сятью** sehen wie der Instrumental der Zahlwörter **пять ... де́сять** aus, aber die Betonung liegt auf der ersten Silbe.

Имя числительное – Das Zahlwort

Übungen

```
8 × 3 = 24    восемью три – двадцать четыре
9 × 3 = 27    девятью три – двадцать семь
10 × 3 = 30   десятью три – тридцать
```

§ **Die Deklination der Grundzahlwörter**, S. 87

Fragen nach Rechenergebnissen werden mit **сколько будет** ...? *wie viel ergibt* ...? eingeleitet.

Сколько будет тридцать плюс три?   **Сколько будет** пятью шесть?

Übungen

1. Ersetzen Sie die **Zahlen** durch die **Zahlwörter**.*

окружать – *umgeben*

a) В Китае, Корее и Японии число (4) _четыре_____ – несчастливое.

b) Россию окружают (12) _____ морей.

c) В России (62) _____ морских порта.

d) Пульс слона – (20) _____ ударов в минуту.

e) Каждую минуту в России рождается* (3) _____ человека и умирает* (5) _____.

f) Сумма всех чисел на рулетке в казино – (666) _____ _____.

g) В Германии (5.000) _____ сортов пива.

*Wenn das **Satzsubjekt** ein Substantiv mit einem **Zahlwort** ist, kann das **Verb** sowohl im **Singular**, als auch im **Plural** stehen: По улице **идёт/идут** три товарища.

2. Beantworten Sie die folgenden Fragen, benutzen Sie dabei die **Zahlwörter**.*

a) Сколько дней в неделе?   _Семь дней._____

b) Сколько минут в одном часе? _____

c) Сколько месяцев в году?   _____

d) Сколько дней в году?   _____

3. Setzen Sie die Wörter in Klammern in die **richtige Form**.**

a) Я знаю _два иностранных языка_____ (2/иностранный язык).

b) На полке лежат _____ (2/толстая книга).

c) В ванной висит _____ (1/старое зеркало).

d) На площади стояли _____ (4/новая скамейка).

Üben und Anwenden

Das Zahlwort: Grundzahlwörter

жи́ли-бы́ли... – *es waren einmal ...*
поросёнок – *Ferkel*

e) Жи́ли-бы́ли _____ (3/весёлый поросёнок).

f) В ваго́не бы́ло _____ (6/свобо́дное ме́сто).

g) В кле́тке сиде́л _____ (31/зелёный попуга́й).

h) В кла́ссе не хвата́ло _____ (9/больно́й учени́к).

i) Наш банк вхо́дит в _____ (100/крупне́йший банк Росси́и).

4. Schreiben Sie **in Worten**.**

a) 2 + 3 = 5   <u>Два плюс три равня́ется пяти́.</u>

b) 8 − 1 = 7   _____

c) 3 × 12 = 36   _____

d) 56 : 7 = 8   _____

e) $6^2 = 36$ _____

f) $\sqrt{49} = 7$ _____

5. **Ergänzen** Sie die Tabelle.**

гусь – *Gans*

Nom.	два весёлых гуся́		_____
Gen.	_____		трёх прекра́сных принце́сс
Dat.	двум весёлым гуся́м		_____
Akk.	_____		трёх прекра́сных принце́сс
Instr.	двумя́ весёлыми гуся́ми		_____
Präp.	_____		(о) трёх прекра́сных принце́ссах

Nom.	_____		ты́сяча одна́ ночь
Gen.	сорока́ одного́ го́да		_____
Dat.	_____		ты́сячи одно́й но́чи
Akk.	со́рок оди́н год		_____
Instr.	_____		ты́сячью одно́й но́чью
Präp.	(о) сорока́ одно́м го́де		_____

Имя числительное – Das Zahlwort

Sammelzahlwörter

6. In jedem Satz haben sich **Fehler** versteckt. Finden Sie sie und schreiben Sie die Sätze **richtig** auf.***

a) У кассира остался только двадцать один входных билетов.

   У кассира остался только двадцать один входной билет.

b) Я училась в классе с двадцать пяти учениками.

   _____

c) У нас нет пятнадцати чёрные карандашей.

   _____

d) Мы смотрели фильм о Белоснёжке и семью гномами.

   _____

e) Он видел пятьсот девяносто одна бабочку.

   _____

входной билет – *Eintrittskarte*
Белоснёжка – *Schneewittchen*
гном – *Zwerg*
бабочка – *Schmetterling*

Sammelzahlwörter

Neben den üblichen Grundzahlwörter gibt es im Russischen für die Zahlen 2-7 **Sammelzahlwörter**: **оба, обе** (*beide*), **двое, трое, четверо, пятеро, шестеро, семеро***.

Die Sammelzahlwörter bezeichnen eine **Gesamtheit gleichartiger oder zusammen gehörender Personen oder Gegenstände** und antworten wie die Grundzahlwörter auf die Frage **сколько**? (*wie viel?*).

*Die Sammelzahlwörter **восьмеро, девятеро, десятеро** werden äußerst selten benutzt.

В комнате было **трое** гостей.	Из Москвы во Владивосток поезд едет **шестеро** суток.

Form

Mit **оба** werden **männliche** oder **sächliche** Substantive verbunden, mit **обе** – **weibliche**.

Stehen die Sammelzahlwörter im Nominativ oder im formgleichen Akkusativ, so folgt das **Substantiv** nach **двое – ... – семеро** im **Genitiv Plural**, nach den Sammelzahlwörtern **оба/обе** hingegen im **Genitiv Singular**. In den **anderen Fällen** stehen die Sammelzahlwörter und die folgenden Substantive **im gleichen Fall**.

Имя числительное – Das Zahlwort

Sammelzahlwörter

Nom., Akk. (unbel.)	óба/óбе (+ Gen. Sg.)	Óба брáта рабóтают врачáми. Он забы́л в гости́нице óба чемодáна. Óбе сéстры изучáют хи́мию.
	двóе – … - сéмеро (+ Gen. Pl.)	На столé лежáт двóе нóжниц. Я ви́жу трóе очкóв.
Gen., Dat., Akk. (bel.), Instr., Präp.	óба/óбе, двóе – … - сéмеро (+ entspr. Fall)	Они́ встрéтились с обéими учи́тельницами. (Instr. Pl.) Мы встрéтили шестеры́х студéнтов. (Akk. Pl.) Он вспóмнил о пятеры́х студéнтах. (Präp. Pl.)

Die Adjektivdeklination, S. 38
Belebte und unbelebte Substantive, S. 22

Die Sammelzahlwörter werden **wie Adjektive im Plural dekliniert**.

Nom.	двóе	трóе	чéтверо
Gen.	двои́х	трои́х	четверы́х
Dat.	двои́м	трои́м	четверы́м
Akk.	wie Genitiv (belebt) oder Nominativ (unbelebt)		
Instr.	двои́ми	трои́ми	четверы́ми
Präp.	(о) двои́х	(о) трои́х	(о) четверы́х

💡 Die Sammelzahlwörter **пя́теро, шéстеро, сéмеро** werden wie **чéтверо** dekliniert.

Die Deklination der Zahlwörter óба, óбе

Fall	Maskulinum und Neutrum	Femininum
Nom.	óба	óбе
Gen.	обóих	обéих
Dat.	обóим	обéим
Akk.	wie Genitiv (bel.) oder Nominativ (unbel.)	
Instr.	обóими	обéими
Präp.	(об) обóих	(об) обéих

Belebte und unbelebte Substantive, S. 22

Gebrauch

Die Sammelzahlwörter sind **seltener** anzutreffen als die Grundzahlwörter. Sie werden folgendermaßen verwendet:

1. mit Substantiven, die **männliche Personen** bezeichnen:

двóе мáльчиков, трóе сыновéй, чéтверо программи́стов, пя́теро ученикóв, сéмеро прия́телей

прия́тель – *Kumpel*

2. mit Substantiven, die eine **Personengruppe** bezeichnen, in der es sowohl **männliche** als auch **weibliche** Personen gibt:

У меня́ **трóе** друзéй: Поли́на, Вади́м и Оксáна.
У них **пя́теро** детéй: Макси́м, Тим, Сáша, Лéна и Вéра.

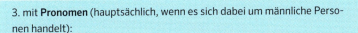

Имя числительное – Das Zahlwort

Übungen

3. mit **Pronomen** (hauptsächlich, wenn es sich dabei um männliche Personen handelt):

Пришли́ все **тро́е**.
Не́ бы́ло* нас **двои́х**.

4. mit Substantiven, die **Tierjunge** bezeichnen:

се́меро козля́т, **дво́е** котя́т, **тро́е** щенко́в

5. mit Substantiven, die **nur im Plural** gebraucht werden (meistens nur im Nominativ bzw. Akkusativ):

дво́е очко́в, **тро́е** но́жниц, **че́тверо** брюк

6. **ohne** Pronomen oder Substantive

Дво́е стоя́ли в коридо́ре, **тро́е** сиде́ли в ко́мнате.

Die Sammelzahlwörter **о́ба/о́бе** werden meistens verwendet, wenn im Satz davor die Zahlwörter **два, две, дво́е** oder zwei Substantive benutzt wurden.

У меня́ **дво́е** сынове́й и две до́чери.
О́ба сы́на игра́ют в те́ннис.
О́бе до́чери танцу́ют та́нго.

Я была́ в Ки́еве и Москве́.
О́ба го́рода – столи́цы госуда́рств.

Das Pronomen steht immer **vor** dem Sammelzahlwort.

козлёнок – *Geißlein*
котёнок – *Kätzchen*
щено́к – *Hundewelpe*

Substantive, die **nur im Plural** benutzt werden, können **nur mit Sammelzahlwörtern** verwendet werden.

* Bei **не́ бы́ло** fällt die Betonung auf **не**, während **бы́ло** unbetont bleibt.

столи́ца – *Hauptstadt*
госуда́рство – *Staat*

Übungen

1. Ergänzen Sie die Formen der **Sammelzahlwörter**.*

Nom.	о́ба	_____	тро́е	_____
Gen.	_____	обе́их	_____	пятеры́х
Dat.	обо́им	_____	трои́м	_____
Akk.	_____	обе́их/о́бе	_____	пятеры́х/пя́теро
Instr.	обо́ими	_____	трои́ми	_____
Präп.	_____	(об) обе́их	_____	(о) пятеры́х

Üben und Anwenden

Das Zahlwort: Sammelzahlwörter

2. Welche Substantive kann man mit **Sammelzahlwörtern**, welche mit **Grundzahlwörtern** und welche mit **beiden** verwenden?**

телёнок – *Kalb*

друг • ножницы • окно • студент • студентка • сын • сутки • дочь • телёнок • шкаф • брат • сестра • ребёнок • часы • машина • учитель

Besondere Fälle der Pluralbildung, S. 31

a) двое, трое: _друзей, ножниц,_ _____
_____

b) два/две, три: _друга, окна,_ _____
_____

3. Kreuzen Sie an, ob die **Sammelzahlwörter** in den Sätzen **richtig** (R) oder **falsch** (F) gebraucht sind.

		R	F
a)	Все трое сыновей были похожи на маму.	☐	☐
b)	Мы услышали двое гитар.	☐	☐
c)	Она купила четверых джинсов.	☐	☐
d)	Я разговаривала с обоими тренерами.	☐	☐
e)	У обоих девочек голубые глаза.	☐	☐
f)	Пятеро кораблей плыли в порт.	☐	☐
g)	Шестеро сотрудников – на больничном.	☐	☐
h)	В комнату вошли семеро мальчиков.	☐	☐

на больничном – *krank geschrieben*

4. Suchen Sie das **richtige Zahlwort** aus und setzen Sie ggf. das **Substantiv**, das **Adjektiv** oder das **Pronomen** in die richtige Form.***

a) Весь день я не могу дозвониться до _троих знакомых_ (троих/три/трое знакомый).

красавица – *schöne Frau, Schönheit*

декрет (декретный отпуск) – *Mutterschutzurlaub*

b) Он жил в Харькове, а потом в Омске. В _____ _____ (двоих/двум/обоих город) у него много друзей.

c) В офисе _____ (четыре/четверо/четырёх мы).

d) Нас было _____ (пятеро/пяти/пять подруга).

e) У неё _____ (двое/две/обе сестра). _____
_____ (двое/обе/два) – красавицы.

f) Эта машина – для _____ (семь/семи/семерых).

Имя числительное – Das Zahlwort

Ordnungszahlwörter

g) Он взял с собой _____ (три/трое/троих солнечные очки).

h) Все (четверо/четверых/четыре продавщица) _____ _____ ушли в декрет.

i) Кошка родила _____ (четыре/четверо/четверых котёнок).

Ordnungszahlwörter

Die **Ordnungszahlwörter** bezeichnen den Platz eines Lebewesens oder eines Gegenstandes in einer **Reihe ähnlicher** oder **gleicher Gegenstände** und antworten auf die Fragen **который? которая? которое? которые?** (*der/die das wievielte? die wievielten?*).

Form

Die Ordnungszahlwörter werden vom **Stamm** der **Grundzahlwörter** gebildet, indem man anstelle der **Genitivendung** -а bzw. -и am Wortende die **Adjektivendungen** anfügt.

Grundzahlwort Nominativ	Grundzahlwort Genitiv	Ordnungszahlwort (Mask., Fem., Neutr., Pl.)
пять	пяти	пя́тый, -ая, -ое, -ые
во́семьдесят	восьми́десяти	восьмидеся́тый, -ая, -ое, -ые
девяно́сто	девяно́ста	девяно́стый, -ая, -ое, -ые

Abweichend werden gebildet:

Grundzahlwort	Ordnungszahlwort
один	пе́рвый, -ая, -ое, -ые
два	второ́й, -ая, -ое, -ые
три	тре́тий, -ья, -ье, -ьи
четыре	четвёртый, -ая, -ое, -ые
семь	седьмо́й, -ая, -ое, -ые
со́рок	сороково́й, -ая, -ое, -ые
сто	со́тый, -ая, -ое, -ые
ты́сяча	ты́сячный, -ая, -ое, -ые
миллио́н	миллио́нный, -ая, -ое, -ые

Grundzahlwörter, S. 84

Bei **второ́й, шесто́й, седьмо́й, восьмо́й, сороково́й** fällt die Betonung auf die Endung, der Rest ist stammbetont (**пе́рвый, деся́тый**...). Dabei kann die Betonung auf eine andere Silbe fallen als in den entsprechenden Grundzahlwörtern (s. Tabelle).

Das Zahlwort **тре́тий, тре́тья, тре́тье** weist in allen Fällen ein -ь- vor der Endung auf.

Имя числительное – Das Zahlwort

Ordnungszahlwörter

Die Adjektiv-deklination, S. 38

Ordnungszahlwörter werden **wie Adjektive dekliniert**. Sie **stimmen** mit den dazu gehörenden **Substantiven** in Zahl, Geschlecht und Fall **überein**.

Я купи́л втор**у́ю** маши́н**у**.	Заче́м ты купи́ла шест**ы́е** сапог**и́**?
Мы живём в оди́ннадцат**ом** до́м**е**.	На́до помы́ть втор**о́е** окно́.

Anders als im Deutschen werden mehrgliedrige Zahlwörter getrennt geschrieben: **шестьдеся́т пя́тый, две ты́сячи девяно́сто седьмо́й**.

Bei **mehrgliedrigen** Zahlwörtern erhält nur das **letzte Wort** die Form des **Ordnungszahlwortes**: со́рок **тре́тий**, две́сти пятьдеся́т **седьмо́й**.

Folglich wird auch nur das letzte Zahlwort **dekliniert**:

Я чита́ю три́ста девяно́сто **втору́ю** страни́цу.

Gebrauch

Die Zahlwörter **von 1 bis 10** werden in der schriftlichen Sprache meist **mit Worten** geschrieben.

Мой сын зако́нчил **шесто́й** класс.	aber: Он у́чится в **99-й** шко́ле.*
Туда́ идёт **деся́тый** трамва́й.	Они́ живу́т в **55-й** кварти́ре.*

*Im russischsprachigen Raum ist es üblich, dass jede Wohnung ihre Nummer hat, die in der Adresse angegeben wird. Auch Schulen haben meist eine Nummer.

Schreibt man die Ordnungszahlwörter in Ziffern, so wird danach – im Gegensatz zum Deutschen – **kein Punkt** gesetzt. Gewöhnlich werden aber die **Fallendungen** angedeutet:

Он за́нял **12-е** ме́сто.	С **14-го** этажа́ ви́дно весь го́род.

Wenn der vorletzte Buchstabe ein Vokal ist, schreibt man nur einen (den letzten) Buchstaben der Fallendung: **17-е** (семна́дцатое) февраля́. Ist der vorletzte Buchstabe ein Konsonant, schreibt man zwei letzte Buchstaben: **17-го** (семна́дцатого) февраля́.

Für die Ordnungszahlen werden im Russischen gern **römische Ziffern** benutzt. Nach den römischen Ziffern werden **keine Fallendungen** angehängt: **XVI** Олимпи́йские и́гры, **IX** век.

Die **Pluralform** der Ordnungszahlwörter wird benutzt:

mit **Substantiven** im **Plural**	пе́рв**ые** дни ле́та (die ersten Sommertage)
mit **Substantiven**, die **nur im Plural** gebraucht werden	втор**ы́е** брю́ки, тре́ть**и** су́тки

век – *Jahrhundert*

Die Zahl, S. 18
Datum und Uhrzeit, S. 100

Bei der Datumsangabe benutzt man, genau wie im Deutschen, Ordnungszahlen für den **Tag des Monats**. Im Gegensatz zum Deutschen werden im Russischen die **Jahreszahlen** auch mit Ordnungszahlen angegeben.

Сего́дня **пя́тое** апре́ля.	*Heute ist der 5. April.*
Он роди́лся в 1980 (**ты́сяча девятьсо́т восьмидеся́том**) году́.	*Er ist 1980 geboren.*

Имя числительное – Das Zahlwort

Bruch- und Dezimalzahlen

Bruch- und Dezimalzahlen

Wie im Deutschen gibt es im Russischen Bruchzahlen, die einen **Teil eines Ganzen** bezeichnen.

Bruchzahlen werden durch die Verbindung von **Grundzahlen** mit **Ordnungszahlen** gebildet. Der **Zähler** wird durch die **Grundzahl** im Nominativ, der **Nenner** durch die **Ordnungszahl** im Genitiv Plural bezeichnet.

3/5 – три пя́тых	7/8 – семь восьмы́х

Ist der **Zähler** eine **Eins** oder eine **Zwei**, so wird er durch die **feminine Form одна́** bzw. **две** bezeichnet. Die Ordnungszahl im **Nenner** steht im Nom. Sg. (wenn der Zähler eine Eins ist) oder im Gen. Pl. (wenn der Zähler eine Zwei ist).

1/3 одна́ тре́тья (до́ля)	2/5 две пя́тых (до́ли)

до́ля – *Teil, Anteil*
це́лый – *ganz*

Bei **gemischten** Zahlen wird in der Regel hinter der ganzen Zahl das Adjektiv **це́лый** eingefügt. Das Wort **и** kann dabei auch weggelassen werden.

1 3/7 одна́ **це́лая** (и) три седьмы́х	3 5/6 три **це́лых** (и) пять шесты́х

Nach einer Bruchzahl steht das von ihr abhängige **Substantiv** stets im **Genitiv Singular**: три пя́тых земно́й пове́рхности. Bei Bruchzahlen werden **beide Teile dekliniert**, das folgende **Substantiv** bleibt im Gen. Sg.

земно́й – *Erd-*
пове́рхность – *Oberfläche*
су́ша – *Festland*

Nom.	одна́ шеста́я су́ши	три восьмы́х я́блока
Gen.	одно́й шесто́й су́ши	трёх восьмы́х я́блока
Dat.	одно́й шесто́й су́ши	трём восьмы́м я́блока
Akk.	одну́ шесту́ю су́ши	три восьмы́х я́блока
Instr.	одно́й шесто́й су́ши	тремя́ восьмы́ми я́блока
Präp.	(об) одно́й шесто́й су́ши	(о) трёх восьмы́х я́блока

Die **Dezimalzahlen** werden wie einfache Brüche gelesen.*

0,6 ноль це́лых (и) шесть **десятых**
21,48 два́дцать одна́ це́лая (и) со́рок во́семь **со́тых**
39,275 три́дцать де́вять це́лых (и) две́сти се́мьдесят пять **ты́сячных**

*Mathematisch gesehen sind Dezimalzahlen Brüche, in deren Nenner eine **10, 100, 1000**, usw. steht. Folglich liest man 0,2 (2/10) als ноль целых (и) две **десятых** usw.

Für 1 ½ (**одна́ це́лая и одна́ втора́я**) steht das Substantiv **полтора́**. Mit männlichen und sächlichen Substantiven benutzt man die Form **полтора́**, mit weiblichen – die Form **полторы́**. Das Zahlwort **полтора́** wird dekliniert.

столе́тие – *Jahrhundert*

Nom.	полтора́ часа́/столе́тия	полторы́ мину́ты
Gen.	полу́тора часо́в/столе́тий/мину́т	
Dat.	полу́тора часа́м/столе́тиям/мину́там	
Akk.	wie Nominativ	
Instr.	полу́тора часа́ми/столе́тиями/мину́тами	
Präp.	(о) полу́тора часа́х/столе́тиях/мину́тах	

Im Nom. und Akk. steht das **Substantiv** nach полтора́/полторы́ im **Gen. Singular**, in allen anderen Fällen hingegen im **entsprechenden Fall im Plural**.

Имя числительное – Das Zahlwort

Übungen

*Die Instrumentalform **с половиной** wird sehr oft gebraucht.

Anstelle der Bruchzahlen 1/2 (**одна вторая**), 1/3 (**одна третья**) und 1/4 (**одна четвёртая**) werden meist die Substantive **половина** (*die Hälfte*), **треть** (*ein Drittel*) und **четверть** (*ein Viertel*) verwendet:

экран – *Bildschirm*

| Я вижу только **треть** экрана. | Фильм идёт два **с половиной** часа.* |

In der gesprochenen Sprache wird anstelle von **половина** die Partikel **пол** verwendet: **пол**метра, **пол**года, **пол**-улицы, **пол**-лекции.

Die Partikel **пол** schreibt man **ohne Bindestrich**, wenn danach ein **Konsonant** folgt und **mit Bindestrich**, wenn danach ein **Vokal** oder ein **л** steht.

Übungen

1. Ordnen Sie die Zahlwörter den **drei Typen** zu.*

> два • первый • четверо • пятнадцатый • сто • пятитысячный • двое • девяносто девять • пятьдесят шестой • второй • девятнадцать • шестеро • восемь • тысяча девятый • семнадцать

Grundzahlwörter	Sammelzahlwörter	Ordnungszahlwörter

2. Schreiben Sie die **Ordnungszahlen** in Klammern in Worten und evtl. als Abkürzungen.**

a) (5) день   _пятый день_   _–_

b) (23) раз   _двадцать третий раз_   _23-й раз_

c) (7) рыба

d) (30) лампа

e) (1) слово

тайм – *Spielhälfte*   f) (2) тайм

g) (100) клиент

h) (3) ножницы

i) (58) страница

Üben und Anwenden

Das Zahlwort: Ordnungszahlwörter, Bruch- und Dezimalzahlen

3. Suchen Sie die zu den Zahlen passenden **Zahlwörter**. **

a) 4/6 ___ 1. три че́тверти

b) 2,81 ___ 2. полтора́

c) 1/17 ___ 3. одна́ семна́дцатая

d) 100,201 ___ 4. де́вять два́дцать пя́тых

e) 3,4 ___ 5. одна́ це́лая и четы́ре пя́тых

f) 6 7/8 ___ 6. сто це́лых и две́сти одна́ ты́сячная

g) 3/4 ___ 7. три це́лых и четы́ре деся́тых

h) 9/25 ___ 8. две це́лых и во́семьдесят одна́ со́тая

i) 1 4/5 ___ 9. четы́ре шесты́х

j) 1,5 ___ 10. шесть це́лых и семь восьмы́х

4. Geben Sie die **Ordnungszahlen** in **Worten** wieder.**

a) Она́ у́чится в (3) _тре́тьем_____ кла́ссе.

b) Мы живём на (4) _____ этаже́.

c) (2) _____ ле́кция бу́дет в (705)

_____ аудито́рии.

d) Мне ну́жно подня́ться с (6) _____ на (10)

_____ эта́ж.

e) Не хвата́ет (11) _____ игрока́.

f) Мы заброни́ровали (36) _____ и (37)

_____ места́.*

g) Туда́ мо́жно дое́хать на (48) _____ авто́бусе и́ли

на (9) _____ трамва́е.

h) Она́ сиди́т в (1) _____ ряду́ на (10)

_____ ме́сте.

i) Они́ пра́зднуют (20) _____ годовщи́ну сва́дьбы.

j) У него́ укра́ли уже́ (5) _____ велосипе́д!

аудито́рия – *Hörsaal*
заброни́ровать – *reservieren, buchen*
годовщи́на – *Jahrestag*
игро́к – *Spieler*
сва́дьба – *Hochzeit*

*Das Substantiv, auf das sich mehrere Zahlwörter beziehen, muss nur einmal erwähnt werden und zwar in seiner Pluralform.

Имя числительное – Das Zahlwort

Datum und Uhrzeit

Datum und Uhrzeit

Datum

Im Russischen sieht die Datumsangabe wie im Deutschen aus: **Tag – Monat – Jahr**.

Ordnungszahl-
wörter, S. 95

> Сегодня третье августа две тысячи тринадцатого года.

Form

	geschrieben	gesprochen
Tag & Monat	17.02	семнадцатое второе
	17 февраля	семнадцатое февраля
Jahr	1978 г.*	тысяча девятьсот семьдесят восьмой год
	2009 г.*	две тысячи девятый год
	320 г. до н.э.	триста двадцатый год до нашей эры
	95 г. н. э.	девяносто пятый год нашей эры
Jahrzehnt	90-е гг.*	девяностые годы
Jahrhundert	XIX в.*	девятнадцатый век

до нашей эры – *v. Chr.*
нашей эры – *n. Chr.*

* **гг.** steht für **годы** (*Jahre*), während die Singularform von **год** (*Jahr*) als **г.** abgekürzt wird. **в.** steht für **век** (*Jahrhundert*).

Wird ein Datum mit Zahlen angegeben, so steht zwischen dem Tag und dem Monat bzw. zwischen dem Monat und dem Jahr ein Punkt, während am Ende kein Punkt steht.

> **07.02.2014** начались Олимпийские игры в Сочи.

Gebrauch

Wenn man die Frage **Какое сегодня число?** (*Der Wievielte ist heute?*) beantworten möchte, benutzt man für den **Tag** den **Nominativ** und für den **Monat** und ggf. das **Jahr** den **Genitiv**.

> Сегодня тридцать первое июля две тысячи тринадцатого года.

Spricht man vom **Datum** eines **Ereignisses** (**когда? какого числа?** – *wann? am wievielten?*), steht sowohl der **Tag** als auch der **Monat** und das **Jahr** im **Genitiv**.

високосный год –
Schaltjahr

> Анна родилась девятого октября семьдесят второго года.

In einer **Jahresangabe** steht die **Ordnungszahl** im **Nominativ** (wenn die Jahreszahl als Subjekt benutzt wird) oder im **Präpositiv** (wenn die Jahreszahl auf die Frage **когда?** *wann?* antwortet).

Beachten Sie die unterschiedlichen Formen: двухтысячный год (*Jahr 2000*), aber: **две тысячи четырнадцатый год (*Jahr 2014*).

> **Двухтысячный**** год был високосным.
> Лев Толстой умер **в** тысяча девятьсот десятом году.

Имя числительное – Das Zahlwort

Datum und Uhrzeit

Uhrzeit

Es gibt eine **umgangssprachliche** und eine **offizielle** Form der Zeitangabe. Letztere wird im Fernsehen, im Radio sowie in Durchsagen verwendet.

Form

	offiziell	umgangssprachlich
6:00	шесть часо́в ро́вно	шесть часо́в (утра́)
6:10	шесть часо́в де́сять мину́т	де́сять мину́т седьмо́го
6:15	шесть часо́в пятна́дцать мину́т	че́тверть седьмо́го
6:30	шесть часо́в три́дцать мину́т	полседьмо́го
		полови́на седьмо́го
6:40	шесть часо́в со́рок мину́т	без двадцати́ семь
6:45	шесть часо́в со́рок пять мину́т	без че́тверти во́семь
12:00	двена́дцать часо́в ро́вно	двена́дцать часо́в/по́лдень
13:00	трина́дцать часо́в ро́вно	час (дня)
20:00	два́дцать часо́в	во́семь часо́в (ве́чера)
0:00	ноль часо́в ро́вно	двена́дцать часо́в/по́лночь
2:00	два часа́ ро́вно	два часа́ (но́чи)

Bei der Minutenangabe geht man in der offiziellen Sprache von der vorhergehenden Stunde aus, in der Umgangssprache von der nachfolgenden Stunde.

Die bei einer Uhrzeit stehenden Angaben **утра́** (*morgens*), **дня** (*nachmittags*), **ве́чера** (*abends*), **но́чи** (*nachts*) werden meist mit vollen und halben Stunden gebraucht.

Gebrauch

Nach der Zeit fragt man mit **Кото́рый час?** oder **Ско́лько вре́мени?**

Für die Zeitangabe **kurz nach** (einer vollen Stunde, z. B. 10.07 oder 11.11 Uhr) verwendet man das Wort **нача́ло**. Genau wie nach den Substantiven **че́тверть, полови́на** oder der Partikel **пол** steht das **Ordnungszahlwort** danach im **Genitiv Singular**.

- 10:03 – нача́ло оди́ннадцатого   11:10 – нача́ло двена́дцатого

Auf die Frage **во ско́лько?** (*um wie viel Uhr?*) steht bei Zeitangaben bis zur halben Stunde die Präposition **в**. Wenn man die Zeiten in der **zweiten Hälfte** der **Stunde** mit der Präposition **без** angibt, entfällt **в**. Nach der Präposition **в** bleiben die **Zahlwörter unverändert**, die Substantive **полови́на, нача́ло** stehen im **Präpositiv**, **че́тверть** im **Akkusativ**. Nach der Präposition **без** stehen die Zahlwörter bzw. die Substantive im **Genitiv**.

- Мы встре́тились **в** полвторо́го (**в** полови́не второ́го).
  Я усну́л **в** три часа́ но́чи.
  Она́ просыпа́ется **в** че́тверть седьмо́го.
  Го́сти пришли́ **в** нача́ле пя́того.

- Он пришёл **без** десяти́ три.
  Заня́тия зака́нчиваются **без** че́тверти пять.

In der gesprochenen Sprache kann man für die Zeit kurz vor einer vollen Stunde die Konstruktion **без па́ры мину́т** benutzen: **без па́ры мину́т де́сять**.

Üben und Anwenden

Das Zahlwort: Datum und Uhrzeit

Übungen

1. Schreiben Sie die **Daten** in **Ziffern** bzw. in **Worten** auf.*

a) 28.11.1457 _____

b) _____ шестна́дцатое ма́я ты́сяча семьсо́т трина́дцатого го́да

c) 03.03.1980 _____

d) _____ четвёртое ию́ля ты́сяча пятьсо́т девяно́сто девя́того го́да

e) 11.02.2004 _____

f) _____ пе́рвое января́ двухты́сячного го́да

2. Schreiben Sie die **Uhrzeiten** mit Zahlen.*

a) полпе́рвого но́чи _0;30_

b) два́дцать мину́т деся́того _____

c) без че́тверти во́семь _____

d) пять мину́т шесто́го _____

e) че́тверть двена́дцатого _____

f) по́лдень _____

g) без трина́дцати шесть _____

h) четы́ре часа́ но́чи _____

i) полови́на девя́того утра́ _____

j) де́сять мину́т седьмо́го _____

3. Schreiben Sie die **Zeitangaben** in der **offiziellen** und **umgangssprachlichen** Form.*

	offiziell	umgangssprachlich
a) 8:00	_во́семь часо́в ро́вно_	_во́семь часо́в утра́_
b) 9:20	_____	_____
c) 10:15	_____	_____

102

Üben und Anwenden
Das Zahlwort: Datum und Uhrzeit

d) 11:30 _____ _____

e) 12:40 _____ _____

f) 13:45 _____ _____

g) 16:00 _____ _____

h) 23:40 _____ _____

i) 0:05 _____ _____

j) 2:00 _____ _____

4. Beantworten Sie die Fragen. Gebrauchen Sie dabei die in Klammern stehenden **Daten**.**

a) Когда́ был осно́ван Ки́ев? (482 г. н. э.)

 В четыреста восемьдесят втором году нашей эры.

b) Когда́ бы́ло образо́вано ге́рцогство Бава́рия? (VI век)

 _____

c) Когда́ Санкт-Петербу́рг стал столи́цей Росси́и? (1712 г.)

 _____

d) Когда́ родила́сь Екатери́на II Вели́кая? (21.04.1729 г.)

 _____

 _____

e) Когда́ бра́тья Люмье́р показа́ли пе́рвое в ми́ре кино́? (28.12.1895 г.)

 _____

 _____

f) Когда́ была́ постро́ена Берли́нская стена́? (13.08.1961 г.)

 _____

 _____

g) Когда́ в Москве́ бы́ли Олимпи́йские и́гры? (1980 г.)

 _____

h) Когда́ начался́ Мирово́й экономи́ческий кри́зис? (2008 г.)

 _____

осно́ванный – *gegründet*
образо́ванный – *gebildet*

Üben und Anwenden

Das Zahlwort: Datum und Uhrzeit

5. Kreuzen Sie die **richtige Zeitangabe** an.**

a) Она́ просыпа́ется _____.

☐ 1. в семи́ утра́ ☐ 2. в семь утра́

b) По́езд прихо́дит _____.

☐ 1. без че́тверти пять ☐ 2. в без че́тверти пять

ле́кция – *Vorlesung*
Зо́лушка – *Aschenputtel*

c) Ле́кция начина́ется _____.

☐ 1. в полови́не восьмо́го ☐ 2. в полови́ну восьми́

d) Мы вы́шли _____.

☐ 1. в двадцати́ мину́тах пе́рвого ☐ 2. в два́дцать мину́т пе́рвого

e) Магази́н открыва́ется _____.

☐ 1. полдеся́того ☐ 2. в полдеся́того

f) Дава́й встре́тимся _____.

☐ 1. в нача́ло шесто́го ☐ 2. в нача́ле шесто́го

g) Я выхожу́ _____.

☐ 1. по́лдне ☐ 2. в по́лдень

h) _____ Зо́лушка убежа́ла с ба́ла.

☐ 1. В по́лночь ☐ 2. В по́лночи

i) Обе́д бу́дет гото́в _____.

☐ 1. в без че́тверть три ☐ 2. без че́тверти три

j) Я иду́ на йо́гу _____.

☐ 1. в четы́ре часа́ ☐ 2. без четырёх часо́в

Глаго́л – Das Verb

– Wie bestimmt man das Geschlecht von einem Kaninchen?
– Sehr einfach! Nehmen Sie das Kaninchen an den Ohren und lassen Sie es los. Rennt sie los, dann ist es ein Weibchen, rennt er los, dann ist es ein Männchen!

Das Verb bezeichnet eine **Handlung** oder einen **Zustand**.

| Анто́н **идёт** по у́лице. | А́нна **живёт** в Волгогра́де. |

Die Zeiten, S. 131
Das Präteritum, S. 131
Das Präsens, S. 135
Das Futur, S. 140

Die Handlung kann zu unterschiedlichen Zeitpunkten erfolgen. Daher haben die Verben **drei Zeitformen**: die Vergangenheit (**Präteritum**), die Gegenwart (**Präsens**) und die Zukunft (**Futur**).

Präteritum	Präsens	Futur
Мы **писа́ли** пи́сьма.	Мы **пи́шем** пи́сьма.	Мы **бу́дем писа́ть** пи́сьма.

Es können eine oder mehrere handelnde Personen auftreten. Demnach können die Verben nach **Zahl** und **Person** geändert werden. Im **Präteritum** werden die Verben nach **Geschlecht** und **Zahl** konjugiert.

Vgl. mit dem Dialog oben auf der Seite.
Саме́ц (m.) **побежа́л**. – Са́мка (f.) **побежа́ла**.

Я **чита́ю** журна́л.	Я **чита́ла** журна́л.
Ты **чита́ешь** газе́ту.	Ты **чита́л** газе́ту.
Они́ **чита́ют** ко́миксы.	Они́ **чита́ли** ко́миксы.

Es existieren drei **Verbmodi***: Indikativ, Konjunktiv und Imperativ.

Indikativ	Он **зарабо́тал** миллио́н и **купи́л** себе́ я́хту.
Konjunktiv	Е́сли **бы** он **зарабо́тал** миллио́н, он **купи́л бы** себе́ я́хту.
Imperativ	**Зарабо́тай** миллио́н и **купи́** себе́ я́хту!

* Der **Verbmodus** bezeichnet die Relation zwischen der Aussage und der Realität.

Der Konjunktiv, S. 148
Der Imperativ, S. 144

Глагол – Das Verb

Der Infinitiv

Der Infinitiv

Der Infinitiv ist die **Grundform** des Verbs, die die Handlung oder den Zustand benennt, ohne die Zeit, die Person oder die Zahl zu bestimmen.

Form

Kennzeichen des Infinitivs sind die Suffixe **-ть**, **-ти** und **-чь**.

лезть – *klettern*
ползти – *kriechen*
беречь – *schonen*
стеречь – *hüten, bewachen*
трястись – *sich schütteln*
вестись – *durchgeführt werden*

Das Suffix **-ть** kommt **nach Vokalen** sowie **nach с, з** vor:
говори́ть, лета́ть, се<u>с</u>ть, ле<u>з</u>ть

Das Suffix **-ти** steht nach **Konsonanten** und **й**:
и<u>д</u>ти́, пол<u>з</u>ти́, ра<u>с</u>ти́, про<u>й</u>ти́

Das Suffix **-чь** folgt auf **Vokale**:
бер<u>е</u>чь, л<u>е</u>чь, п<u>е</u>чь, стер<u>е</u>чь

Verben mit der Partikel *-ся*, S. 125

Reflexive Verben enthalten die **Reflexivpartikel -ся** (nach Konsonanten) oder **-сь** (nach Vokalen):
называ́ть**ся**, улыба́ть**ся**, трясти́**сь**, вести́**сь**.

Der Infinitivstamm

Um einige **Verbformen** zu bilden, braucht man den **Infinitivstamm**. Man erhält ihn, wenn man von der Infinitivform das Suffix **-ть** oder **-ти** streicht:

Infinitiv	Infinitivstamm
чита́ть	чита́-
нести́	нес-
слу́шать	слу́ша-

Vom **Infinitivstamm** werden gebildet: das **Präteritum**, der **Konjunktiv**, das **Partizip** des **Präteritums** und das **Adverbialpartizip** der **Vorzeitigkeit**.

Wenn die Verben auf **-чь** enden, werden alle Verbformen von dem auf **г** oder **к** auslautenden Stamm gebildet:

Das Präteritum, S. 131
Der Konjunktiv, S. 148
Das Partizip, S. 153
Das Adverbial-partizip, S. 167

Infinitiv	Infinitivstamm
мочь	мог-
печь	пек-
бере́чь	берег-

Глаго́л – Das Verb

Der Infinitiv

Gebrauch

Der **Infinitiv** wird verwendet:

- mit Verben, die das **Können** oder **Wollen**, eine **Absicht**, eine **Erlaubnis**, einen **Befehl**, einen **Ratschlag**, eine **Bitte**, eine **Vorliebe** oder eine (Un-)**Möglichkeit** ausdrücken:

Я **уме́ю**	рисова́ть.	**Прошу́** Вас		позвони́ть.
Ты (не) **мо́жешь**	подожда́ть.	Ты **лю́бишь**		игра́ть.
Ты **мо́жешь**	не ждать.	Вам **сто́ит**		отдохну́ть.
Я (не) **хочу́**	спать.	Ты **до́лжен**		уйти́!
Я **собира́юсь**	рабо́тать.			

Merken Sie sich folgende **Verben**, die einen **Infinitiv** nach sich verlangen:
мочь, хоте́ть, собира́ться, разреша́ть, прика́зывать, сове́товать, проси́ть, люби́ть.

- mit Verben, die den **Beginn**, die **Fortdauer** oder das **Ende** einer Handlung bezeichnen:

Он **на́чал** (стал)	петь.
Она́ **продолжа́ет**	учи́ться.
Они́ **зако́нчили**	рабо́тать.

- mit **Verben** der **Fortbewegung**, um das **Ziel** zu bezeichnen:

Я **иду́**	за́втракать.
Ты **е́дешь**	учи́ться.
Мы **лети́м**	отдыха́ть.

Das Verb **мочь** bedeutet das **physische Können**:
Я могу́ чита́ть. – *Ich kann lesen.* (Ich bin in der Lage dazu, bin z. B. noch nicht müde.)
Das Verb **уме́ть** bezeichnet dagegen die **Fähigkeiten** und **Fertigkeiten**:
Я уме́ю чита́ть. – *Ich kann lesen.* (Ich habe es erlernt.)

- mit **Adverbien**, die das **Können**, das **Müssen** oder ein **Verbot** ausdrücken:

Ему́ **на́до**	пое́сть.
Мне **ну́жно**	уйти́.
Тебе́ **мо́жно**	оста́ться.
Вам **нельзя́**	кури́ть.

- zur Bezeichnung des **physischen** oder **psychischen Zustands** eines Menschen mit Adverbien auf **-o**:

Нам **прия́тно**	гуля́ть.
Вам **поле́зно**	бе́гать.
Ему́ **вре́дно**	волнова́ться.

Das Adverb,
S. 181

- mit **Pronomen** und den **Adverbien не́куда, не́когда, не́кого** usw.:

Мне **не́кого**	спроси́ть.
Нам **не́куда**	идти́.

Negationspronomen, S. 73

Глагóл – Das Verb

Die Aspekte des Verbs

Die Lang- und die Kurzform der Adjektive, S. 44

- mit einigen **Adjektiven** in der **Kurzform**, die eine **Absicht**, **Pflicht**, **Bereitschaft** usw. bezeichnen:

Он **дóлжен**	написáть.
Онá **готóва**	рабóтать.
Я **рад**	помóчь.
Вы **обя́заны**	извини́ться.

рад – Kurzform von рáдостный – *froh*

Die Aspekte des Verbs

In der Fachliteratur werden auch die Begriffe **perfektiv** (vollendet) und **imperfektiv** (unvollendet) verwendet.

Anders als im Deutschen gibt es im Russischen die besondere grammatische Kategorie des **Aspekts**. Fast jedes russische Verb tritt in zwei verschiedenen Formen auf: dem **vollendeten** und dem **unvollendeten Aspekt**. Das bedeutet, dass einem deutschen Verb wie z. B. *sehen* zwei russische Verben entsprechen: **ви́деть** (unvollendet) und **уви́деть** (vollendet). Die Anwendung dieser beiden verschiedenen Formen ist situationsabhängig und die Kunst besteht darin, in der jeweiligen Situation den richtigen Aspekt auszuwählen, denn leider sind die beiden Formen in den seltensten Fällen gleichermaßen verwendbar.

In Wörterbüchern wird der Aspekt der Verben immer angegeben (meist mit *uv* für „unvollendet" und *v* für „vollendet").

Beim **unvollendeten** Aspekt steht der **eigentliche Vorgang** im Vordergrund, beim **vollendeten** hingegen das **Ergebnis** des beschriebenen Vorgangs.

Form

Es gibt einige **vollendete Verben ohne Präfix**: сесть, дать, лечь, стать, кóнчить, реши́ть, брóсить.

Um den Aspekt bestimmen zu können, muss man auf gewisse Aspektmerkmale achten. So können folgende **Unterschiede** im Verbpaar „unvollendet – vollendet" (**Aspektpaar**) auftreten:

- Die **unvollendeten Verben** haben oft **kein Präfix** (дéлать, стрóить, писáть), die **vollendeten** enthalten ein **Präfix** (с**дéлать, по**стрóить, **на**писáть). Die Verben **mit Präfix** lassen sich in zwei Gruppen einteilen:
  1. Verben, deren Präfix **nur** die **Aspektbedeutung** trägt (die Grundbedeutung des Wortes bleibt unverändert): писáть – **на**писáть*
  2. Verben, deren Präfix die **Grundbedeutung ändert**:
     писáть – **под**писáть (*schreiben – unterschreiben*)

Formenlehre, S. 12

*Hier und im Folgenden steht das **unvollendete** Verb an **erster** und das **vollendete** an **zweiter** Stelle.

- Weisen die **unvollendeten** Verben ein **Präfix** auf, verfügen sie oft zusätzlich über das **Suffix** -ыва- (-ива-) oder -ва-:

подпи́**сыва**ть – подписáть	да**вá**ть – дать
вы**пивá**ть – вы́пить	вста**вá**ть – встать

Глаго́л – Das Verb

Die Aspekte des Verbs

- Die **unvollendeten Verben** haben das Suffix **-а-**, die **vollendeten** das Suffix **-и-**: изуча́ть – изучи́ть, объясня́ть – объясни́ть.

- Die **unvollendeten Verben** weisen das Suffix **-а-**, die **vollendeten** das Suffix **-ну-** auf: пры́гать – пры́гнуть, кива́ть – кивну́ть.

- Einige **unvollendete Verben mit Präfix** enden im Infinitiv auf **-ать**, die **vollendeten** enden auf **-сти**, **-чь**:
  выраста́ть – вы́расти, спаса́ть – спасти́, помога́ть – помо́чь.

Manchmal findet bei der Bildung von Aspektpaaren im **Verbstamm** ein **Vokal**- oder **Konsonantenwechsel** statt:

	unvollendet	vollendet		unvollendet	vollendet
а – о	каса́ться предлага́ть	косну́ться предложи́ть	жд – д	убежда́ть побежда́ть	убеди́ть победи́ть
и – е (_)*	умира́ть собира́ть	умере́ть собра́ть	ч – т	отвеча́ть	отве́тить
ы – о (_)*	вздыха́ть ссыла́ть	вздохну́ть сосла́ть	щ – ст	проща́ть	прости́ть
им – а (я)	понима́ть нажима́ть	поня́ть нажа́ть	ж – з	снижа́ть	сни́зить
ин – а	начина́ть	нача́ть	пл – п	укрепля́ть	укрепи́ть

* Manchmal kann ein Vokal auch entfallen. Diese Stellen sind in der Tabelle mit einem Unterstrich markiert.

Der Vokalwechsel **a-o** bzw. **и-е** ist meistens nur aus dem **Schriftbild** zu erkennen, da das unbetonte о und а bzw. и und е gleich ausgesprochen werden.

Einige Aspektpaare bestehen aus **Verben** mit **verschiedenen Wurzeln**. Diese Paare sollte man lernen:

говори́ть – сказа́ть бра́ть – взя́ть	кла́сть – положи́ть лови́ть – пойма́ть (oder слови́ть)

Der Lautwechsel im Wortstamm, S. 14

Bei den **unvollendeten** Verben ist das **Suffix** -а- stets **betont**.

Das Wort und seine Bestandteile, S. 13

Folgende Verben bilden Aspektpaare, wobei nur die unvollendeten die Partikel **-ся** erhalten:

ложи́ться – ле́чь	сади́ться – се́сть станови́ться – ста́ть

Einem vollendeten Verb mit der Wurzel **-лож-** entspricht nicht immer ein unvollendetes Verb mit **-лаг-**, sondern manchmal ein unvollendetes Verb mit der Wurzel **-клад-** (v предположи́ть / uv предполага́ть – *vermuten*, aber v доложи́ть / uv докла́дывать – *berichten*).

Einige vollendete und unvollendete Verben unterscheiden sich voneinander allein durch die **Betonung**:

рассыпа́ть – рассы́пать	отреза́ть — отре́зать

Es gibt eine kleine Gruppe von Verben, die je nach Kontext als **vollendete** oder als **unvollendete Verben** gebraucht werden, z. B.:

обеща́ть, жени́ться, ра́нить, испо́льзовать, организова́ть, ликвиди́ровать

Глагóл – Das Verb

Die Aspekte des Verbs

Eine Reihe von Verben haben **keine Aspektpartner** und treten nur im vollendeten oder nur im unvollendeten Aspekt auf.

Bei den „alleinstehenden" unvollendeten Verben handelt es sich um Verben, die einen dauerhaften Zustand oder einen langen Prozess bezeichnen, der grundsätzlich auf kein bestimmtes Resultat abzielt.

nur unvollendet		nur vollendet	
стóить	kosten	рýхнуть	einstürzen
жить	leben	очутúться	geraten
знать	kennen, wissen	понáдобиться	nötig werden
знáчить	bedeuten	состоя́ться	stattfinden
имéть	haben	заблудúться	sich verlaufen
принадлежáть	gehören		
наблюдáть	beobachten		
отсýтствовать	abwesend sein		
присýтствовать	anwesend sein		
разговáривать	sich unterhalten		
учáствовать	teilnehmen		

Gebrauch

Die **unvollendeten** Verben können die **Handlung als Prozess** bezeichnen, der in der **Vergangenheit** ablief, in der **Gegenwart** abläuft oder in der **Zukunft** ablaufen wird, also können die Verben in allen drei Formen gebraucht werden.

Das Präteritum, S. 131
Das Präsens, S. 135
Das Futur, S. 140

▪ Он **писáл** письмó.　　Он **пúшет** письмó.　　Он **бýдет писáть** письмó.

Die **vollendeten** Verben bezeichnen meistens das **Resultat einer Handlung**. Da der Prozess an sich hier keine Bedeutung hat, können die Verben nicht im Präsens verwendet werden. Es gibt nur die **Präteritum**- und die **Futur**form.

▪ Он **написáл** письмó.　　Он **напúшет** письмó.

Gebrauch der Aspekte im Präteritum

Die **unvollendeten** Verben benennen nur die **Handlung**, ihr Ergebnis ist unwichtig.

▪ Ýтром я читáл кнúгу.　　(Es ist egal, ob das Buch zu Ende gelesen wurde.)

Die **vollendeten** Verben dagegen bezeichnen eine **abgeschlossene Handlung**.

▪ Я прочитáл кнúгу. У неё óчень грýстный конéц.

Der **unvollendete** Aspekt kann auch die **Dauer einer Handlung** betonen.

▪ Я читáл кнúгу <u>цéлый вéчер</u>.

110

Глаго́л – Das Verb

Die Aspekte des Verbs

Eine sich **wiederholende** Handlung wird mit **unvollendeten** Verben ausgedrückt.

▪ Э́ту кни́гу я чита́л три ра́за.

Die **vollendeten** Verben bezeichnen hingegen eine **einmalige** Handlung.

▪ Э́ту кни́гу я прочита́л в про́шлом году́.

Zur Bezeichnung von **gleichzeitigen Handlungen** benutzt man den **unvollendeten** Aspekt.

▪ Я **лежа́л** на пля́же и **чита́л** кни́гу.

Den **vollendeten** Aspekt benutzt man dagegen, wenn **zwei abgeschlossene Handlungen** nacheinander folgen.

▪ Я **прочита́л** кни́гу и **сдал** её в библиоте́ку.

Einige Verben, die konkrete **zielgerichtete Handlungen** bezeichnen, können im Präteritum **einmalige Handlungen** in **zwei Richtungen** benennen. In solchen Fällen werden **unvollendete** Verben gebraucht.

▪ Я открыва́л окно́.   *Ich habe das Fenster auf-* (und wieder zu)*gemacht.*
  Она́ брала́ Ва́шу су́мку.   *Sie nahm Ihre Tasche* (und brachte sie dann zurück).

Die entsprechenden **vollendeten** Verben weisen darauf hin, dass das **Resultat** der Handlung **zum Zeitpunkt der Rede vorliegt**.

▪ Я откры́л окно́.   *Ich habe das Fenster geöffnet* (es ist immer noch auf).
  Она́ взяла́ Ва́шу су́мку.   *Sie nahm Ihre Tasche* (sie hat die Tasche immer noch).

Bezeichnung des Beginns und des Endes einer Handlung

Sehr wichtig ist die richtige Aspektwahl bei der Bezeichnung des Beginns, des Verlaufs und des Endes einer Handlung.
Der **Beginn** einer **Handlung** wird mit **vollendeten** Verben mit den Präfixen **за-** oder **по-** oder mit Hilfe der Verben **начина́ть/нача́ть** oder **стать** + Infinitiv (**unvollendet**) ausgedrückt.

▪ Он запе́л.   Мы на́чали смея́ться.
  Они́ полюби́ли друг дру́га.   Я ста́ла ду́мать.

> ❗ Zu diesen Verben zählen z. B.: открыва́ть, закрыва́ть, брать, дава́ть, встава́ть, ложи́ться, поднима́ться, приходи́ть, входи́ть, выходи́ть u. a.

друг дру́га – *einander*

Глагóл – Das Verb

Die Aspekte des Verbs

Der **Verlauf** einer Handlung wird mit **unvollendeten** Verben bezeichnet (meist **ohne Präfix**).

| Он поёт. | Мы смеёмся. |

Die **Schlussgrenze** wird entweder mit **vollendeten** Verben mit unterschiedlichen **Präfixen** oder mit den **Verben кончáть/кóнчить** oder **перестáть** + Infinitiv (unvollendet) benannt.

| Он спел. | Он кóнчил петь. |

Die **unvollendeten** Verben bilden nur die Form des **zusammengesetzten Futurs**, die **vollendeten** Verben bilden nur die Form des **einfachen Futurs**.

Das Futur, S. 140

Gebrauch der Aspekte im Futur

Auch im Futur werden verschiedene Verbalaspekte gebraucht, um den **Verlauf** einer **Handlung** (**unvollendet**) bzw. eine in der Zukunft **abgeschlossene Handlung** (**vollendet**) zu bezeichnen.

| Зáвтра я бýду рисовáть картúну. (Es ist nicht bekannt, ob das Bild fertig wird.) | Зáвтра я нарисýю картúну. (Dann ist das Bild fertig.) |

Eine **sich wiederholende Handlung** wird im Futur durch ein **unvollendetes** Verb ausgedrückt, eine **einmalige** Handlung durch ein **vollendetes**.

| Он бýдет звонúть тебé раз в недéлю. | Он позвонúт тебé, когдá вернётся. |

Manchmal werden Futurformen der **vollendeten** Verben gebraucht, um die **Möglichkeit** der Ausführung einer Handlung in der Gegenwart oder in der Zukunft auszudrücken.

китáйский – *chinesisch*

| Тóлько э́то лекáрство помóжет мне. (= Тóлько э́то лекáрство мóжет мне помóчь.) | Онá вы́учит китáйский язы́к за два гóда. (= Онá мóжет вы́учить китáйский язы́к за два гóда.) |

Oft wird in diesem Kontext die verstärkende Partikel **никáк** verwendet.

Ein **verneintes vollendetes** Verb im Futur drückt dementsprechend die **Unmöglichkeit** aus, ein Resultat in der Gegenwart oder der Zukunft zu erreichen.

Die Partikel, S. 189

| Он не поймёт твоéй шýтки. (= Он не смóжет понять твоéй шýтки.) | Я никáк не откро́ю дверь. (= Я никáк не могý откры́ть дверь.) |

Глаго́л – Das Verb

Die Aspekte des Verbs

Gebrauch der Aspekte im Infinitiv

Der **Aspekt** des Verbs im Infinitiv hängt oft von der **Bedeutung** des Wortes ab, auf das es sich bezieht. Der **Infinitiv** der **unvollendeten** Verben wird nach folgenden Verben gebraucht, bei denen bestimmte Aspekte der Handlung im Vordergrund stehen:

Der Infinitiv, S. 106

1. der Beginn, die Fortdauer oder das Ende einer Handlung:

начина́ть – нача́ть	Она́ начала́ пла́кать.
стать	Мы ста́ли рабо́тать.
продолжа́ть	Они́ продолжа́ют танцева́ть.
конча́ть – ко́нчить	Он ко́нчил кра́сить забо́р.

2. das Erlernen, eine Gewohnheit oder eine Vorliebe:

учи́ться – научи́ться	Он у́чится танцева́ть.
привыка́ть – привы́кнуть	Ты привы́к ра́но встава́ть.
люби́ть – полюби́ть	Мы лю́бим игра́ть в ша́хматы.

3. das Verlernen, das Aufhören einer Gewohnheit oder einer Vorliebe:

разучи́ться	Она́ разучи́лась говори́ть по-англи́йски.
отвы́кнуть	Они́ отвы́кли ти́хо разгова́ривать.
разлюби́ть	Вы разлюби́ли путеше́ствовать.

разучи́ться – *verlernen*
разлюби́ть – *aufhören zu mögen*
надоеда́ть – *langweilen*

4. Einige andere Verben:

устава́ть – уста́ть	Я уста́л повторя́ть.
надоеда́ть – надое́сть	Мне надое́ло учи́ться.
запреща́ться	Здесь запреща́ется кури́ть.

Wenn die Wörter **на́до**, **ну́жно**, **мо́жно** in der Bedeutung **пора́** (*es ist Zeit*) verwendet werden, benutzt man danach die **unvollendeten** Verben:
Мы гото́вы, мо́жно начина́ть.
Уже́ у́тро, на́до встава́ть.

Der **Infinitiv** der **vollendeten** Verben kommt besonders oft in Verbindung mit den Wörtern **на́до**, **ну́жно**, **до́лжен** und den Verben **хоте́ть**, **мочь**, **проси́ть**, **сове́товать** usw. vor. Dabei geht es um eine **einmalige Handlung**.

Мне на́до купи́ть мы́ло.	Он хо́чет нарисова́ть портре́т.

Nach den Wörtern **не на́до**, **не ну́жно**, **не сле́дует**, **не при́нято**, **не полага́ется**, **не сове́тую**, **не хо́чется**, **дово́льно**, **доста́точно**, **хва́тит**, **вре́дно** verwendet man den **Infinitiv** der **unvollendeten** Verben.

Ему́ не ну́жно ходи́ть на рабо́ту.	Тебе́ вре́дно есть сла́дкое.

сла́дкое – *Süßigkeiten*

Глагол – Das Verb

Übungen

опера́ция – *Operation*
за́пертый – *gesperrt*

Der Imperativ, S. 144

> In einem Satz mit **нельзя́** benutzt man den **vollendeten** Aspekt, wenn die **Handlung physisch unmöglich** ist und den **unvollendeten** Aspekt, wenn im Satz ein **Verbot** ausgesprochen wird.
>
> Нельзя́ входи́ть. Идёт опера́ция.   Нельзя́ войти́. Дверь заперта́.
>
> ### Gebrauch der Aspekte im Imperativ
>
> Wie auch bei anderen Verbformen, gilt im Imperativ folgende Grundregel: Wenn sich eine **Handlung mehrmals wiederholt** oder **lange dauert**, benutzt man das **unvollendete** Verb. Zur Bezeichnung von **einmaligen abgeschlossenen Handlungen** werden **vollendete** Verben verwendet.
>
> Всегда́ мо́йте ру́ки пе́ред едо́й!   Помо́й ру́ки! Они́ у тебя́ о́чень гря́зные!
>
> Eine **Einladung** drückt man meistens mit **unvollendeten** Verben aus, ein **Befehl** wird dagegen mit **vollendeten** Verben ausgedrückt.

проходи́те – *Kommen Sie herein!*
раздева́йтесь – *Legen Sie die Jacke/den Mantel ab!*
угоща́ться – *sich bedienen, zugreifen*
неме́дленно – *sofort*

> Проходи́те, раздева́йтесь, угоща́йтесь…   Вы́йди неме́дленно из кла́сса!
>
> Wird das Verb im **Imperativ verneint**, entscheidet man sich meist für den **unvollendeten** Aspekt. Eine **Ausnahme** bilden die Situationen, in denen der Sprecher etwas **Unerwünschtes befürchtet**.
>
> Ти́ше, де́ти, не шуми́те!   Осторо́жно, не упади́!

Übungen

1. Finden Sie alle 18 **Infinitive**, die hier versteckt sind.*

Infinitive enden auf -**ть**, -**ти** oder -**чь**.

П	О	Б	Е	Ж	А	Т	Ь	Е	П	Д	Б
О	Д	Е	Т	Ь	К	Р	К	И	О	Э	Ы
Л	Е	Ж	А	Т	Ь	Я	П	Л	Л	Е	Т
З	Л	И	Т	Ь	Л	С	Л	Е	З	Т	Ь
Т	У	Т	И	К	О	Т	Б	Р	А	Т	Ь
И	С	К	А	Л	М	И	Г	А	Т	Ь	Й
У	К	У	С	И	Т	Ь	М	Ж	Ь	С	В
З	А	К	Р	Ы	Т	Ь	О	К	Я	Е	Н
Э	З	О	В	У	Т	Д	Ч	И	Т	А	Л
Ц	А	Р	А	П	А	Т	Ь	С	В	П	У
Ю	Т	О	Т	Р	Ы	В	А	Т	Ь	К	Щ
Х	Ь	У	Ь	Ю	Ъ	Ж	У	Ь	У	Ш	А

Üben und Anwenden

Das Verb: Der Infinitiv, die Aspekte des Verbs

2. Bestimmen Sie den **Infinitivstamm**.*

a) ду́мать – _дума-_
b) лета́ть – _____
c) трясти́ – _____
d) слови́ть – _____
e) висе́ть – _____
f) отвезти́ – _____
g) гуля́ть – _____
h) идти́ – _____
i) смея́ться – _____
j) одева́ться – _____

3. Bestimmen Sie den **Aspekt** der Verben und tragen Sie sie in die Tabelle ein. Insgesamt ergeben sich 12 Aspektpaare.**

	unvollendete Verben	vollendete Verben
a)	_____	_____
b)	_____	_____
c)	_____	_____
d)	_____	_____
e)	_____	_____
f)	_____	_____
g)	_____	_____
h)	_____	_____
i)	_____	_____
j)	_____	_____
k)	_____	_____
l)	_____	_____

отре́зать • брать • отреза́ть • ныря́ть • бро́сить • взять • тро́гать • ви́деть • уви́деть • засмея́ться • постро́ить • класть • написа́ть • сесть • открыва́ть • стро́ить • нырну́ть • откры́ть • писа́ть • положи́ть • броса́ть • сади́ться • смея́ться • тро́нуть •

4. Richtig oder falsch? Entscheiden Sie, ob der **richtige Aspekt** gebraucht wird und kreuzen Sie an.***

		R	F
a)	<u>Просыпа́йся</u>, уже́ де́сять часо́в!	☐	☐
b)	<u>Встань</u> сейча́с же!	☐	☐
c)	Почему́ ты так до́лго <u>умы́лся</u>?	☐	☐
d)	Ты уже́ зако́нчил <u>почи́стить</u> зу́бы?	☐	☐
e)	На́до <u>закры́ть</u> кран.	☐	☐

Üben und Anwenden

Das Verb: Der Infinitiv, die Aspekte des Verbs

f) Ты вчера <u>приготовил</u> свои вещи? ☐ ☐

со́лнечные очки́ – *Sonnenbrille*

g) Не <u>забыва́й</u> взять со́лнечные очки́! ☐ ☐

h) Мо́жешь <u>оста́вить</u> зонт до́ма. ☐ ☐

i) Все, кро́ме тебя́, уже́ <u>одева́лись</u>! ☐ ☐

5. Ergänzen Sie die Sätze mit dem Verb im richtigen **Aspekt.****

a) В про́шлом году́ я ча́сто <u>боле́л</u> (боле́л/заболе́л).

b) Я _____ (боле́л/заболе́л) гри́ппом и не могу́ рабо́тать.

долг – *Schulden*
десе́рт – *Dessert, Nachtisch*
мейл – *E-Mail*
осьмино́г – *Krake*
бара́шек – *Lämmchen*

c) Она́ _____ (отдава́ла/отдала́) тебе́ долг?

d) Она́ всегда́ _____ (отдава́ла/отдала́) десе́рт сестре́.

e) Ты уже́ _____ (допи́сывал/дописа́л) мейл?

f) Пока́ ты _____ (допи́сывал/дописа́л) мейл, я оде́лась.

g) Ему́ на́до _____ (отреза́ть/отре́зать*) кусо́к хле́ба.

h) Не на́до _____ (отреза́ть/отре́зать*) тако́й большо́й кусо́к.

* Vergessen Sie nicht, das **Betonungszeichen** zu setzen, hier ist es wichtig!

i) В лесу́ _____ (растёт/вы́растет) мно́го грибо́в, но мы их не собира́ем.

j) Ва́ши де́ти так _____ (росли́/вы́росли)! Они́ уже́ совсе́м взро́слые!

Nicht vergessen: Mit **мно́го** wird die Singularform des Verbs gebraucht.

k) Что вы _____ (рисова́ли/нарисова́ли)? Э́то осьмино́г?

l) Ты уме́ешь _____ (рисова́ть/нарисова́ть) бара́шка?

6. Ergänzen Sie die Sätze mit den passenden **Verben** in der **richtigen Form.*****

расска́зывать – рассказа́ть •
брать – взять •
меша́ть – помеша́ть •
покупа́ть – купи́ть •
волнова́ться – взволнова́ться •
налива́ть – нали́ть •
есть – съесть

a) Хва́тит <u>есть</u> чи́псы, ты же на дие́те!

b) Э́тот диск нигде́ нельзя́ _____ , он о́чень ре́дкий.

c) Ю́ля, _____ мне, пожа́луйста, воды́.

d) Ю́лия Ю́рьевна, _____ варе́нье, оно́ о́чень вку́сное.

e) Я начина́ю _____ . Почему́ он ещё не пришёл?

f) Ей нельзя́ _____ , она́ рабо́тает.

g) Мне не хо́чется об э́том _____ .

Verben der Fortbewegung

Das Russische unterscheidet im Gegensatz zum Deutschen bei Verben der **Fortbewegung** wie z. B. *gehen, fahren, schwimmen*, zwischen einer **zielgerichteten** und einer **nicht zielgerichteten** Bewegung. Da diese Unterscheidung im Deutschen nicht getroffen wird, entspricht einem deutschen Verb ein russisches **Verbpaar**, deren Glieder **beide unvollendet** sind. Es handelt sich um folgende vierzehn Verbpaare:

 Die Aspekte des Verbs, S. 108

zielgerichtet	nicht zielgerichtet	
идти́	ходи́ть	*gehen*
е́хать	е́здить	*fahren*
бежа́ть	бе́гать	*laufen, rennen*
лете́ть	лета́ть	*fliegen*
плыть	пла́вать	*schwimmen*
брести́	броди́ть	*schlendern*
ползти́	по́лзать	*kriechen*
лезть	ла́зить	*klettern*
нести́	носи́ть	*tragen*
везти́	вози́ть	*(jemanden) fahren, befördern*
вести́	води́ть	*führen*
тащи́ть	таска́ть	*schleppen*
кати́ть	ката́ть	*wälzen, rollen*
гнать	гоня́ть	*jagen, treiben*

Form

Wird an ein **unvollendetes zielgerichtetes** Verb ein **Präfix** angehängt, das dem Verb die **Bedeutung** einer **Richtung** bzw. einer **Bewegung** von **irgendwoher irgendwohin** verleiht, so wird dieses Verb **vollendet**:

unvollendet	vollendet
идти́	войти́, вы́йти, прийти́, уйти́, подойти́
е́хать	уе́хать, прие́хать, зае́хать, перее́хать, подъе́хать

Die **nicht zielgerichteten** Verben bleiben auch mit **Präfixen unvollendet***:

unvollendet	vollendet
ходи́ть	входи́ть, выходи́ть, приходи́ть, уходи́ть, подходи́ть
е́здить	уезжа́ть, приезжа́ть, заезжа́ть, переезжа́ть, подъезжа́ть

 *Von **е́здить** können keine unvollendeten Verben mit Präfix gebildet werden, dazu muss man auf den Stamm **езжа-** zurückgreifen. Die wenigen präfigierten Verben mit dem Stamm **езди-** sind vollendet: съе́здить, объе́здить, пое́здить.

 Das Verb **пла́вать**, bildet seine unvollendeten Formen vom Stamm **плы-** mit dem Suffix **-ва-** und einem Präfix: выплыва́ть, уплыва́ть.

Глагóл – Das Verb

Verben der Fortbewegung

Das Präteritum, S. 131
Das Präsens, S. 135
Das Futur, S. 140

Wie alle anderen vollendeten Verben haben die **präfigierten zielgerichteten** Verben zwei Zeitformen: das **Präteritum** und das einfache **Futur**:

| Вчерá он вы́шел из дóма в 7 часóв. | Зáвтра он вы́йдет из дóма в 8 часóв. |

Die **nicht zielgerichteten** Verben mit **Präfixen** haben drei Zeitformen: das **Präteritum**, das **Präsens** und das **Futur**.

| Он всегдá выходи́л из дóма в 7 часóв. | На слéдующей недéле он бýдет выходи́ть из дóма в 9 часóв. |

Обы́чно он выхóдит из дóма в 8 часóв.

Gebrauch

Die zielgerichteten und nicht zielgerichteten Verben kennzeichnen die Art der Bewegung in unterschiedlicher Weise.
Die **zielgerichteten** Verben verwendet man:
- wenn die **Bewegung** in einer **bestimmten Richtung** verläuft:

По ýлице идёт человéк, он ведёт зá руку ребёнка и несёт сýмку.

- wenn man eine **Frage** nach der **Bewegung** in dem **Moment** stellt, in dem sie **abläuft**:

– Ваш билéт, пожáлуйста. Кудá вы éдете?

- wenn es sich um eine sich **regelmäßig wiederholende Bewegung** in **eine Richtung** handelt:

Кáждый день я идý на рабóту пешкóм, а обрáтно éду на метрó.

метрó – U-Bahn
медýза – Qualle

Die **nichtzielgerichteten** Verben bezeichnen:
- eine **Bewegung** in **verschiedene Richtungen**:

В мóре плáвают медýзы.

- eine **Bewegung allgemein**, als etwas **Regelmäßiges** (vor allem in **Fragen**):

– Кудá вы обы́чно éздите в отпýск?

- eine sich **wiederholende** oder **einmalige Bewegung hin** und **zurück**:

На выходны́х мы чáсто éздим на óзеро.
Вчерá я ходи́л в кинó.

- das **Können**, die **Fähigkeit**, die **übliche Fortbewegungsweise**:

Пингви́ны не летáют, но они́ хорошó плáвают.

Глаго́л – Das Verb

Verben der Fortbewegung

Im **übertragenen Sinne** werden zielgerichtete und (seltener) nichtzielgerichtete Verben gebraucht:

zielgerichtet	**nicht zielgerichtet**
Вре́мя идёт.	Он но́сит усы́ и бо́роду.
Го́ды летя́т.	Я ношу́ очки́.
По́езд идёт в Но́вгород.	
Идёт дождь.	
Ма́льчик пло́хо себя́ ведёт.	
Э́тот цвет ей не идёт.	
Мы ведём перепи́ску.	

вести́ себя́ – *sich benehmen*
перепи́ска – *Briefwechsel*
усы́ – *Schnurrbart*

Die **Präfixe** verleihen den Verben **Zusatzbedeutungen** und weisen z.B. auf die **Richtung** hin:

Он залеза́ет на го́ру.   Он слеза́ет с горы́.

Ein **nicht zielgerichtetes** Verb mit einem **Präfix** kann außerdem folgendes bezeichnen:
- eine **zielgerichtete**, aber **nicht abgeschlossene Bewegung**:

Когда́ я проходи́л ми́мо ба́нка, я уви́дел двух челове́к в чёрных ма́сках.

- eine **regelmäßige Bewegung** in **ein-** und **dieselbe Richtung**:

Ка́ждое у́тро они́ прихо́дят на рабо́ту в во́семь часо́в.
Ка́ждый день они́ ухо́дят с рабо́ты в пять часо́в.

- eine **einmalige Bewegung hin** und **zurück** (nur im **Präteritum**):

Когда́ ты был в магази́не, приходи́л почтальо́н.

Die Verben der Fortbewegung können mit den Präfixen **по-**, **про-** und **с-** den **Beginn**, den **Abschluss** oder die **zeitliche Begrenzung** einer Handlung bezeichnen.

по-	a) verwandelt einige **unvollendete** Verben in **vollendete** und bezeichnet den **Beginn** einer Handlung	Ма́льчик **по**за́втракал и **по**шёл в шко́лу.
	b) drückt eine **Absicht** aus	Ско́ро о́тпуск. Мы **по**лети́м в Гре́цию.
по-	c) mit nicht zielgerichteten Verben: **zeitliche Begrenzung** einer Fortbewegung	Мы немно́го **по**броди́ли по го́роду и верну́лись домо́й.

Гре́ция – *Griechenland*

Глаго́л – Das Verb

Das Verb быть

про-	mit nichtzielgerichteten Verben: **Fortbewegung innerhalb** eines **bestimmten Zeitabschnitts**	Она́ о́чень уста́ла, потому́ что три часа́ **про**ходи́ла по магази́нам.
с-	mit nichtzielgerichteten Verben: **einmalige kurzfristige** Bewegung hin und zurück	– **С**бе́гай, пожа́луйста, в бу́лочную за хле́бом.

бу́лочная – *Bäckerei*

Das Verb быть

Form

Das **unvollendete** Verb **быть** (*sein*) hat drei Zeitformen:

Das Präteritum, S. 131

- Präteritum

Singular			Plural
männlich	weiblich	sächlich	
был	была́	бы́ло	бы́ли

Das Präsens, S. 135

- **Präsens:** есть

Das Futur, S. 140

- **Futur:**

Singular		Plural	
я	бу́ду	мы	бу́дем
ты	бу́дешь	вы/Вы	бу́дете
он, она́, оно́	бу́дет	они́	бу́дут

Gebrauch

Wenn man einen **Gegenstand** oder eine **Person** klassifiziert und seine bzw. ihre **Zugehörigkeit** zu einer **Gruppe** oder **Kategorie** benennt, sagt man:

А́нна Андре́евна	~~есть~~	поэ́т.
Берли́н	–	столи́ца Герма́нии.

In der heutigen russischen Sprache wird das Verb **есть** im **Präsens nicht gebraucht**, vor allem in der gesprochenen Sprache. In der schriftlichen Sprache wird manchmal das Verb **явля́ться** benutzt:

Дми́трий Бы́ков – лауреа́т литерату́рных пре́мий.
Дми́трий Бы́ков **явля́ется** лауреа́том литерату́рных пре́мий.

Глаго́л – Das Verb

Das Verb быть

Im **Präteritum** und **Futur** werden die entsprechenden **Zeitformen** des Verbs **быть** verwendet.
Steht sowohl vor als auch nach dem Verb **есть** (*sein*) ein Wort oder eine Wortgruppe im Nominativ, so entfällt das Verb. An seine Stelle tritt in geschriebenen Texten ein Gedankenstrich.

Präteritum	Präsens	Futur
Ю́ра **был** студе́нтом.	Ю́ра – студе́нт.	Ю́ра **бу́дет** студе́нтом.

Das Verb **быть** in der entsprechenden Zeitform wird außerdem im **Präteritum** und im **Futur** in den Sätzen gebraucht, deren **Prädikat** ein **Adjektiv**, ein **Partizip** oder ein **Adverb** beinhaltet.

Präteritum	Präsens	Futur
Ноя́брь **был** тёплый.	Ноя́брь тёплый.	Ноя́брь **был** тёплый.
Я **была́** взволно́вана.	Я взволно́вана.	Я **бу́ду** взволно́вана.
Мы **бы́ли** до́ма.	Мы до́ма.	Мы **бу́дем** до́ма.

In Sätzen mit **Verneinung** fehlt das grammatische **Subjekt**. Die betreffende **Person** oder der betreffende **Gegenstand** steht dann im **Genitiv**. Das Verb **быть** steht im **Prät. Sg. Neutrum** bzw. in der Form der **3. Pers. Sg Fut.**

Его́ **не́ было** до́ма.*	Его́ **нет** до́ма.	Его́ **не бу́дет** до́ма.

Das Verb **быть** benutzt man auch für **Altersangaben**. Das Substantiv oder das Pronomen, das die **Person** bezeichnet, steht dabei im **Dativ**.

Ей **бы́ло** 29 лет.	Ей 30 лет.	Ей **бу́дет** 31 год.

Den **Besitz** bezeichnet man im Russischen mit einer besonderen Konstruktion mit **есть**, die der deutschen Konstruktion mit *haben* entspricht.

У меня́ **была́** но́вая газе́та.	*Ich hatte eine neue Zeitung.*
У меня́ **есть** но́вая газе́та.	*Ich habe eine neue Zeitung.*
У меня́ **бу́дет** но́вая газе́та.	*Ich werde eine neue Zeitung haben.*

Auch in Sätzen, die den **Nichtbesitz** ausdrücken, gibt es **kein grammatisches Subjekt**, im **Präsens** wird **быть** durch **нет** ersetzt. Der nicht vorhandene **Gegenstand** bzw. die **Person** wird durch ein Substantiv oder Pronomen im **Genitiv** bezeichnet.

Präteritum	Präsens	Futur
У нас **не́ было** сне́га.	У нас **нет** сне́га.	У нас **не бу́дет** сне́га.

Im **Präteritum** und im **Futur** steht das **Substantiv**, das die Gruppe oder Kategorie bezeichnet, zu der das Subjekt gehört, im **Instrumental**.

Das Subjekt, S. 206
Das Prädikat, S. 211

лауреа́т – *Preisträger*
пре́мия – *Preis*

взволно́ванный – *aufgeregt, besorgt*

за́мужем – *verheiratet* (auf eine Frau bezogen)

* Bei **не́ было** fällt die Betonung auf **не**, während **было** unbetont bleibt.

Das Verb **име́ть** (*haben*) kommt hauptsächlich in Redewendungen vor: име́ть в виду́ (*meinen*), име́ть пра́во (*das Recht haben*), име́ть основа́ние (*einen Grund haben*) usw.

Die Negation, S. 224

Üben und Anwenden

Das Verb: Verben der Fortbewegung, das Verb быть

Übungen

1. Stellen Sie die **Frage куда́?** (*wohin?*) oder **где?** (*wo?*) – je nachdem, ob danach ein **zielgerichtetes** oder ein **nicht zielgerichtetes Verb** folgt.*

Die Frage **куда́?** wird mit **в** + Akk. oder **к** + Dat., die Frage **где?** hingegen mit **в** + Präp. oder **над** + Instr. beantwortet.

a) _Куда_____ ты идёшь? – Я иду́ в кино́.
b) _____ ты так до́лго ходи́л? – Я гуля́л в па́рке.
c) _____ бежи́т э́тот ма́льчик? – В шко́лу.
d) _____ здесь мо́жно пла́вать? – В бассе́йне.

Die Präposition, S. 173

e) _____ лети́т э́тот самолёт? – В Санкт-Петербу́рг.
f) _____ ты обы́чно бе́гаешь? – На стадио́не.
g) _____ плывёт катамара́н? – К прича́лу.
h) _____ лета́ют го́луби? – Над пло́щадью.

прича́л – *Anleger*

2. Bestimmen Sie, ob die unterstrichenen Verben **zielgerichtet** oder **nicht zielgerichtet** sind und kreuzen Sie ihre **Grundform** (**Infinitiv**) an.*

a) Сейча́с мой брат <u>идёт</u> в шко́лу.
☐ идти́   ☐ ходи́ть

b) Все де́ти <u>хо́дят</u> в шко́лу.
☐ идти́   ☐ ходи́ть

c) Мы <u>е́хали</u> в маши́не и пе́ли.
☐ е́хать   ☐ е́здить

d) Они́ всегда́ <u>е́здят</u> в о́тпуск на маши́не.
☐ е́хать   ☐ е́здить

ка́мера хране́ния – *Schließfach*

e) Он <u>несёт</u> чемода́ны в ка́меру хране́ния.
☐ нести́   ☐ носи́ть

f) Она́ <u>но́сит</u> чёрную шля́пу.
☐ нести́   ☐ носи́ть

ветерина́р – *Tierarzt*

g) Хозя́йка <u>ведёт</u> больну́ю соба́ку к ветерина́ру.
☐ вести́   ☐ води́ть

h) Ка́ждый ве́чер хозя́ин <u>во́дит</u> соба́ку гуля́ть.
☐ вести́   ☐ води́ть

Üben und Anwenden

Das Verb: Verben der Fortbewegung, das Verb быть

i) Маши́на <u>везёт</u> груз в друго́й го́род.

☐ везти́ ☐ вози́ть

j) Авто́бус <u>во́зит</u> пассажи́ров.

☐ везти́ ☐ вози́ть

k) Ребёнок о́чень бы́стро <u>по́лзает</u>.

☐ ползти́ ☐ по́лзать

l) По ве́тке <u>ползёт</u>ули́тка.

☐ ползти́ ☐ по́лзать

груз – *Last, Ladung*
ве́тка – *Ast*
ули́тка – *Schnecke*

3. Schreiben Sie möglichst viele **präfigierte Verben** der **Fortbewegung**.**

a) в-/во-: _вбежать, войти, влететь…_

b) за-:

c) от-:

d) пере-:

e) по-:

f) под-/подо-:

g) про-:

i) с-/со-:

j) у-:

Die Präfixe **во**-, **со**-, **подо**- ersetzen die Präfixe **в**-, **с**-, **под**-, wenn danach zwei **Konsonanten** folgen.

123

Üben und Anwenden

Das Verb: Verben der Fortbewegung, das Verb быть

4. Setzen Sie, wenn nötig, das Verb **быть** in der richtigen Form ein.**

a) Вчера́ я _была_ в казино́.

b) Э́то Андре́й Андре́евич Андре́ев. Он _____ наш ме́неджер.

c) В де́тстве у меня́ _____ са́нки.

d) Че́рез два го́да она́ _____ шко́льницей.

e) За́втра они́ _____ до́ма.

f) Ра́ньше он _____ жена́т на Ма́рте, а тепе́рь он жена́т _____ на Мари́и.

g) Че́рез ме́сяц ли́стья _____ жёлтыми.

h) На сле́дующих выходны́х у нас _____ го́сти.

i) Наде́нь ша́пку, на у́лице _____ хо́лодно.

j) Вы _____ в о́фисе че́рез два часа́?

са́нки – *Schlitten*
жена́тый – *verheiratet (auf einen Mann bezogen)*
о́фис – *Büro*

5. **Zielgerichtet** oder **nicht zielgerichtet**? Entscheiden Sie, welches Verb passt und setzen Sie es in die richtige Form.***

Ле́том мы с друзья́ми ча́сто (a) _хо́дим_ (ходи́ть/идти́) в го́ры.

Туда́ на́до (b) _____ (е́здить/е́хать) снача́ла на по́езде, а пото́м на авто́бусе. От остано́вки мы до́лго (c) _____ (ходи́ть/идти́) вверх на го́ру, а пото́м (d) _____ (ла́зить/лезть) на са́мую верши́ну. На верши́не мы немно́го отдыха́ем,

а пото́м (e) _____ (сла́зить/слеза́ть) отту́да и

(f) _____ (броди́ть/брести́) по скло́ну горы́. Вниз мы всегда́ (g) _____ (е́здить/е́хать) на фуникулёре. На про́шлой неде́ле мы (h) _____ (е́здить/е́хать) в го́ры на маши́нах, потому́ что поезда́ не (i) _____ (ходи́ть/идти́). Когда́ мы (j) _____ (е́здить/е́хать) в го́ры, маши́ну (k) _____ (води́ть/вести́) Бори́с. Но он не

(l) _____ (пое́здить/пое́хать) с на́ми обра́тно, поэ́тому на обра́тном пути́ маши́ну (m) _____ (води́ть/вести́) Мари́на.

верши́на – *Spitze*
скло́н – *Hang*
фуникулёр – *Seilbahn*
бюро́ нахо́док – *Fundbüro*

💡 Steht im Satz sowohl eine Richtungsangabe als auch eine Angabe der Regelmäßigkeit, so wird ein zielgerichtetes Verb gebraucht!

Глаго́л – Das Verb

Verben mit der Partikel -ся

Verben mit der Partikel -*ся*

Im Russischen gibt es sehr viele Verben mit der **Partikel** -**ся** am **Wortende**. Diese Partikel entstand aus dem **Reflexivpronomen себя́** und verschmolz mit dem Verb zu einem Wort. Sie entspricht also oft dem deutschen *sich*.

 Das Reflexivpronomen *себя́*, S. 59

умыва́ть**ся**	sich waschen
встреча́ть**ся**	sich treffen
ложи́ть**ся**	sich hinlegen

Nicht immer entspricht einem russischen Verb mit -**ся** eine deutsche Übersetzung mit *sich* (und umgekehrt).

улыба́ть**ся** – *lächeln*	**sich** *erholen* – отдыха́ть,
наде́ять**ся** – *hoffen*	**sich** *unterhalten* – разгова́ривать.

Form

Die Verben mit -**ся** werden wie die entsprechenden Verben ohne -**ся konjugiert**, die Partikel -**ся** bleibt immer am Wortende. Dabei steht nach Konsonanten -**ся**, nach Vokalen hingegen -**сь**. z. B. im **Präsens**:

мы́ть**ся**	
я мо́ю**сь**	мы мо́ем**ся**
ты мо́еш**ься**	вы/Вы мо́ете**сь**
он, она́, оно́ мо́ет**ся**	они́ мо́ют**ся**

 Die Zeiten, S. 131

Gebrauch

Manche Verben mit der Partikel -**ся** sind **reflexiv**, d. h. die Handlung ist auf die handelnde Person gerichtet. Vgl.:

Ма́ма одева́ет ма́льчика.	Ма́льчик одева́е**тся** (одева́ет себя́).
Па́па умыва́ет де́вочку.	Де́вочка умыва́е**тся** (умыва́ет себя́).
Парикма́хер причёсывает де́вушку.	Де́вушка причёсывае**тся** (причёсывает себя́).

Einige Verben bilden **keine reflexiven** Formen mit -**ся**, diese Bedeutung kann durch das nachgestellte Reflexivpronomen **себя́** ausgedrückt werden:
знать **себя́**, уважа́ть **себя́**, руга́ть **себя́** usw.

Die Partikel -**ся** kann einem Verb **reziproke** Bedeutung (= Wechselseitigkeit) verleihen: Die durch diese Verben bezeichnete **Handlung** geht zwischen **zwei** oder **mehreren Personen** vor sich, wobei **jede Person** gleichzeitig als **Subjekt** und **Objekt** der Handlung auftritt. Vgl.:

Я встре́тил бра́та.	Мы с бра́том встре́тили**сь**.
Ю́ноша обня́л де́вушку.	Ю́ноша и де́вушка обня́ли**сь**.
Неве́ста поцелова́ла жениха́.	Неве́ста и жени́х поцелова́ли**сь**.

обня́ть – *umarmen*
неве́ста – *Braut*
жени́х – *Bräutigam*

Глагóл – Das Verb

Verben mit der Partikel -ся

Nicht alle Verben, die auf eine **wechselseitige Beziehung** hinweisen, haben die **Partikel -ся**. Um diese Beziehung auszudrücken, verwendet man bei einigen Verben die Wortverbindung **друг дрýга** (*einander*).
Der erste Teil von **друг дрýга** bleibt in allen Fällen unverändert, der zweite Teil wird dekliniert. Präpositionen stehen zwischen den beiden Teilen.

любить друг дрýга	помогáть друг дрýгу
уважáть друг дрýга	спóрить друг с дрýгом

Auch Verben mit **-ся** kann man mit **друг** с **дрýгом** gebrauchen. Мы рéдко ссóримся друг с дрýгом.

Die Partikel **-ся** kann **transitiven unvollendeten** Verben **Passivbedeutung** verleihen. Die Verben mit **Passivbedeutung** können durch ein **Objekt im Instrumental ohne Präposition** ergänzt oder **ohne Instrumentalobjekt** gebraucht werden.

Transitiv heißen Verben, die ein **Akkusativobjekt ohne Präposition** brauchen (z. B.: вúдеть гóру, слýшать мýзыку, шить ю́бку).

Aktiv	Passiv
Лунá освещáет стáрый зáмок.	Стáрый зáмок освещáет**ся** лунóй.
Банк финансúрует проéкт.	Проéкт финансúрует**ся** бáнком.
Ктó-то стрóит дéтские садý.	Дéтские садý стрóят**ся**.
Ктó-то не выполняет договóр.	Договóр не выполняет**ся**.

Je nach Kontext kann das Verb mit **-ся** auch eine zusätzliche Modalbedeutung haben und die **Möglichkeit** oder die **Unmöglichkeit** einer Handlung ausdrücken.

Die Aspekte des Verbs, S. 108
Das Passiv, S. 151

Э́та ткань легкó глáдится.	*Dieser Stoff lässt sich leicht bügeln.*
Э́та проблéма не решáется.	*Dieses Problem lässt sich nicht lösen.*

In einigen Fällen wird die Partikel **-ся** an ein **transitives** Verb angehängt und macht daraus ein **intransitives** (ohne Akkusativobjekt), **ohne seine Grundbedeutung zu verändern**. Diese Gruppe umfasst verschiedene Verben:

- Verben, die diverse **Bewegungs-**, **Lage-** und **Zustandsänderungen** bezeichnen:

освещáть – *beleuchten*
зáмок – *Schloß*
финансúровать – *finanzieren*
договóр – *Vertrag*
выполня́ть – *ausführen*
уменьшáться – *sich verkleinern*
увелúчиваться – *sich vergrößern*
огля́дываться – *sich umschauen*

спускáться, поднимáться, возвращáться, двúгаться, уменьшáться, увелúчиваться, огля́дываться, повoрáчиваться, останáвливаться

- Verben der **Gemütsbewegung** (mit belebten Substantiven):

удивля́ться, тревóжиться, беспокóиться, волновáться, рáдоваться, огорчáться, интересовáться, сердúться, злúться, веселúться

- Verben, die den **Anfang**, die **Fortdauer** und das **Ende** einer Handlung oder eines Geschehens bezeichnen:

начинáться, продолжáться, кончáться, прекращáться, завершáться

Глаго́л – Das Verb

Unpersönliche Verben

- Verben, die ein **beständiges Merkmal** eines Gegenstandes oder eines Lebewesens bezeichnen:

Ка́ктус ко́лется.   Соба́ка куса́ется.

ка́ктус – *Kaktus*
коло́ться – *stechen*
куса́ться – *beißen*

Manche Verben kommen **nur mit -ся** vor:

смея́ться, улыба́ться, станови́ться, наде́яться, боя́ться, горди́ться, труди́ться, остава́ться, стара́ться, стреми́ться, ложи́ться, появля́ться

Die unpersönlichen Verben, die einen **Zustand ohne Bezug auf das Subjekt** bezeichnen, können ebenfalls mit der Partikel -ся gebildet werden. Dazu zählen vor allem **ду́маться** und **хоте́ться**. Diese Verben bezeichnen im Vergleich zu den entsprechenden Verben ohne -ся einen **weniger nachdrücklich** formulierten **Gedanken** bzw. **Wunsch**.

Das Subjekt, S. 206
Unpersönliche Verben, S. 127

Я **хочу́** на мо́ре.
Ich will ans Meer.
Я **ду́маю**, что ты непра́в.
Ich denke, dass du Unrecht hast.

Мне **хо́чется** на мо́ре.
Ich möchte ans Meer.
Мне **ду́мается**, что ты непра́в.
Mir scheint, dass du Unrecht hast.

Des Weiteren gibt es Verben, die **mit der Partikel -ся** und **ohne sie unterschiedliche Bedeutungen** haben. Teilweise sind die Bedeutungen so weit voneinander entfernt, dass keinerlei Wortverwandtschaft mehr festzustellen ist.

Соба́ки нахо́дят люде́й по сле́ду.
Подожди́, я ещё не договори́ла.

Конце́рт состои́т из двух часте́й.
Прости́ меня́, я винова́т!

Кавка́з нахо́дится на ю́ге Росси́и.
Мы договори́лись встре́титься за́втра.

Конце́рт состоя́лся вчера́.
Они́ прости́лись и пое́хали домо́й.

след – *Spur, Fährte*
состоя́ться – *stattfinden*
прости́ться – *sich verabschieden*

Unpersönliche Verben

Es gibt im Russischen besondere **Sätze**, die **kein Subjekt** haben. Man kann also nicht fragen, wer oder was die Handlung ausführt. Diese Sätze sind **unpersönlich**.

Das Subjekt, S. 206
Das Prädikat, S. 211
unpersönliche Sätze, S. 218
Die Zeiten, S. 131

Form

Die **unpersönlichen** Verben, die das **Prädikat** von **unpersönlichen Sätzen** bilden, werden in allen Zeitformen nur in der **3. Person Singular**, im **Präteritum** nur in der **sächlichen** Form gebraucht.

Nicht selten bestehen unpersönliche Sätze aus einem **einzigen Wort**: Смерка́лось.
Света́ло.
Вечере́ло.

	света́ть	
света́ло	света́ет	бу́дет света́ть

Глаго́л – Das Verb

Übungen

Gebrauch

Ihrer Bedeutung nach werden unpersönliche Verben in drei Gruppen eingeteilt.

- Unpersönliche Verben, die **Naturzustände** bezeichnen:

смерка́ться – *dämmern*
света́ть – *tagen*
вечере́ть – *dämmern, Abend werden*

Холода́ет.	*Es wird kalt.*
Стемне́ло.	*Es ist dunkel geworden.*

- Unpersönliche Verben, die den **Zustand** eines **Menschen** bezeichnen. Das **Substantiv** oder das **Pronomen**, das die Person bezeichnet, steht dabei im **Dativ** oder im **Akkusativ**.

mit Dativ		mit Akkusativ	
Мне не спи́тся.	*Ich kann nicht schlafen*	Его́ знобит.	*Ihn fröstelt.*
Ребёнку не сиди́тся на ме́сте.	*Das Kind kann nicht sitzen bleiben.*	Её тошни́т.	*Ihr ist übel.*

- Verben, die ein **Sollen** oder **Müssen** ausdrücken.

расста́ться – *sich trennen*

Вам сле́дует занима́ться спо́ртом. Мне прихо́дится ра́но встава́ть.
Тебе́ сто́ит посмотре́ть э́тот фильм. Нам придётся расста́ться.

Übungen

1. Lesen Sie die Sätze und schreiben Sie, ob das Verb mit **-ся reflexive** (1), **reziproke** (2) oder **Passivbedeutung** (3) hat.*

a) Де́вочка не уме́ет причёсываться. (*1*)

b) Мне на́до переоде́ться. (__)

c) Пе́сня поётся а́втором. (__)

позапро́шлый – *vorvorig*
помири́ться – *sich versöhnen*

d) Мы познако́мились с тобо́й позапро́шлой весно́й. (__)

e) Мы с А́нной поссо́рились. (__)

f) Наве́рное, нам лу́чше помири́ться. (__)

g) Э́та зада́ча не реша́ется. (__)

h) Ты опя́ть забы́л побри́ться! (__)

i) Сча́стье не покупа́ется. (__)

j) Я вытира́юсь полоте́нцем. (__)

Üben und Anwenden

Das Verb: Verben mit der Partikel -ся, unpersönliche Verben

2. Schreiben Sie, wenn möglich, welches **Ausgangsverb** den jeweiligen Verben zugrundeliegt.*

a) удивля́ться – _удивля́ть_
b) обнима́ться – _____
c) ката́ться – _____
d) остава́ться – _____
e) дви́гаться – _____
f) хоте́ться – _____
g) наде́яться – _____
h) опуска́ться – _____
i) расстава́ться – _____
j) печа́литься – _____
k) крути́ться – _____
l) раздева́ться – _____
m) лени́ться – _____
n) начина́ться – _____
o) смея́ться – _____
p) нра́виться – _____
q) открыва́ться – _____
r) горди́ться – _____

печа́литься – *trauern*
крути́ться – *sich drehen*
лени́ться – *faul sein*

3. Entscheiden Sie, ob das **Verb unpersönlich** sein kann (+) oder nicht (-).**

a) каза́ться (_+_)
b) сле́довать (___)
c) нездоро́виться (___)
d) жа́ловаться (___)
e) холода́ть (___)
f) подходи́ть (___)
g) шата́ть (___)
h) расстра́ивать (___)
i) темне́ть (___)
j) света́ть (___)
k) приходи́ться (___)
l) хоте́ться (___)
m) собира́ться (___)
n) тепле́ть (___)
o) станови́ться (___)

жа́ловаться – *sich beschweren*
шата́ть – *wackeln, rütteln, schwanken*

4. Suchen Sie die passenden **Verben** aus und ergänzen Sie die **Wortverbindungen**.**

> опуска́ться • наде́яться • ра́доваться • горди́ться • серди́ться • стара́ться • проща́ться • дви́гаться • ложи́ться • остава́ться • возвраща́ться • поднима́ться

a) _____ вверх
b) _____ до́ма
c) _____ под му́зыку
d) _____ на себя́
e) _____ на чу́до
f) _____ вниз
g) _____ успе́ху
h) _____ с друзья́ми
i) _____ спать
j) _____ домо́й
k) _____ детьми́
l) _____ успе́ть

129

Üben und Anwenden

Das Verb: Verben mit der Partikel -ся, unpersönliche Verben

5. **Dativ** oder **Akkusativ**? Kreuzen Sie die richtige Form an.**

a) … хо́чется на мо́ре.

☐ 1. Мне ☐ 2. Меня́

b) … тя́нет в да́льние стра́ны.

☐ 1. Ири́не ☐ 2. Ири́ну

c) … шата́ло от уста́лости.

☐ 1. Нас ☐ 2. Нам

d) … ка́жется, что э́то не так.

☐ 1. Им ☐ 2. Их

e) … надое́ло сиде́ть до́ма.

☐ 1. Ба́бушке ☐ 2. Ба́бушку

трясти́ – *schütteln*
злость – *Ärger*

f) … трясло́ от зло́сти.

☐ 1. Ви́ктора ☐ 2. Ви́ктору

6. Gebrauchen Sie das **Verb** mit oder **ohne** -ся in der richtigen Form.***

a) Я _ко́нчил_ рабо́тать и пошёл домо́й. ко́нчить –

У меня́ _ко́нчилась_ бума́га. ко́нчиться

b) Он _____ дверь и вы́шел. откры́ть –

скрипе́ть – *knarren*

Дверь ме́дленно _____ и скрипи́т. открыва́ться

c) Тебе́ на́до _____ ! помы́ть –

Врач _____ ру́ки и взял стетоско́п. помы́ться

d) Такси́ _____ на стоя́нке, и води́тель остан́ови́ть –

закури́л. остан́ови́ться

Я уви́дела знако́мого и _____ его́.

e) Учи́тель _____ учени́цу, а она́ молчи́т. руга́ть –

Мои́ сосе́ди ча́сто _____ друг с дру́гом. руга́ться

f) На́до _____ , я весь мо́крый. вы́тереть –

Я хочу́ _____ ру́ки. вы́тереться

g) Мы с Поли́ной _____ во́зле фонта́на. встре́тить –

Мы с Поли́ной _____ на́ших знако́мых. встре́титься

130

Die Zeiten

Im Russischen gibt es **drei Zeitformen**:

- das **Präteritum** für Ereignisse in der **Vergangenheit**
- das **Präsens** für Ereignisse in der **Gegenwart**
- das **Futur** für Ereignisse in der **Zukunft**

Präteritum	Präsens	Futur
Вчера́ я **игра́л** в футбо́л.	Сейча́с я **игра́ю** в футбо́л.	За́втра я **бу́ду игра́ть** в футбо́л.

Unvollendete Verben können alle **drei Formen** bilden, **vollendete** Verben können nur im **Präteritum** und im **Futur** gebraucht werden.

Die Aspekte des Verbs, S. 108

	Präteritum	Präsens	Futur
unvollendet	Он пел.	Он поёт.	Он бу́дет петь.
vollendet	Он спел.	–	Он споёт.

Das Präteritum

Form

Die Verben, die auf **-ть** enden, bilden das Präteritum durch das Anfügen des Suffixes **-л** an den **Infinitivstamm**.

брать	бра-	брал
лови́ть	лови́-	лови́л
усну́ть	усну́-	усну́л

Der Infinitiv, S. 106

Hat das Verb die Partikel **-ся**, wird diese auch im Präteritum ganz hinten angehängt. Endet der Stamm auf einen Vokal, so wird **-ся** zu **-сь**.

| умыва́ться – умы́лся | боя́ться – боя́лись |

Die Verben im Präteritum werden nicht nach der Person, sondern nur nach der **Zahl** und dem **Geschlecht** verändert.

Zahl \ Geschlecht	maskulin	feminin	neutral
Singular	лови́л	лови́ла	лови́ло
Plural	лови́ли		

| Макси́м, ты не брал мой журна́л? | Да́ша, ты не брала́ мой журна́л? |
| Ми́ша уже́ усну́л. | Да́ша уже́ усну́ла. |

Глаго́л – Das Verb

Das Präteritum

Einige Verben weisen **Unregelmäßigkeiten** bei der Präteritumbildung auf.

*Den **Präsensstamm** erhält man, indem man von der **3. Pers. Pl.** des **Präsens** (bei unvollendeten Verben) bzw. des einfachen **Futurs** (bei vollendeten Verben) die Personalendung **-ут/-ют** bzw. **-ат/-ят** streicht.

 Das Präsens, S. 135

U. U. endet deren Präsensstamm auf **-ст (расти́ – расту́т).

грести́ – грёб, гребла́, гребло́, гребли́
жечь – жёг, жгла, жгло, жгли

цвести́ – *blühen*
дости́гнуть – *erreichen*
мёрзнуть – *frieren*
тере́ть – *reiben*

Die **Vor-** bzw. **Gleichzeitigkeit** kann auch mit Hilfe von **Adverbialpartizipien** im entsprechenden Aspekt ausgedrückt werden: **Сде́лав** уро́ки, ма́льчик пошёл гуля́ть. **Де́лая** уро́ки, ма́льчик о́чень уста́л.

 Die Aspekte des Verbs, S. 108
Das Adverbialpartizip, S. 167

Infinitiv	Präteritum			
	m.	f.	n.	Pl.
Verben, die im Infinitiv auf **-сти** (**-сть**), **-зти** auslauten und deren Präsensstamm* nicht auf **-д**, **-т** endet.**	нести́ везти́ расти́	нёс вёз рос	несла́ везла́ росла́	несло́ везло́ росло́	несли́ везли́ росли́
Verben, die im Infinitiv auf **-сти** (**-сть**), **-зти** auslauten, mit Präsensstamm auf **-д**, **-т**	вести́ цвести́	вёл цвёл	вела́ цвела́	вело́ цвело́	вели́ цвели́
Verben auf **-чь**	мочь лечь	мог лёг	могла́ легла́	могло́ легло́	могли́ легли́
einige vollendete Verben mit dem Suffix **-ну-**	дости́гнуть мёрзнуть	дости́г мёрз	дости́гла мёрзла	дости́гло мёрзло	дости́гли мёрзли
Verben, deren Infinitivstamm auf **-ере** auslautet	умере́ть тере́ть	у́мер тёр	умерла́ тёрла	у́мерло тёрло	у́мерли тёрли
einige weitere Verben	есть сесть идти́	ел сел шёл	е́ла се́ла шла	е́ло се́ло шло	е́ли се́ли шли

Gebrauch

Das Russische kennt **nur eine Zeit** zum Ausdruck der **Vergangenheit**: für alle vergangenen Handlungen wird das **Präteritum** benutzt. Die deutschen Perfekt-, Präteritum- und Plusquamperfektformen werden ins Russische mit dem Präteritum übersetzt.

Ма́льчик **де́лал** уро́ки.　　　　　Der Junge <u>machte</u> (<u>hat</u>) seine Hausaufgaben (<u>gemacht</u>).

По́сле того́, как ма́льчик **сде́лал** уро́ки, он **пошёл** гуля́ть.　　Nachdem der Junge seine Hausaufgaben <u>gemacht</u> hatte, <u>ging</u> er <u>spazieren</u>.

Die Zeiten: Das Präteritum

Übungen

1. Ergänzen Sie die fehlenden **Infinitiv**- und **Präteritumformen**.*

Infinitiv	Präteritum			
	maskulin	feminin	neutral	Plural
чи́стить	чи́стил	чи́стила	_____	чи́стили
_____	куса́л	_____	куса́ло	_____
трясти́	_____	трясла́	_____	трясли́
_____	был	_____	бы́ло	_____
течь	_____	текла́	_____	текли́
_____	пры́гнул	_____	пры́гнуло	_____
привы́кнуть	_____	привы́кла	_____	привы́кли
_____	клал	_____	кла́ло	_____
ошиби́ться	_____	оши́блась	_____	оши́блись
_____	за́пер	_____	за́перло	_____

трясти́ – *schütteln*
течь – *fließen*
запере́ть – *(zu)schließen*

2. Ersetzen Sie die hervorgehobenen **Substantive** durch die Substantive in Klammern. Achten Sie auf die **Verb**-, **Pronomen**- und **Adjektivformen**.**

a) Моя́ мла́дшая сестра́ е́здила в Москву́. (брат)

   Мой мла́дший брат е́здил в Москву́.

b) Его́ оте́ц рабо́тал бухга́лтером. (мать)

   _____

c) С на́ми произошла́ весёлая исто́рия. (приключе́ние)

   _____

d) Во́зле до́ма росла́ ста́рая и́ва. (клён)

   _____

e) Ко мне приходи́л друг. (знако́мые)

   _____

f) Дми́трий шёл домо́й. (Ната́лья)

   _____

g) Наш сосе́д до́лго лежа́л в больни́це. (сосе́дка)

   _____

бухга́лтер – *Buchhalter*
приключе́ние – *Abenteuer*
и́ва – *Weide*
клён – *Ahorn*

 Possessivpronomen, S. 60
Die Adjektivdeklination, S. 38

Üben und Anwenden

Die Zeiten: Das Präteritum

3. Ersetzen Sie die **Präsens**- bzw. **Futurformen** durch das **Präteritum**.**

a) Преподава́тель говори́т гро́мко. _говори́л_ _____

b) А́лла хо́дит в теа́тр. _____

c) Марк ся́дет в кре́сло. _____

d) Учи́тельница ведёт дете́й в кино́. _____

сире́нь (f.) – *Flieder*

e) Сире́нь цветёт в ма́е. _____

f) Кино́ идёт два часа́. _____

g) Анто́н привы́кнет ра́но встава́ть. _____

Э́то erfordert die sächliche Form des Verbs.

h) Маши́на е́дет ме́дленно. _____

i) Что э́то мо́жет быть? _____

j) Самолёт прибу́дет в Москву́. _____

Demonstrativpronomen, S. 65

4. Hier haben sich neun **unregelmäßige Präteritumformen** versteckt. Finden Sie sie und notieren Sie unten die entsprechenden Infinitivformen.**

в	ё	л	л	у	с	ц	ж	у	х	и	л	у
ё	о	к	щ	ъ	е	э	с	м	з	ч	а	ш
з	а	н	е	с	л	о	л	е	и	р	я	л
м	о	г	л	и	з	б	а	р	о	к	х	а
к	п	р	и	в	ы	к	л	а	к	е	д	е

_____ _____

_____ _____

_____ _____

_____

ко́нчиться • пойти́ • собира́ть • появи́ться • гуля́ть • нача́ться • спря́таться

5. Setzen Sie das **Verb** im **Präteritum** ein.***

Одна́жды мы с подру́гой _____ (a) в лес. Мы до́лго

_____ (b) и _____ (c) грибы́ и мали́ну. Вдруг

дуб – *Eiche*
ра́дуга – *Regenbogen*

_____ (d) дождь. Мы _____ (e) под дуб. Ско́ро дождь

_____ (f) , и на не́бе _____ (g) ра́дуга.

Глаго́л – Das Verb

Das Präsens

Das Präsens
Form

Im **Präsens** werden **nur unvollendete Verbe**n verwendet. Werden die Präsensendungen an ein **vollendetes** Verb angehängt, wird damit **das einfache Futur** gebildet.

 Die Aspekte des Verbs, S. 108
Das Futur, S. 140

Сейча́с он **смо́трит** фильм.   За́втра он **посмо́трит** фильм.

Um Präsensformen zu bilden, braucht man den **Präsensstamm**. Diesen erhält man, indem man von der **3. Pers. Pl. des Präsens** (bei unvollendeten Verben) bzw. der **3. Pers. Pl. des Futurs** (bei vollendeten Verben) die Endung -ут/-ют/-ат/-ят streicht.

Infinitiv	3. Pers. Pl. Präsens	Präsensstamm
чита́ть	чита́ют	чита-
вари́ть	ва́рят	вар-
петь	пою́т	по-

In **Wörterbüchern** ist meist auch die Form der **3. Pers. Pl. Präsens** angegeben, lernen Sie sie gleich mit! Von der Form werden dann alle weiteren Präsensformen abgeleitet.

An den Präsensstamm werden **Personalendungen** angehängt. Wie im Deutschen wird im russischen Präsens nach **Person** und **Zahl** unterschieden. Die **reflexive** Partikel -ся (-сь) steht immer nach der Personalendung.

 Verben mit der Partikel -ся, S. 125

Die Personalendungen in der **2. und 3. Pers. Sg**. sowie in der **1. und 2. Pers. Pl**. enthalten ein **-e-** (daher auch **e-Konjugation** genannt).

Die erste Konjugation (e-Konjugation)

Zur **ersten Konjugation** zählen die Verben, die in der **3. Pers. Pl.** die Endungen -ут/-ют aufweisen. Dazu gehören:

• die meisten Verben, deren Infinitiv auf **-ать/-ять** endet:	купа́ть, проверя́ть
• die meisten Verben, deren Infinitiv auf **-еть** endet:	боле́ть, худе́ть
• alle Verben auf **-овать, -евать**:	рисова́ть, надева́ть
• alle Verben, deren Infinitiv auf **-ти** endet:	нести́, ползти́, идти́
• die Verben auf **-чь**:	мочь, бере́чь
• die Verben mit Infinitiv auf **-оть**	коло́ть, моло́ть
• alle **einsilbigen Verben**, deren Infinitiv auf **-ить** oder **-ыть** endet, sowie das zweisilbige Verb **стели́ть**:	пить, лить, мыть, брить

худе́ть – *abnehmen*
ползти́ – *kriechen*
бере́чь – *bewahren, schonen*
лить – *gießen*
коло́ть – *stechen*
моло́ть – *mahlen*
брить – *rasieren*
стели́ть – *ausbreiten*

Die Personalendungen der 1. Konjugation

Sg.	расти́	боле́ть		Pl.	расти́	боле́ть	
я	расту́	боле́ю	-у/-ю	мы	растём	боле́ем	-ем, -ём
ты	растёшь	боле́ешь	-ешь, -ёшь	вы/Вы	растёте	боле́ете	-ете, -ёте
он, она́, оно́	растёт	боле́ет	-ет, -ёт	они́	расту́т	боле́ют	-ут/-ют

Die Endungen -ешь … -ете sind stets **unbetont**.

расти́ – расту́ … расту́т
aber: идти́ – иду́ … иду́т

135

Глаго́л – Das Verb

Das Präsens

Die Endungen -у, -ут werden gebraucht, wenn der Präsensstamm auf einen Konsonanten endet, die Endungen -ю, -ют stehen nach Vokalen.

Die wichtigsten Konsonantenwechsel:
с, х ▶ ш
к, г ▶ ч
т, ск ▶ щ
г, з ▶ ж
б ▶ бл
в ▶ вл
м ▶ мл
п ▶ пл

Der Lautwechsel im Wortstamm, S. 14

тере́ть – *reiben*
ночева́ть – *übernachten*
тяну́ться – *sich ziehen*
тону́ть – *sinken*

Bei einigen Verben der 1. Konjugation tritt im **Präsens** ein **Lautwechsel** auf.

Bei einigen Verben erfolgt ein **Konsonantenwechsel** im **Stamm**.	пла́кать – пла́чу, пла́чешь... пла́чут ре́зать – ре́жу, ре́жешь... ре́жут
Verben mit Infinitivstamm auf **-ере-** verlieren im Präsens beide **е**.	тере́ть – тру, трёшь... трут умере́ть – умру́, умрёшь... умру́т
Die Verben, die im Infinitiv das Suffix **-ова-/-ева-** haben, bekommen im Präsens stattdessen vor der Personalendung das Suffix **-у-**.	рисова́ть – рису́ю, рису́ешь... рису́ют ночева́ть – ночу́ю, ночу́ешь... ночу́ют
Verben auf **-авать** verlieren im Präsens das Suffix **-ва-**.	дава́ть – даю́, даёшь... даю́т встава́ть – встаю́, встаёшь... встаю́т
a) Einige Verben auf **-чь** haben im Präsens den Wechsel **г** (1. Pers. Sg. + 3. Pers. Pl.) ▶ **ж** (alle anderen Formen).	мочь – могу́, мо́жешь... мо́гут бере́чь – берегу́, бережёшь... берегу́т
b) Andere Verben auf **-чь** haben im Präsens den Konsonantenwechsel **к** (1. Pers. Sg. + 3. Pers. Pl.) ▶ **ч** (alle anderen Formen).	печь – пеку́, печёшь... пеку́т течь – теку́, течёшь... теку́т
Einsilbige Verben auf **-ить** verändern den Stammvokal **и** zu **ь**.	пить – пью, пьёшь... пьют бить – бью, бьёшь... бьют
Die Verben mit dem Suffix **-ну-** behalten im Präsens das **-н-**.	тяну́ться – тяну́сь, тя́нешься... тя́нутся тону́ть – тону́, то́нешь... то́нут
Einige weitere Verben bilden **besondere Präsensformen**.	плыть – плыву́, плывёшь... плыву́т петь – пою́, поёшь... пою́т брать – беру́, берёшь... беру́т жить – живу́, живёшь... живу́т брить – бре́ю, бре́ешь... бре́ют

Die Partikel **-ся** steht im Präsens **nach der Personalendung** und wird in der **1. Pers. Sg.** und in der **2. Pers. Pl.** (nach Vokalen) zu **-сь**.

купа́ться – купа́юсь	купа́ешься, купа́ется...

Die Personalendungen in der **2.** und **3. Pers. Sg.** sowie in der **1.** und **2. Pers. Pl.** enthalten ein **-и-** (daher auch **i-Konjugation** genannt).

гнать – *treiben*
верте́ть – *drehen*
оби́деть – *beleidigen, kränken*
ненави́деть – *hassen*

Die zweite Konjugation (i-Konjugation)
Zu den Verben der zweiten Konjugation gehören:

- alle **mehrsilbigen Verben** auf **-ить**: вари́ть, дари́ть
- einige Verben auf **-ать/-ять**: гнать, дыша́ть, слы́шать, держа́ть, спать, боя́ться, стоя́ть
- einige Verben auf **-еть**: терпе́ть, верте́ть, оби́деть, зави́сеть, ненави́деть, ви́деть, смотре́ть, лете́ть

Глаго́л – Das Verb

Das Präsens

Die Personalendungen der 2. Konjugation

Sg.	дыша́ть	стро́ить		Pl.	дыша́ть	стро́ить	
я	дышу́	стро́ю	-у/-ю	мы	ды́шим	стро́им	-им
ты	ды́шишь	стро́ишь	-ишь	вы/Вы	ды́шите	стро́ите	-ите
он, она́, оно́	ды́шит	стро́ит	-ит	они́	ды́шат	стро́ят	-ат/-ят

Die Endungen -у, -ат werden gebraucht, wenn der Präsensstamm auf einen Konsonanten endet, die Endungen -ю, -ят stehen nach Vokalen.

Bei einigen Verben der 2. Konjugation findet in der **1. Pers. Sg.** ein **Konsonantenwechsel** statt:

корми́ть – кормлю́, ко́рмишь... ко́рмят	кати́ть – качу́, ка́тишь... ка́тят
сиде́ть – сижу́, сиди́шь... сидя́т	люби́ть – люблю́, лю́бишь... лю́бят

Der Lautwechsel im Wortstamm, S. 14

кати́ть – *rollen*

Die gemischte Konjugation

Die Verben **хоте́ть** und **бежа́ть** werden **teils** nach der **1.**, **teils** nach der **2.** Konjugation gebeugt, darum bezeichnet man sie als **gemischt konjugierte**.

Singular			Plural		
я	хочу́	бегу́	мы	хоти́м	бежи́м
ты	хо́чешь	бежи́шь	вы/Вы	хоти́те	бежи́те
он, она́, оно́	хо́чет	бежи́т	они́	хотя́т	бегу́т

Das Präsens der Verben *быть*, *есть* und *ехать*

Die **1.** und **2. Pers. Sg.** des **Präsens** vom Verb **быть** wird heutzutage **nicht gebraucht**. In einigen Fällen kommt die Form **есть** (3. Pers. Sg./Pl. – *ist/sind*) vor. Mehr dazu ▶ **Das Verb** *быть*, S. 120.

Die Verben **есть** (*essen*) und **е́хать** werden im Präsens folgenderweise konjugiert:

есть – *essen*

Sg.	есть	е́хать	Pl.	есть	е́хать
я	ем	е́ду	мы	еди́м	е́дем
ты	ешь	е́дешь	вы/Вы	еди́те	е́дете
он, она́, оно́	ест	е́дет	они́	едя́т	е́дут

Genauso wird das Verb **надое́сть** (*überdrüssig werden*) im Futur konjugiert. Da dies ein vollendetes Verb ist, gibt es kein Präsens.

Gebrauch

Die Präsensformen werden verwendet, wenn man über Handlungen spricht, die zum **Redezeitpunkt** getätigt werden.

Сейча́с я **стою́** на остано́вке и **жду** авто́буса.
Он не **мо́жет** подойти́ к телефо́ну, он ещё **спит**.

Глаго́л – Das Verb

Übungen

вращаться – *sich drehen*
впадать – *münden*
баня – *Badehaus*

Die Handlung kann auch **ständig** ausgeführt werden.

Земля́ **враща́ется** вокру́г Со́лнца.
Днепр **впада́ет** в Чёрное мо́ре.

Das Präsens kann auch für sich **wiederholende Handlungen** gebraucht werden.

По утра́м она́ всегда́ **ест** мю́сли.
Ка́ждый год 31 декабря́ мы с друзья́ми **хо́дим** в ба́ню.

Wenn die Handlung schon **seit einiger Zeit** erfolgt und zum Zeitpunkt der Rede immer **noch andauert**, steht ebenfalls das Präsens.

Они́ **живу́т** в Бава́рии уже́ четы́рнадцать лет.
Он **рабо́тает** в э́той фи́рме шесть лет.

Das Präsens kann auch verwendet werden, um eine **Eigenschaft** oder **Fähigkeit** zu beschreiben.

Де́тям **нра́вятся** я́ркие цвета́.
Я **говорю́** по-по́льски.

Die **zielgerichteten Verben** der **Fortbewegung** können im Präsens mitunter für **zukünftige Ereignisse** eingesetzt werden.

За́втра мы **уезжа́ем** домо́й.   На выходны́х мы **е́дем** в зоопа́рк.

Manchmal wird auf das Präsens zurückgegriffen, um **vergangene Ereignisse** besonders **lebhaft** und **anschaulich** darzustellen.

Иду́ я вчера́ с рабо́ты, вдруг **ви́жу** – мне навстре́чу **идёт** знако́мая.

Übungen

1. Schreiben Sie den **Infinitiv**- und den **Präsensstamm** der Verben.*

Verb (Infinitiv, 3. Pers. Pl. Präs.)	Infinitivstamm	Präsensstamm
a) брать, беру́т	бра-	бер-
b) выходи́ть, выхо́дят		
c) скака́ть, ска́чут		
d) плыть, плыву́т		

Üben und Anwenden

Die Zeiten: Das Präsens

e) собира́ть, собира́ют _____ _____

f) писа́ть, пи́шут _____ _____

g) целова́ть, целу́ют _____ _____

h) иска́ть, и́щут _____ _____

i) пря́тать, пря́чут _____ _____

2. Bestimmen Sie, ob die Verben zur **1. oder 2. Konjugation** gehören.*

разгова́ривать • нести́ • носи́ть • лежа́ть • ложи́ться • шить • горе́ть •
слу́шать • слы́шать • тяну́ть • печа́тать • стуча́ть •

1. Konjugation	2. Konjugation

3. Setzen Sie die richtigen **Präsensformen** ein.**

a) Куда́ ты _идёшь_ ? – Я _иду́_ в магази́н. (идти́)

b) Ты _____ на скри́пке? – Нет, я _____ то́лько на гита́ре. (игра́ть)

скри́пка – *Geige*
де́тская площа́дка – *Spielplatz*
послеза́втра – *übermorgen*

c) Вы _____ Бра́мса? – Я _____, а мой муж не _____. (люби́ть)

d) Что он _____? – Он _____ посу́ду. (де́лать, мыть)

e) Что она́ _____? – Она́ _____ на де́тской площа́дке. (де́лать, игра́ть)

Глагол – Das Verb

Das Futur

f) Что вы _____? – Мы _____ пирог. (готовить, печь)

g) Что ты _____? – Я _____ сыр. (есть)

h) Когда они _____ приехать? – Они _____ послезавтра. (собираться, приезжать)

i) Что вы _____ по вечерам? – Мы _____ на танцы. (делать, ходить)

4. **Gegensätze** ziehen sich an! Setzen Sie die **Verben** in die richtige **Präsensform**.**

петь – танцевать
смеяться – плакать
прилетать – улетать
сидеть – стоять
открывать – закрывать
работать – отдыхать
продавать – покупать

a) Он _поёт_____ , а она _танцует_____ .
b) Они _____ , а я _____ .
c) Мы _____ , а вы _____ .
d) Вы _____ , а мы _____ .
e) Она _____ окно, а он _____ его.
f) Я _____ , а ты _____ .
g) Вы _____ машину, а мы _____ её.

Das Futur

Im Russischen gibt es zwei **Zukunftsformen**: **das einfache** und **das zusammengesetzte Futur**. Die beiden Formen bezeichnen eine Handlung oder einen Zustand in der Zukunft.

Form

Ein **Hilfsverb** hat keine eigene Bedeutung und dient nur zur Formbildung. Ein **Vollverb** dagegen trägt die Bedeutung.

Das **zusammengesetzte Futur** besteht aus zwei Teilen: 1. einer Futurform des Hilfsverbs **быть** im **Futur** + 2. einem unvollendetem **Vollverb** im **Infinitiv**. Das Hilfsverb **быть** wird im Futur nach Person und Zahl geändert.

Die Aspekte des Verbs, S. 108
Der Infinitiv, S. 106

Singular			Plural		
я	буду	смотреть	мы	будем	смотреть
ты	будешь		вы/Вы	будете	
он, она, оно	будет		они	будут	

Das Futur

Das **einfache Futur** wird von **vollendeten** Verben gebildet. Das einfache **Futur** und das **Präsens** der unvollendeten Verben stimmen in ihren **Personalendungen** überein.

 Das Präsens, S. 135

Präsens (unvollendetes Verb смотре́ть)	Futur (vollendetes Verb посмотре́ть)
я смотрю́, ты смо́тришь, он смо́трит	я посмотрю́, ты посмо́тришь, он посмо́трит
мы смо́трим, вы смо́трите, они́ смо́трят	мы посмо́трим, вы посмо́трите, они́ посмо́трят

Merken Sie sich folgende Sonderformen:
дать – дам, дашь, даст, дади́м, дади́те, даду́т
взять – возьму́, возьмёшь, возьмёт, возьмём, возьмёте, возьму́т

Wird das **vollendete** Verb von einem unvollendeten durch ein **Präfix** gebildet, so sind die **Konjugationsmodelle/-typen** im **Futur** und **Präsens** identisch.

 Das Wort und seine Bestandteile, S. 13
Die Aspekte des Verbs, S. 108

1. Konjugation	мыть – мо́ю, мо́ешь… мо́ют	(Präsens)
	помы́ть – помо́ю, помо́ешь… помо́ют	(Futur)
2. Konjugation	слы́шать – слы́шу, слы́шишь… слы́шат	(Präsens)
	услы́шать – услы́шу, услы́шишь… услы́шат	(Futur)

Weisen die beiden Verben eines Aspektpaares im Infinitiv unterschiedliche Suffixe auf, so können sie verschiedenen Konjugationen angehören.

| 1. Konjugation | получа́ть – получа́ю, получа́ешь… получа́ют | (Präsens) |
| 2. Konjugation | получи́ть – получу́, полу́чишь… полу́чат | (Futur) |

Gebrauch

Das von **unvollendeten** Verben gebildete **zusammengesetzte Futur** drückt aus, dass die **Handlung** stattfinden wird, aber **unbekannt** ist, ob sie **zu Ende geführt** wird.

■ За́втра я **бу́ду рисова́ть** карти́ну. (Ich weiß nicht, ob ich damit fertig werde.)

 Die Aspekte des Verbs, S. 108

Das **einfache Futur** drückt dagegen aus, dass die **Handlung zu Ende geführt** wird.

■ За́втра я **нарису́ю** карти́ну. (Ich weiß, dass das Bild morgen noch fertig wird.)

Das **zusammengesetzte** Futur kann auch bedeuten, dass die **Handlung** in der Zukunft **wiederholt** wird.

■ С понеде́льника я **бу́ду** ка́ждый день **де́лать** заря́дку.

заря́дка – *Morgengymnastik*

Das **einfache Futur** steht dagegen für **einmalige Handlungen**.

■ В понеде́льник я **сде́лаю** заря́дку и пойду́ на рабо́ту.

Üben und Anwenden

Die Zeiten: Das Futur

Übungen

1. Ergänzen Sie die Formen des **einfachen Futurs**.*

	я	ты	он, она́, оно́
собра́ть	соберу́	_соберёшь_	соберёт
узна́ть	_____	узна́ешь	_____
подня́ть	подниму́	_____	подни́мет
причеса́ть	_____	причёшешь	_____
сверну́ть	сверну́	_____	свернёт
съесть	_____	съешь	_____
побежа́ть	побегу́	_____	побежи́т
	мы	вы	они́
уе́хать	уе́дем	_____	уе́дут
улете́ть	_____	улети́те	_____
захоте́ть	захоти́м	_____	захотя́т
показа́ть	_____	пока́жете	_____
вы́лить	вы́льем	_____	вы́льют
укра́сить	укра́сить	укра́сите	_____
связа́ть	свя́жем	_____	свя́жут

сверну́ть – *abbiegen*
причеса́ть – *kämmen*

вы́лить – *ausgießen*
укра́сить – *schmücken, dekorieren*
связа́ть – *verbinden, stricken*

2. Gute Vorsätze für das neue Jahr! Setzen Sie die Verben in das **zusammengesetzte Futur**.*

a) В но́вом году́ я ка́ждый день _буду занима́ться_ (занима́ться) ру́сским языко́м.

b) В но́вом году́ ты ка́ждый ве́чер _____ (звони́ть) роди́телям.

c) В но́вом году́ Али́са два ра́за в неде́лю _____ _____ (ходи́ть) в тренажёрный зал.

тренажёрный зал – *Fitnessstudio*

d) В но́вом году́ мы _____ (проводи́ть) бо́льше вре́мени на све́жем во́здухе.

Üben und Anwenden

Die Zeiten: Das Futur

e) В но́вом году́ вы _____ (приезжа́ть) к нам ча́ще.

f) В но́вом году́ они́ не _____ (кури́ть).

g) В но́вом году́ я _____ (учи́ть) пять но́вых слов в день.

3. Kreuzen Sie an, ob das Verb im **Präsens** (P) oder im **Futur** (F) steht.**

		P	F
a)	Самолёт лети́т в Пари́ж.	☐	☐
b)	Мы полети́м в Пари́ж из Фра́нкфурта.	☐	☐
c)	Он отведёт сы́на в шко́лу и вернётся.	☐	☐
d)	Он отво́дит нас домо́й.	☐	☐
e)	Я прочита́ю э́ту кни́гу за неде́лю.	☐	☐
f)	Она́ чита́ет газе́ту за за́втраком.	☐	☐
g)	Ты проверя́ешь по́чту в интерне́те.	☐	☐
h)	Вы прове́рите моё дома́шнее зада́ние?	☐	☐
i)	И́нна уже́ накрыва́ет на стол.	☐	☐
j)	И́горь накро́ет кастрю́лю кры́шкой и придёт.	☐	☐

отводи́ть (uv), отвести́ (v) – *hinbringen, hinführen*

проверя́ть (uv), прове́рить (v) – *prüfen, kontrollieren*

накрыва́ть на стол – *den Tisch decken*

кастрю́ля – *Kochtopf*

кры́шка – *Deckel*

4. Stellen Sie **Fragen** und **beantworten** Sie sie entsprechend dem Muster. Zur Aspektbildung benutzen Sie die **Präfixe** aus der Schüttelbox.***

a) Ольга́ пи́шет письмо́. (смотре́ть фильм)

– *Что Ольга будет делать, когда напишет письмо?* _____

– *Когда Ольга напишет письмо, она будет смотреть фильм.* _____

_____

b) Я де́лаю дома́шнее зада́ние. (отдыха́ть)

_____

_____

_____

Achten Sie auf den **Aspekt** der Verben in Klammern!

при- •
на- •
по- •
с- •
вы-

c) Са́ша гото́вит обе́д. (занима́ться)

d) Мы у́жинаем. (игра́ть в ка́рты)

e) Де́ти мо́ют ру́ки. (обе́дать)

Der Imperativ

Form

Personalpronomen, S. 58

Der **Imperativ** hat im Russischen nur die Formen der **2. Person Singular** oder **Plural**, wobei die Formen der **2. Person Plural** den deutschen Formen der **2.** und **der 3. Person Plural** entsprechen.

Иди́ сюда́!	Komm her!
Иди́те сюда́!	Kommt her! oder Kommen Sie her!

Das Präsens, S. 135
Die Aspekte des Verbs, S. 108
Das Futur, S. 140

Die Imperativformen der **unvollendeten Verben** werden vom **Präsensstamm** und die der **vollendeten Verben** vom **Stamm** des **einfachen Futurs** gebildet. Im **Plural** erhalten sie die Endung -**те**.

Endet der **Stamm** auf einen **Vokal**, wird -**й** (+ -**те**) hinzugefügt.

Gebrauch der Aspekte im Imperativ, S. 114

Infinitiv	Präsens/Futur	Imperativ 2. Pers. Sg.	2. Pers. Pl.
вытира́ть	вытира́ют	вытира́й!	вытира́йте!
нарисова́ть	нарису́ют	нарису́й!	нарису́йте!

Wenn der **Stamm** auf einen **Konsonanten** endet und die Betonung in der **1. Pers. Sg.** Präsens (bzw. Futur) auf den **Stamm** fällt, wird -**ь** (+ -**те**) angehängt.

Infinitiv	Präsens/Futur	Imperativ 2. Pers. Sg.	2. Pers. Pl.
ре́зать	ре́жу	режь!	ре́жьте!

Глагол – Das Verb

Der Imperativ

Endet der **Stamm** auf einen **Konsonanten** und fällt die **Betonung** in der **1. Pers. Sg. Präsens (oder Futur)** auf die **Endung** oder endet der **Stamm** auf **zwei Konsonanten**, wird **-и** (+ **-те**) hinzugefügt.

Infinitiv	Präsens/Futur	Imperativ 2. Pers. Sg.	2. Pers. Pl.
написа́ть	напи<u>шу́</u>	напиши́!	напиши́те!
запо́мнить	запо́<u>мню</u>	запо́мни!	запо́мните!
смотре́ть	смо<u>трю́</u>	смотри́!	смотри́те!

Einsilbige Verben, deren **Infinitivstamm** ein **-и-** enthält (**пить, бить, лить, шить**) bilden den Imperativ auf **-й**. Bei diesen Verben wird der Stammvokal im Imperativ zu **-е-**.

Infinitiv	Präsens	Imperativ 2. Pers. Sg.	2. Pers. Pl.
п<u>и</u>ть	пью	пей!	пе́йте!
ш<u>и</u>ть	шью	шей!	ше́йте!

Der Infinitiv, S. 106

Die **unvollendeten** Verben mit dem **Suffix -ва-** (z. B. **дава́ть, узнава́ть, встава́ть**) behalten dieses **Suffix** im **Imperativ**, obwohl es im Präsens wegfällt.

Infinitiv	Präsens	Imperativ 2. Pers. Sg.	2. Pers. Pl.
да**ва́**ть	даю́	да**ва́**й!	да**ва́**йте!
узна**ва́**ть	узна́ю	узна**ва́**й!	узна**ва́**йте!

Das Präsens, S. 135

Beachten Sie:
дать – дай! да́йте!
узна́ть – узна́й! узна́йте!

Die **Verben** mit der **Partikel -ся** behalten diese **Partikel** auch im **Imperativ** (nach den **Konsonanten -ся**, nach den **Vokalen -сь**).

Infinitiv	Präsens/Futur	Imperativ 2. Pers. Sg.	2. Pers. Pl.
умыва́ть**ся**	умыва́ю**сь**	умыва́й**ся**!	умыва́йте**сь**!
научи́ть**ся**	научу́**сь**	научи́**сь**!	научи́те**сь**!

Verben mit der Partikel -ся, S. 125

Merken Sie sich die unregelmäßigen Imperativformen:
быть – будь! бу́дьте!
есть – ешь! е́шьте!
е́хать – поезжа́й! поезжа́йте!
сесть – сядь! ся́дьте!
лечь – ляг! ля́гте!

неме́дленно – *sofort*
поки́нуть – *verlassen*
помеще́ние – *Raum*

Gebrauch

Der Imperativ wird gebraucht, um **Bitten, Wünsche, Aufforderungen, Befehle** und **Verbote** auszudrücken.

Принеси́, пожа́луйста, воды́!
Подними́те пра́вую ру́ку!
Неме́дленно поки́ньте помеще́ние!

Глаго́л – Das Verb

Übungen

Die Bedeutung der Aussage im Imperativ hängt stark vom Aspekt des Verbs ab.

Die Aspekte des Verbs, S. 108

Bei **vollendeten** Verben in der **1. Pers. Pl.** kann man **дава́й**(-**те**) auch **weglassen** (-**те** wird ggf. an das Verb angehängt): **Пойдём** в кино́! **Пойдёмте** в кино́!

Es ist auch möglich, einen **Wunsch** oder **Aufforderung** in **der 1. und in der 3. Person** zu äußern. Dafür werden folgende Konstruktionen gebraucht. Wenn man einer oder mehreren Personen anbietet, eine **Handlung gemeinsam mit dem Sprecher** auszuführen, benutzt man den **Imperativ** von **дава́ть**: **дава́й! дава́йте!** und den **Infinitiv** von **unvollendeten Verben** bzw. **die 1. Pers. Pl.** von **vollendeten Verben**.

| Дава́й(те) танцева́ть! | Lass(t) uns tanzen! |
| Дава́й(те) пойдём в кино́! | Lass(t) uns ins Kino gehen! |

Wenn ein **Befehl** oder eine **Erlaubnis** einer **dritten Person** erteilt wird, verwendet man die **3. Person Präsens** (seltener) oder **Futur** und die Wörter **пусть** oder **пуска́й**.

| Пусть Андре́й принесёт пи́ва! | Andrej soll Bier holen! |
| Пуска́й Кристи́на игра́ет! | Kristina darf spielen! |

Das Wort **пуска́й** ist umgangssprachlich.

Übungen

1. Bilden Sie die **Imperativformen** (Sg. und Pl.).*

a) иду́т   иди!   идите!
b) ся́дут   _____   _____
c) ложа́тся   _____   _____
d) закро́ют   _____   _____
e) поднима́ют   _____   _____
f) везу́т   _____   _____
g) зале́зут   _____   _____
h) фотографи́руют _____   _____
i) вста́нут   _____   _____
j) возьму́т   _____   _____
k) бьют   _____   _____

Üben und Anwenden

Der Imperativ

2. Suchen Sie die richtigen **Imperativformen**.**

a) Не _____ , всё бу́дет хорошо́!

   1. ☐ расстра́иваюсь   2. ☐ расстра́ивайся

b) _____ от меня́!

   1. ☐ Отойди́   2. ☐ Ото́йдь

c) Не _____ от гру́ппы!

   1. ☐ отста́йте   2. ☐ отстава́йте

d) _____ мне, когда́ придёшь домо́й.

   1. ☐ Позвони́   2. ☐ Позвони́те

e) _____ роди́телям большо́й приве́т!

   1. ☐ Пусть И́ра переда́ть   2. ☐ Пусть И́ра передаёт

f) Ва́ля, _____ _____ вме́сте!

   1. ☐ дай игра́ть   2. ☐ дава́й игра́ть

g) _____ _____ письмо́ Де́ду Моро́зу!

   1. ☐ Дава́йте напи́шем   2. ☐ Дава́йте пи́шем

расстра́иваться – traurig sein
отстава́ть – zurückbleiben
передава́ть приве́т – einen Gruß ausrichten
Дед Моро́з – Väterchen Frost (Weihnachtsmann)

3. Setzen Sie die **Imperativformen** in der **2. Pers. Pl.** ein.**

(a) _Очи́стите_ (очи́стить) и _помо́йте_ (помы́ть) грибы́. (b) Зате́м _____ (свари́ть) их в солёной воде́. (c) Ме́лко _____ (наре́зать) лук и _____ (поджа́рить) его́. (d) _____ (доба́вить) к лу́ку грибы́. (e) _____ (жа́рить) ещё 10 мину́т. (f) _____ (нали́ть) смета́ну, _____ (посоли́ть) и _____ (поперчи́ть).

гриб – Pilz
солёный – salzig, gesalzen
лук – Zwiebel
поджа́рить – anbraten
посоли́ть – salzen
поперчи́ть – pfeffern

4. Bilden Sie **Imperativsätze** im Singular, suchen Sie dabei die richtige Form des **Verbs der Fortbewegung** aus.***

§ Verben der Fortbewegung, S. 117

a) пла́вать/плыть к бе́регу

   Плыви́ к бе́регу! _____

b) пла́вать/плыть зимо́й в бассе́йне

   _____

Глагол – Das Verb

Der Konjunktiv

c) идти́/ходи́ть ко мне

_____

d) ча́ще идти́/ходи́ть пешко́м

_____

e) скоре́е нести́/носи́ть мне полоте́нце

_____

f) нести́/носи́ть зимо́й ша́пку

Der Konjunktiv

Mit dem Konjunktiv wird eine **Möglichkeit** oder ein **Wunsch** dargestellt.

> Е́сли **бы** у меня́ бы́ло вре́мя, я **бы поѐхала** в го́сти.
> Я **бы** с удово́льствием **приѐхала** к тебе́ за́втра.

Form

Das Präteritum, S. 131

Der Konjunktiv wird gebildet, indem man dem **Präteritum** des Verbs die **Partikel бы** (in der gesprochenen Sprache auch die Kurzform **б**) hinzufügt. Diese Partikel wird **getrennt** geschrieben.

Die **Formen** des **Konjunktivs** entsprechen denen des **Präteritums** und werden nach **Zahl** und **Geschlecht** verändert.

	maskulin	feminin	neutral
Singular	поѐхал бы	поѐхала бы	поѐхало бы
Plural		поѐхали бы	

*Im Deutschen gibt es zwei Zeitmodi des Konjunktivs: den Konjunktiv der Gegenwart (*Ich würde fahren.*) und den Konjunktiv der Vergangenheit (*Ich wäre gefahren.*).

Im Gegensatz zum Deutschen* gibt es im Russischen **nur eine Konjunktivform**, die sowohl für mögliche Handlungen in der **Vergangenheit** als auch für die in der **Gegenwart** und in der **Zukunft** gebraucht wird.

Е́сли **бы** вчера́ была́ хоро́шая пого́да, я **бы поѐхал** в го́ры.	Wenn das Wetter gestern gut <u>gewesen wäre</u>, <u>wäre</u> ich in die Berge <u>gefahren</u>.
Е́сли **бы** <u>сейча́с</u> была́ хоро́шая пого́да, я **бы е́хал** в го́ры.	Wenn das Wetter jetzt gut <u>wäre</u>, <u>würde</u> ich in die Berge <u>fahren</u>.
Е́сли **бы** <u>за́втра</u> была́ хоро́шая пого́да, я **бы поѐхал** в го́ры.	Wenn das Wetter morgen gut <u>wäre</u>, <u>würde</u> ich in die Berge <u>fahren</u>.

Die Partikel **бы** hat **keinen festen Platz** im Satz. Meistens steht sie **nach dem Präteritum**, sie kann aber auch zur **Hervorhebung** eines Wortes diesem **nachgestellt** werden.

Глаго́л – Das Verb

Übungen

Он с удово́льствием **вы́пил бы** ча́ю.
Он **бы** с удово́льствием **вы́пил** ча́ю.
Он с удово́льствием **бы вы́пил** ча́ю.

Wird der Konjunktiv in einem **zusammengesetzten Satz** gebraucht, so steht бы sowohl im Haupt- als auch im Nebensatz.

Е́сли **бы** я вы́шла ра́ньше, я **бы** не опозда́ла на рабо́ту.

Bedingungs-
sätze, S. 254

Gebrauch

Der Konjunktiv drückt eine Handlung aus, die in **Wirklichkeit nicht erfolgt**, aber unter **bestimmten Bedingungen** erfolgen könnte.

- Е́сли **бы** я **вы́играл** миллио́н е́вро, я **бы пое́хал** в кругосве́тное путеше́ствие.

Man kann mit dem Konjunktiv auch einen **Wunsch** ausdrücken. Das **Verb** kann dabei im **Präteritum** oder im **Infinitiv** stehen.

- Я **бы** с удово́льствием **вы́пила** с тобо́й ко́фе.*
- Е́сли **бы** у меня́ **бы́ло** бо́льше вре́мени!*
- **Вы́пить бы** сейча́с горя́чего ча́ю!

In der gesprochenen Sprache wird der Konjunktiv außerdem zum Ausdruck einer **Bitte**, eines **Ratschlages** oder einer **gemilderten Aufforderung** gebraucht.

- Така́я хоро́шая пого́да! **Пошёл бы** ты погуля́ть.
  Das Wetter ist so schön! Du solltest spazieren gehen.
- Ты так краси́во рису́ешь! **Нарисова́л бы** мой портре́т!**
  Du malst so schön! Du könntest doch mein Porträt malen.

Bedingungs-
sätze, S. 254

вы́играть – *gewinnen*
кругосве́тное путеше́ствие – *Weltreise*

Der Infinitiv,
S. 106

*vgl. mit dem Deutschen:
Ich würde gerne mit dir Kaffee trinken.
Wenn ich nur mehr Zeit hätte!*

**In diesem Satz wird das Personalpronomen nicht benötigt, da das Subjekt aus dem Satz davor hervorgeht.

Übungen

1. **Setzen** Sie die Verben in den Konjunktiv.*

a) лета́ть — _летал бы, летала бы, летало бы, летали бы_
b) идти́ — _____
c) игра́ть — _____
d) спать — _____
e) пое́сть — _____

149

Üben und Anwenden

Der Konjunktiv

f) приéхать _____

g) мы́ться _____

h) забра́ть _____

2. Ersetzen Sie den Imperativ durch den Konjunktiv.**

Das Präteritum, S. 131
Der Imperativ, S. 144

a) Сходи́ за хле́бом!

  Сходи́л бы за хле́бом!

b) Напиши́ письмо́ ба́бушке, ей бу́дет прия́тно.

  _____

нéгде сидéть – kein Platz zum Sitzen
сходи́ть за – (etwas) holen gehen

c) Убери́ свои́ кни́ги, здесь нéгде сидéть.

  _____

d) Надéнь ша́пку, на у́лице прохла́дно.

  _____

e) Сними́ сви́тер, жа́рко.

  _____

3. Suchen Sie die passenden Verben aus und **setzen** Sie sie in den Konjunktiv.***

> жить • быть • знать • быть • просну́ться • вы́играть • éздить •
> назва́ть • смотрéть • мочь • купи́ть • сесть • успéть • мочь

перевóд – Übersetzung
порáньше – etwas früher
подви́нуться – rücken

a) Éсли _бы_ Ка́тя _жила́_ в Москвé, она́ _бы éздила_ в метрó.

b) Éсли _____ у меня́ _____ кóшка, я _____

  _____ её Мы́шка.

c) Éсли _____ Олéг и И́нна _____ англи́йский, они́

  _____ англи́йские фи́льмы без перевóда.

d) Éсли _____ у тебя́ _____ ма́шина, мы

  _____ поéхать на ней в óтпуск.

e) Éсли _____ Ми́ша _____ порáньше, он ещё

  _____ поза́втракать.

f) Éсли _____ Денис _____ ты́сячу éвро, он

  _____ себé нóвый велосипéд.

g) Éсли _____ вы _____ подви́нуться, они́

  _____ ря́дом с ва́ми.

Das Passiv

Das Passiv

Vom **Passiv** spricht man, wenn nicht die handelnde Person, sondern die **Handlung** selbst oder ihr **Resultat wichtig** ist. Das eigentliche **Objekt** des Satzes wird also zum **grammatikalischen Subjekt**.

Aktiv	Passiv
Девочка (Subj.) читает **книгу** (Obj.).	**Книга** (Subj.) читается **девочкой** (Obj.).

 Das Subjekt, S. 206
Satzglieder, S. 206

Form

Das **Passiv** wird im Russischen **nur von transitiven Verben** gebildet, die ein **Akkusativobjekt** erfordern.

Das **Passiv** von **unvollendeten Verben** bildet man mit der Partikel **-ся**, die an das Verb angehängt wird. Diese Verben können in **drei Zeitformen** auftreten.

Präteritum	Präsens	Futur
Земля **освещалась** Солнцем.	Земля **освещается** Солнцем.	Земля **будет освещаться** Солнцем.

Das **Passiv** von **vollendeten Verben** wird mit Hilfe des Verbs **быть** und der **Kurzform** vom **Partizip Präteritum Passiv** gebildet. Das **Partizip** richtet sich dabei in seiner Form (Zahl, Geschlecht, Fall) nach dem grammatikalischen **Subjekt** des Satzes.*

Präteritum	Präsens	Futur
Земля была **освещена** Солнцем.	Земля **освещена** Солнцем.	Земля будет **освещена** Солнцем.

Das **Objekt** (das eigentliche Subjekt, also die handelnde Person bzw. Instrument, Werkzeug oder Mittel, mit dessen Hilfe die Handlung ausgeführt wird) steht in **Passivsätzen** im **Instrumental** und kann oft **weggelassen** werden.

Лекция будет читаться **профессором** в 206 аудитории.	Лекция будет читаться в 206 аудитории.

 Verben mit einer anderen Ergänzung als dem Akkusativ können zwar keine Passivformen bilden, man kann sie aber in **unbestimmtpersönlichen Sätzen** gebrauchen, die eine Passivbedeutung haben. **Вам** (Dat.) здесь помогут. (*Hier wird Ihnen geholfen.*)

Unbestimmt-persönliche Sätze, S. 216
Verben mit der Partikel -ся, S. 125
Das Partizip Präteritum Passiv, S. 161
Die Aspekte des Verbs, S. 108

освещать – *beleuchten*
лекция – *Vorlesung*
аудитория – *Hörsaal*

*Übungen zu den Passivkonstruktionen mit Partizipien folgen im Kapitel

 Das Partizip, S. 153.

Глагóл – Das Verb

Übungen

Gebrauch

Das Passiv wird verwendet, wenn für den Sprecher das **Objekt** der **Handlung**, nicht aber die handelnde Person **im Vordergrund** steht.

Этот дом стрóится ужé два гóда.   (Es ist unwichtig, wer das Haus baut.)

Das **Passiv** von **vollendeten** Verben bezeichnet das **Resultat** einer Handlung, die

вы́ставка – *Ausstellung*
демонстри́ровать – *präsentieren*
косми́ческая стáнция – *Raumstation*
исслéдование – *Forschung*

1. in der **Vergangenheit** ausgeführt wurde: Дом был пострóен год назáд.
2. in der **Vergangenheit** ausgeführt wurde, deren **Ergebnis** aber zum **Moment der Rede** bestehen bleibt: Дом ужé пострóен.
3. in der **Zukunft** ausgeführt wird: Дом бýдет пострóен чéрез год.

Nur transitive Verben bilden Passivformen.

Passivkonstruktionen ohne Instrumentalobjekt sind vor allem in der **Wissenschafts-** und **Mediensprache** anzutreffen.

На вы́ставке демонстри́ровались нóвые модéли.
На косми́ческой стáнции бы́ли проведены́ исслéдования.

Übungen

переводи́ть • болéть • писáть • пáдать • роня́ть • ожидáть • обéдать • съесть • разговáривать • проверя́ть • приноси́ть • идти́ • искáть • надевáть • жить • расти́

1. Suchen Sie alle Verben heraus, von denen man **Passivformen** bilden kann.*

a) _____   d) _____   g) _____

b) _____   e) _____   h) _____

c) _____   f) _____   i) _____

роня́ть – *fallen lassen*
осмáтривать – *untersuchen*

2. Wandeln Sie die Sätze in **Passivsätze** um.**

a) Э́ту карти́ну не продаю́т.
    Эта картина не продаётся _____

b) Лáмпа освещáет кóмнату.
    _____

c) Врач бýдет осмáтривать пациéнта.
    _____

d) Читáтель брал кни́гу в библиотéке.
    _____

Причáстие – Das Partizip

- Was ist das?
- Und wer hat sie bemalt?
- Bemalte Ostereier.
- Schüler (wörtl.: Lernende) einer Kunstschule.

Das **Partizip** ist eine besondere Form des **Verbs**, die **Merkmale** sowohl des **Verbs** als auch des **Adjektivs** aufweist. Sie stehen meist, wie ein Adjektiv, in Verbindung mit einem Substantiv.

Die im Ausgangsverb ausgedrückte Handlung wird dabei zu einem typischen Merkmal des Substantivs. Dieses Merkmal kann vorübergehend (**учáщийся** – der Schüler befindet sich im Moment in einem Lernprozess, der aber irgendwann abgeschlossen ist) oder dauerhaft sein (**раскрáшенный** – die Ostereier sind bemalt).

Die Partizipien werden in der Umgangssprache ziemlich selten gebraucht, sie gehören hauptsächlich der **Schriftsprache** (vor allem der **Wissenschaftssprache**) an.

Form

Partizipien werden von **Verben gebildet**.

> **рисовáть** – рисýющий, рисовáвший, рисýемый, рисóванный
> **летéть** – летя́щий, летáвший

Ein **Partizip** stimmt mit dem **Ausgangsverb** im **Aspekt** überein. Von **unvollendeten Verben** werden **unvollendete Partizipien** gebildet, von **vollendeten Verben** bildet man **vollendete Partizipien**.

unvollendet	vollendet
рисовáть – рисýющий, рисовáвший, рисýемый, рисóванный	**нарисовáть** – нарисовáвший, нарисóванный

 Die Aspekte des Verbs, S. 108

Причáстие – Das Partizip

Zur Bildung der einzelnen Partizipformen:
Das Partizip Präsens Aktiv, S. 155
Das Partizip Präteritum Aktiv, S. 156
Das Partizip Präsens Passiv, S. 160
Das Partizip Präteritum Passiv, S. 161

Partizipien haben zwei **Zeitformen**: **Präsens** und **Präteritum**.

Infinitiv	Präsens	Präteritum
бежáть	бегýщий	бежáвший

Ein Partizip kann wie ein Verb **aktiv** oder **passiv** sein.

Infinitiv	aktiv	passiv
читáть	читáющий	читáемый

Ein Partizip kann wie das entsprechende Verb die **reflexive Parikel** -**ся** enthalten.

купáться – купáющий**ся**	целовáться – целýющий**ся**

Im Gegensatz zu den Verben haben Partizipien keine Futurformen!

Mit Partizipien werden **dieselben Fälle** und **Präpositionen** gebraucht wie mit den entsprechenden **Verben**.

Я занимáюсь **тéннисом**. (Instr.)	Вот мужчи́на, занимáющийся **тéннисом**.
Вади́м игрáет **на** гитáре.	Я ви́жу игрáющего **на** гитáре мáльчика.

Das Adjektiv, S. 38

фонáрь – *Straßenlaterne*

Wie die **Adjektive** stimmen die **Partizipien** mit dem **Substantiv**, auf das sie sich beziehen, in **Geschlecht**, **Zahl** und **Fall** überein.

Они́ уви́дели игрáющ**ую** дéвочк**у**. (fem. Sg. Akk.)
Ключ лежáл вóзле вы́ключенн**ого** фонар**я́**. (mask. Sg. Gen.)

Gebrauch

Ein Partizip antwortet auf die **Fragen какóй? какáя? какóе? каки́е?** (*welcher? welche? welches? welche?*). Es bezeichnet ein **Merkmal** eines Gegenstandes oder einer Person. Diese werden durch die **Handlung** oder den **Zustand** näher charakterisiert, die im Ausgangsverb ausgedrückt werden.

взволнóванный – *aufgeregt*
рóдственник – *Verwandter*

поющие пти́цы, ýбранные игрýшки, взволнóванные рóдственники

Partizipien werden meistens als **Attribute**, also in Verbindung mit einem Substantiv verwendet.

свя́занный – *gestrickt*

Мы собирáем я́годы, растýщие в лесý.
Онá надéла **свя́занное** плáтье.

Die Kurzform der Partizipien, S. 163

Manchmal treten Partizipien als **Prädikat** auf. Dann stehen sie meist in der **Kurzform**.

закáз – *Auftrag, Bestellung*

Онá былá **одéта** в вечéрнее плáтье.
Закáз бýдет **вы́полнен** чéрез два дня.

Причáстие – Das Partizip

Das Partizip Präsens Aktiv

In einigen Fällen kann ein **Partizip** ein **Substantiv** ersetzen. Es übernimmt dann die Funktionen des **Satzsubjekts** oder **-objekts**.

Рáненый был в гóспитале пять дней.
Олéг увúдел свою **любúмую**.

рáненый – *Verletzter*
любúмая – *Liebste*

Partizipien können mit von ihnen abhängigen Wörtern oder ohne diese stehen. Ein **Partizip mit** den von ihm **abhängigen Wörtern** bildet eine **Partizipialkonstruktion**. Partizipialkonstruktionen können **vor oder nach ihrem Bezugswort** (Substantiv) stehen. Ein **Partizip ohne** von ihm **abhängige Wörter** steht in der Regel **vor** dem **Bezugswort**.

* Russische Partizipien werden ins Deutsche oft mit einem Relativsatz übersetzt:
Der Hund, der tief schlief, zuckte mit den Pfoten.

einfaches Partizip	Partizipialkonstruktion
Спя́щая собáка дёргала лáпами.	Крéпко спя́щая собáка дёргала лáпами.*
Нáстя потеря́ла **подáренное** кольцó.	Нáстя потеря́ла кольцó, подáренное сестрóй.

Steht die **Partizipialkonstruktion nach ihrem Bezugswort**, wird sie in **Kommas** eingeschlossen.

Das Partizip Präsens Aktiv

Form

Die Partizipien des Präsens Aktiv werden vom **Präsensstamm** der **unvollendeten Verben** gebildet.

Die **Verben der 1. Konjugation** bilden das Partizip Präsens Aktiv, indem an den **Präsensstamm** die **Suffixe -ущ-** (nach harten Konsonanten) bzw. **-ющ-** (nach weichen Konsonanten und Vokalen) und den **Adjektivendungen** gehängt werden.

 Das Präsens, S. 135

Der Einfachheit halber können Sie sich auch folgendes Muster merken: Das Partizip Präsens Aktiv erhält man, indem man das **-т** in der **3. Pers. Pl. Präs.** durch **-щий, -щая, -щее, -щие** ersetzt.

Infinitiv	3. Pers. Pl. Präsens	Partizip Präsens Aktiv
писáть	пúшут	пúшущий, -ая, -ее, -ие
читáть	читáют	читáющий, -ая, -ее, -ие

Die **Verben der 2. Konjugation** bilden das Partizip Präsens Aktiv mit Hilfe der **Suffixe -ащ-** und **-ящ-** und der **Adjektivendung**.

Infinitiv	3. Pers. Pl. Präsens	Partizip Präsens Aktiv
слы́шать	слы́шат	слы́шащий, -ая, -ее, -ие
говорúть	говоря́т	говоря́щий, -ая, -ее, -ие

Причáстие – Das Partizip

Das Partizip Präteritum Aktiv

сомневáться – *zweifeln*

Falls vorhanden, wird die **Partikel** -**ся** nach der Adjektivendung angehängt.

одевáться – одевáющий**ся**
сомневáться – сомневáющий**ся**

Gebrauch

Das Partizip Präsens Aktiv wird gebraucht, wenn die **Handlung** bzw. der **Zustand** zum **Redezeitpunkt** erfolgt bzw. anhält.

Вот дéти. Они́ игрáют.　　　　　Вот игрáющие дéти.

Satzgefüge, S. 234

Ein **Partizip Präsens Aktiv** oder eine **Partizipialkonstruktion** kann auch einen **Relativsatz** mit **котóрый** ersetzen, wenn die **Verben** im **Hauptsatz** und im **Nebensatz** im **Präsens** stehen.

Мáма зовёт детéй, <u>котóрые игрáют</u>.　　Мáма зовёт **игрáющих** детéй.
Мáма зовёт детéй, <u>котóрые игрáют во дворé</u>.　　Мáма зовёт детéй, **игрáющих во дворé**.
　　　　　　　　　　　　　　(oder: Мáма зовёт **игрáющих во дворé** детéй.)

Das Präteritum, S. 131

Das Partizip Präteritum Aktiv

Form

Das Partizip Präteritum Aktiv leitet man vom **Präteritum** der **vollendeten** oder **unvollendeten Verb** ab. Das -**л**- der Präteritalform wird ersetzt:

- durch -**вший**, -**вшая**, -**вшее**, -**вшие**, wenn der **Stamm** auf einen **Vokal** endet:

Die Aspekte des Verbs, S. 108

Infinitiv	Präteritum mask. Sg.	Partizip Präteritum Aktiv
читáть	читáл	читá**вший**, -**ая**, -**ее**, -**ие**
прочитáть	прочитáл	прочитá**вший**, -**ая**, -**ее**, -**ие**

Ausnahmen:
свéргнуть – сверг – свéрг**нувший**
исчéзнуть – исчéз – исчéз**нувший**
идти́ – шёл – шé**дший**

свéргнуть – *stürzen*
исчéзнуть – *verschwinden*
привы́кнуть – *sich gewöhnen*

- durch -**ший**, -**шая**, -**шее**, -**шие**, wenn das **Präteritum nicht** mit Hilfe des **Suffixes** -**л**- gebildet wird:

Infinitiv	Präteritum mask. Sg.	Partizip Präteritum Aktiv
нести́	нёс	нё**сший**, -**ая**, -**ее**, -**ие**
привы́кнуть	привы́к	привы́к**ший**, -**ая**, -**ее**, -**ие**

Прича́стие – Das Partizip

Das Partizip Präteritum Aktiv

Wenn der **Verbstamm** im **Präteritum** auf einen **Vokal** und der **Präsensstamm** (bzw. der Stamm des einfachen Futurs bei vollendeten Verben) auf **д**, **т** endet, so wird im **Partizip Präteritum Aktiv** das Suffix -**ш**- an den **Präsens**- bzw. **Futur**-stamm angefügt.

Infinitiv	Präteritum mask. Sg.	3. Pers. Pl. Präsens	Partizip Präteritum Aktiv
вести́	вёл	веду́т	ве́д**ший**, -**ая**, -**ее**, -**ие**
расцвести́	расцвёл	расцвету́т	расцве́т**ший**, -**ая**, -**ее**, -**ие**

расцвести́ – *erblühen*

Das Präsens, S. 135
Das Futur, S. 140

Gebrauch

Das Partizip Präteritum Aktiv wird gebraucht, um ein Substantiv näher zu bestimmen, das eine **Handlung in der Vergangenheit** ausführte bzw. einen **Zustand in der Vergangenheit** aufwies.

Ist das Partizip Präteritum Aktiv von einem **unvollendeten Verb** gebildet, weist es auf eine in der **Vergangenheit** ausgeführte **Handlung ohne Resultat** oder eine **regelmäßige Handlung** hin. Die **Partizipien**, die von **vollendeten Verben** gebildet sind, bezeichnen dagegen eine **abgeschlossene Handlung**.

Die Aspekte des Verbs, S. 108

▪ Сотру́дница, писа́вшая Вам пи́сьма, уво́лилась.
Авто́бус, вёзший пассажи́ров на автовокза́л, переверну́лся.

Сотру́дница, написа́вшая Вам письмо́, уво́лилась.
Авто́бус, привёзший пассажи́ров на автовокза́л, уе́хал в депо́.

сотру́дница – *Mitarbeiterin*
уво́литься – *kündigen*
автовокза́л – *Busbahnhof*
переверну́ться – *umkippen*
депо́ – *Depot*

Steht in einem Satz ein Partizip Präteritum Aktiv, das von einem **vollendeten** Verb abgeleitet wurde, und ein zusätzliches **Verb**, so drückt das **Partizip** die **Vorzeitigkeit** aus. Ein von einem **unvollendeten** Verb **abgeleitetes Partizip** bezeichnet eine **Handlung**, die **gleichzeitig** mit der vom zusätzlichen **Verb** genannten **Handlung** ausgeführt wurde.

▪ Я вспомина́л птиц, улете́вших на юг. (*Ich erinnerte mich an die Vögel, die nach Süden weggeflogen waren.*)

Я смотре́л на птиц, лете́вших на юг. (*Ich schaute die Vögel an, die nach Süden flogen.*)

Причáстие – Das Partizip

Die Deklination der Partizipien Präsens und Präteritum Aktiv

Die Deklination der Partizipien Präsens und Präteritum Aktiv

Die Adjektiv-
deklination, S. 38

Die **Partizipien** werden wie **Adjektive dekliniert**. Dabei entsprechen die Endungen der **Partizipien** des **Präsens** und des **Präteritums Aktiv** in allen Fällen den **Endungen** der nicht endbetonten **Adjektive** mit **Stammauslaut** auf **Zischlaut**.

Partizipien mit der Partikel **-ся behalten** diese Partikel in allen Fällen am **Wortende** bei.

	Singular			Plural
	maskulin	neutral	feminin	
Nom.	начáвший**ся**	начáвшее**ся**	начáвшая**ся**	начáвшие**ся**
Gen.	начáвшего**ся**		начáвшей**ся**	начáвших**ся**
Dat.	начáвшему**ся**		начáвшей**ся**	начáвшим**ся**
Akk.	wie Gen. (belebt) oder Nom. (unbelebt)		начáвшую**ся**	wie Gen. (belebt) oder Nom. (unbelebt)
Instr.	начáвшим**ся**		начáвшей**ся**	начáвшими**ся**
Präp.	(о) начáвшем**ся**		(о) начáвшей**ся**	(о) начáвших**ся**

Übungen

1. Bilden Sie (wenn möglich) das **Partizip Präsens Aktiv** und das **Partizip Präteritum Aktiv**.*

печáтать – *drucken, tippen*
включáть – *einschalten, anmachen*
вы́ключить – *ausschalten, ausmachen*
подпи́сывать – *unterschreiben*
пили́ть – *sägen*
ползти́ – *kriechen*
течь – *fließen*

a) печáтать – *печáтающий, печáтавший*
b) включáть – _____
c) дви́гаться – _____
d) вы́ключить – _____
e) подпи́сывать – _____
f) убирáть – _____
g) дышáть – _____
h) пили́ть – _____
i) ползти́ – _____
j) вози́ть – _____
k) течь – _____

Üben und Anwenden

Das Partizip: Die Partizipien Präsens und Präteritum Aktiv, ihre Deklination

2. Ersetzen Sie die **Nebensätze** mit **который** durch **Partizipialkonstruktionen**.**

a) Вот студе́нты, кото́рые сда́ли экза́мен.

   Вот студенты, сдавшие экзамен.

b) Писа́тель, кото́рый написа́л э́ту кни́гу, живёт в Бо́нне.

   _____

c) Сотру́дница, кото́рая рабо́тает над прое́ктом, в о́тпуске.

   _____

d) Э́то сосе́ди, кото́рые живу́т над на́ми.

   _____

e) Преподава́тель, кото́рый чита́л ле́кцию, уже́ ушёл.

   _____

f) Де́вочка, кото́рая дое́ла за́втрак, мо́ет таре́лку.

   _____

3. Führen Sie die Sätze zu Ende, benutzen Sie **Partizipialkonstruktionen**.***

a) Друг рабо́тает врачо́м. Мы ходи́ли к дру́гу, *работающему врачом.*

   _____. Они́ разгова́ривали о дру́ге, *работающем врачом.*

b) Э́та же́нщина живёт в на́шем до́ме. Я встре́тила же́нщину, _____

   _____ . Он говори́л с же́нщиной, _____

   _____ .

c) Студе́нт прие́хал из Кита́я. Со мной учи́лся студе́нт, _____

   _____ . Ю́ля звони́ла студе́нту, _____

   _____ .

d) Спортсме́ны уча́ствовали в Олимпиа́де. В газе́те бы́ло интервью́ со

   спортсме́нами, _____ .

   Э́то статья́ о спортсме́нах, _____

   _____ .

Причáстие – Das Partizip

Das Partizip Präsens Passiv

Das Partizip Präsens Passiv

Form

Transitiv sind Verben, die ein **Akkusativobjekt** bei sich haben können: читáть (**книгу**), купи́ть (**продýкты**)

Die Partizipien des Passivs können **nur von transitiven Verben** gebildet werden.

Das Partizip Präsens Passiv hat die **Adjektivendungen** -ый, -ая, -ое, -ые und wird vom **Präsensstamm** mit Hilfe **folgender Suffixe** gebildet:

-**ем**- für Verben der **1. Konjugation**:

Das Präsens, S. 135

Infinitiv	3. Pers. Pl. Präsens	Partizip Präsens Passiv
изучáть	изучáют	изучáемый, -ая, -ое, -ые
читáть	читáют	читáемый, -ая, -ое, -ые

-**им**- für Verben der **2. Konjugation**:

Das Partizip Präsens Passiv lässt sich auch von der **1. Pers. Pl. Präsens** ableiten: изучáем – изучáемый, ви́дим – ви́димый

Infinitiv	3. Pers. Pl. Präsens	Partizip Präsens Aktiv
люби́ть	лю́бят	люби́мый, -ая, -ое, -ые
ви́деть	ви́дят	ви́димый, -ая, -ое, -ые

Einige Partizipien tragen das Suffix -**ом**-: нести́ – несóмый вести́ – ведóмый искáть – искóмый

Bei Verben mit dem Suffix -**ва**- nach den Wurzeln **да**-, **ста**-, **зна**- wird das Partizip Präsens Passiv vom **Infinitivstamm** abgeleitet.

| давáть | давáемый |
| узнавáть | узнавáемый |

Lässt sich kein Partizip Präsens Passiv mit -**ем**-, -**им**- bilden, werden oft stattdessen **reflexive Formen** mit -ся vom Partizip Präsens Aktiv verwendet: бью́щийся, пи́шущийся

Von vielen transitiven Verben lässt sich **kein Partizip Präsens Passiv** bilden, z. B.: пить, бить, мыть, шить, лить, брать, ждать, писáть.

Gebrauch

Das Partizip Präsens Passiv bezeichnet ein **Merkmal**, das durch eine **Handlung** entsteht, die **auf das Bezugswort gerichtet** ist und ersetzt somit einen Relativsatz mit einem Verb im Präsens Passiv.

Verben mit der Partikel -*ся*, S. 125
Das Partizip Präsens Aktiv, S. 155
Das Passiv, S. 151
Satzgefüge, S. 234

Брат читáет кни́гу.
Это кни́га, <u>котóрая читáется брáтом</u>. Это кни́га, **читáемая** брáтом.

Die **Handlung** des Partizips Präsens Passiv findet **zeitgleich** mit der **Handlung** des **Prädikatverbs** statt, unabhängig davon, in welcher Zeit das Prädikatsverb steht.

На берегý <u>лежáл</u> кáмень, **омывáемый** волнáми.   На берегý <u>лежи́т</u> кáмень, **омывáемый** волнáми.

омывáть – *umspülen, umfluten*

Insgesamt wird das Partizip Präsens Passiv **nur in der Schriftsprache** verwendet.

Das Partizip Präteritum Passiv

Form

Das Partizip Präteritum Passiv hat die **Adjektivendungen -ый, -ая, -ое, -ые** und wird vom **Infinitivstamm transitiver Verben** mit Hilfe der **Suffixe -нн-, -енн-/-ённ-, -т-** gebildet.

Das Suffix **-нн-** wird gebraucht, wenn der **Infinitivstamm** auf einen **Vokal** (außer **и**) endet.

Infinitiv	Partizip Präteritum Passiv
прочита́ть	прочи́таннный, -ая, -ое, -ые
уви́деть	уви́денный, -ая, -ое, -ые

Das Suffix **-енн-/-ённ-** wird verwendet, wenn der **Infinitivstamm** auf einen **Konsonanten** oder auf **-и-** auslautet. (Ausgenommen sind Verben, bei denen **-и-** zur **Wurzel** gehört, z. B. **пить, бить**.)

Infinitiv	Partizip Präteritum Passiv
привезти́	привезённый, -ая, -ее, -ые
изме́рить	изме́ренный

Von Verben, deren **Infinitivstamm** auf einen **Konsonanten** endet und deren **Präsens-** bzw. **Futurstamm** auf **д** oder **т** auslautet, wird das Partizip Präteritum Passiv vom **Präsens-** bzw. **Futurstamm** gebildet.

Infinitiv	3. Pers. Pl. Präsens	Partizip Präteritum Aktiv
привести́	приведу́т	приведённый, -ая, -ее, -ые
изобрести́	изобрету́т	изобретённый, -ая, -ее, -ые

Wird das Partizip Präteritum Passiv von Verben gebildet, die auf **-ить** enden, tritt ein **Konsonantenwechsel** auf.

т ▶ ч, щ	встре́тить – встре́ченный освети́ть – освещённый	б ▶ бл	осла́бить – осла́бленный	
д ▶ ж, жд	оби́деть – оби́женный освободи́ть – освобождённый	п ▶ пл	купи́ть – ку́пленный	
з ▶ ж	изобрази́ть – изображённый	в ▶ вл	распра́вить – распра́вленный	
с ▶ ш	укуси́ть – уку́шенный	м ▶ мл	накорми́ть – нако́рмленный	
ст ▶ щ	вы́растить – вы́ращенный	ф ▶ фл	разграфи́ть – разграфлённый	

-енн- ist immer **unbetont**, **-ённ-** ist immer **betont**.

Das Partizip Präteritum Passiv, S. 161

In der Gegenwartssprache wird das **Partizip Prät. Passiv** mit dem Suffix **-н-** **nur** von **vollendeten Verben** gebildet (Ausnahmen: ви́денный, чи́танный, слы́шанный).

изобрести́ – *erfinden*

Der Lautwechsel im Wortstamm, S. 14

освети́ть – *beleuchten*
оби́деть – *beleidigen*
освободи́ть – *befreien*
изобрази́ть – *darstellen*
вы́растить – *großziehen*
разграфи́ть – *linieren*
укуси́ть – *beißen*
вы́растить – *großziehen*
заверну́ть – *einwickeln*

Причáстие – Das Partizip

Die Deklination der Partizipien Präsens und Präteritum Passiv

Mit Hilfe des Suffixes **-т-** wird das Partizip Präteritum Passiv von folgenden Verben gebildet:

- von Verben mit dem Suffix **-ну-**:
  завернýть – завёрнутый, вы́дернуть – вы́дернутый

- von Verben auf **-оть**:
  приколóть – прикóлотый, прополóть – прополóтый

- von Verben auf **-ереть** (abgeleitet vom Präteritalstamm):
  терéть – тёртый, заперéть – зáпертый

Merken Sie sich folgende Ausnahmen:
дать – дáнный
узнáть – ýзнанный

- von den meisten **einsilbigen Verben**:
  бить – би́тый, мыть – мы́тый, снять – сня́тый, сшить – сши́тый

Partizipien können mitunter als Prädikate verwendet werden, dabei stehen sie im Nominativ oder im Instrumental:
Э́та дверь – слóманная.
Э́та дверь былá слóманной.

Gebrauch

Das **Partizip Präteritum Passiv** ersetzt einen **Relativsatz** mit einer Passivkonstruktion der **Vergangenheit**. Die im Partizip ausgedrückte Handlung hat schon zu einem früheren Zeitpunkt begonnen als die Haupthandlung des Satzes. Das Resultat bleibt aber weiterhin bestehen. Dabei kann das **Verb** in allen **drei Zeitformen** stehen.

договóр – *Vertrag*
отремонти́ровать – *renovieren, reparieren*

Секретáрь принеслá подпи́санный договóр.

Чéрез полгóда они́ бýдут жить в отремонти́рованной квартúре.

Die Deklination der Partizipien Präsens und Präteritum Passiv

Die Adjektivdeklination, S. 38

Die **Passivpartizipien** haben in allen Fällen die gleichen Endungen wie **Adjektive** mit **hartem Stammauslaut**.

	Singular			Plural
	maskulin	neutral	feminin	
Nom.	закры́тый	закры́тое	закры́тая	закры́тые
Gen.	закры́того		закры́той	закры́тых
Dat.	закры́тому		закры́той	закры́тым
Akk.	wie Gen. (belebt) oder Nom. (unbelebt)		закры́тую	wie Gen. (belebt) oder Nom. (unbelebt)
Instr.	закры́тым		закры́той	закры́тыми
Präp.	(о) закры́том		(о) закры́той	(о) закры́тых

Die Kurzform der Partizipien

Partizipien des **Aktivs** haben nur **Langformen**. Partizipien des **Passivs** verfügen wie Qualitätsadjektive über **Lang**- und **Kurzformen**.

Langform	Kurzform
Это зако́нченный рома́н.	Э́тот рома́н зако́нчен.
Вот откры́тая дверь.	Э́та дверь откры́та.

 Die Lang- und die Kurzform der Adjektive, S. 44

Form

Die **Kurzformen** der **Partizips Präteritum Passiv** haben die Suffixe **-н-**, **-ен-(-ён-)** und **-т-**.

Langform	Kurzform
прочи́танный	прочи́тан, -а, -о, -ы
пригото́вленный	пригото́влен, -а, -о, -ы
решённый	решён, -а, -о, -ы
сня́тый	снят, -а, -о, -ы

 Kurzformen des **Partizips Präsens Passiv** lassen sich nur von **wenigen Verben** bilden: люби́ть – люби́м, уважа́ть – уважа́ем, цени́ть – цени́м. Diese Formen kommen aber selbst in der Schriftsprache **selten** vor.

Die **Kurzformen** der Partizipien **stimmen** mit ihrem **Bezugswort** in **Geschlecht** und **Zahl** überein.

Вопро́с решён.	mask. Sg.
Зада́ча решена́.	fem. Sg.
Зада́ние решено́.	Neutr. Sg.
Пробле́мы решены́.	Pl.

Gebrauch

Die **Kurzformen** der Partizipien treten im Satz als **Prädikate** auf. Um **Zeitformen** zu bilden, benutzt man das Verb **быть** in den entsprechenden Formen

Окно́ <u>бы́ло</u> откры́то.	Das Fenster war geöffnet.
Окно́ откры́то.	Das Fenster ist geöffnet.
Окно́ <u>бу́дет</u> откры́то.	Das Fenster wird geöffnet sein.

 Im **Präsens** wird das Verb **быть nicht gebraucht**.

Kurzformen der Partizipien werden im Satz zur **Bildung** von **Passivkonstruktionen** verwendet. In diesen Sätzen bezeichnet das **Subjekt** den **Gegenstand** oder die **Person**, auf die sich die **Handlung** erstreckt. Der **Urheber** der Handlung wird dagegen vom **Instrumentalobjekt** genannt oder weggelassen.

 Das Passiv, S. 151

Причáстие – Das Partizip

Übungen

сберкáсса – *Sparkasse*
финансировать – *finanzieren, fördern*

Aktiv	Passiv
Сберкáсса финансирует нóвый проéкт	Нóвый проéкт финансирован сберкáссой.
Строители построили здáние дéсять лет назáд.	Здáние было построено дéсять лет назáд.

Im Gegensatz zu den **Langformen**, die in der **gesprochenen Sprache** kaum verwendet werden, sind die **Kurzformen** der Passivpartizipien sowohl in der **Schrift**- als auch in der **gesprochenen Sprache** verbreitet.

Übungen

1. Streichen Sie alle falschen Formen der **Partizipien Präsens** und **Präteritum Passiv** durch.*

a) ~~написáвший~~/~~написýемый~~/напи́санный

b) давáемый/дáнный/давáнный

c) мы́нный/мóемый/мы́тый

d) напишýемый/напи́сатый/напи́санный

e) одевáнный/одевáемый/одéтый

f) сня́емый/снимáемый/сня́тый

g) убирáемый/ýбранный/ýбратый

нагревáть – *erwärmen*   h) нагревáемый/нагревáнный/нагрéтый

2. Bilden Sie von den Verben **Partizipien Präsens Aktiv** und **Passiv** und schreiben Sie die **Partizipialkonstruktionen** samt Bezugswörtern.**

посещáть – *besuchen*
печáтать – *drucken, veröffentlichen*
реклáма – *Werbung*

a) Студéнты посещáют библиотéку.

  студéнты, посещáющие библиотéку

  библиотéка, посещáемая студéнтами

b) Журнáл печáтает реклáму.

164

Üben und Anwenden

Das Partizip: Die Partizipien des Passivs, Deklination und Kurzform

c) Грузови́к перево́зит груз.
_____
_____

d) Перево́дчик перево́дит статью́.
_____
_____

e) Ве́тер го́нит ли́стья.
_____
_____

f) Пульт включа́ет телеви́зор.
_____
_____

g) Сквозня́к га́сит свечу́.
_____
_____

грузови́к – *LKW*
груз – *Last*
гнать – *treiben, jagen*
пульт – *Fernbedienung*
сквозня́к – *Zugluft*
гаси́ть – *löschen*

3. Suchen Sie die passenden Verben aus und bilden Sie die **Kurzform** der **Partizipien**.**

За́втра мы е́дем в о́тпуск. У нас почти́ всё гото́во. Биле́ты (a) _ку́плены_, но́мер в гости́нице (b) _____, чемода́ны (c) _____. Ключ от на́шей кварти́ры уже́ (d) _____ сосе́дям, они́ позабо́тятся о том, что́бы на́ши цветы́ всегда́ бы́ли (e) _____, а ко́шка была́ (f) _____. Пока́ ещё не (g) _____ такси́, его́ мы зака́жем за́втра у́тром.

купи́ть •
сложи́ть •
поли́ть •
заказа́ть •
накорми́ть •
отда́ть •
заброни́ровать

заброни́ровать – *buchen*

4. Setzen Sie die passenden **Partizipien** der angegebenen Verben ein.***

a) Отве́т на свой вопро́с Вы найдёте в «Ча́сто _задава́емых_ (задава́ть/зада́ть) вопро́сах».

b) В одно́й из _____ (сдава́ть/сдать) библиоте́чных книг я забы́ла свою́ люби́мую закла́дку.

задава́ть – *(eine Frage) stellen*
сдава́ть – *abgeben*
закла́дка – *Lesezeichen*

Üben und Anwenden

Das Partizip: Die Partizipien des Passivs, Deklination und Kurzform

c) Студе́нты лю́бят _____ (изуча́ть/изучи́ть) и́ми предме́т и с удово́льствием хо́дят на ле́кции.

подро́сток – *Jugendlicher, Teenager*
исполня́ть – *darbieten, aufführen*
незнако́мка – *Unbekannte*
предпоче́сть (Prät.: предпочёл, предпочла́…) – *bevorzugen*

d) Мари́на И́горевна до сих пор по́мнит все стихи́, _____ (учи́ть/вы́учить) ещё в шко́ле.

e) Вот журна́лы, обы́чно _____ (покупа́ть/купи́ть) подро́стками.

f) Телефо́н, _____ (покупа́ть/купи́ть) всего́ неде́лю наза́д, уже́ слома́лся.

g) На конце́рте бы́ло мно́го пе́сен, _____ (исполня́ть/испо́лнить) впервы́е.

h) По́сле того́, как все пе́сни бы́ли _____ (исполня́ть/испо́лнить), слу́шатели до́лго аплоди́ровали.

i) Стиль э́того худо́жника легко́ _____ (узнава́ть/узна́ть).

j) Прекра́сная незнако́мка предпочла́ оста́ться не _____ (узнава́ть/узна́ть).

5. Übersetzen Sie die Sätze ins Russische, benutzen Sie dabei die Partizipien Passiv.***

a) Das Paket, das am Freitag abgeschickt wurde, ist noch nicht angekommen.
_____
_____

b) Im Zug oder im Bahnhof verlorene Gegenstände können Sie im Fundbüro finden.
_____
_____

c) Dieser russische Satz, den ich ins Deutsche übersetze, ist nicht schwer.
_____
_____

d) Im TV läuft mein heiß geliebter Film.
_____
_____

Деепричáстие – Das Adverbialpartizip

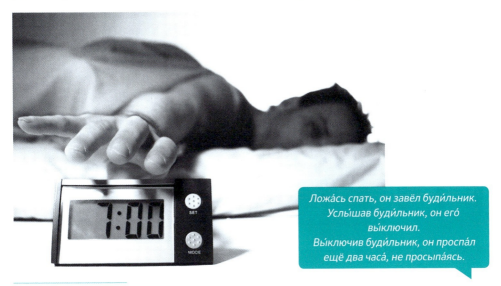

*Ложáсь спать, он завёл будúльник.
Услы́шав будúльник, он егó вы́ключил.
Вы́ключив будúльник, он проспáл ещё два часá, не просыпáясь.*

Beim Schlafengehen stellte er den Wecker.
Nachdem er den Wecker gehört hatte, machte er ihn aus.
Nachdem er den Wecker ausgemacht hatte, schlief er noch zwei Stunden, ohne wach zu werden.

Adverbialpartizipien (**ложáсь, услы́шав, вы́ключив, не просыпáясь**) sind **Verbformen**, die eine **zusätzliche Handlung** oder einen **zusätzlichen Zustand** bezeichnen und mit der Haupthandlung bzw. dem Hauptzustand in Verbindung stehen.

Он смотрéл футбóл, глáдя свой рубáшки.	Er schaute Fußball und bügelte dabei seine Hemden.
Посмотрéв футбóл, он пошёл готóвить ýжин.	Nachdem er Fußball geschaut hatte, ging er und kochte das Abendessen.

Form

Das Adverbialpartizip verfügt über **Merkmale** sowohl des **Verbs** als auch des **Adverbs**.

Wie bei Verben unterscheidet man zwischen **vollendeten** und **unvollendeten Adverbialpartizipien**, je nachdem, ob das Adverbialpartizip von einem vollendeten oder einem unvollendeten Verb gebildet wurde.

 Das Adverb, S. 181
Die Aspekte des Verbs, S. 108

unvollendet	vollendet
выключáть – выключáя	вы́ключить – вы́ключив

Adverbialpartizipien werden **weder** nach der **Zeit noch** nach der **Person**, dem **Geschlecht** oder der **Zahl** verändert.

Деепричастие – Das Adverbialpartizip

Adverbialpartizipien der Gleichzeitigkeit

Das Prädikat, S. 211

Gebrauch

Die Adverbialpartizipien werden gebraucht, um eine **Nebenhandlung** auszudrücken, die entweder **gleichzeitig** mit der durch das **Verbalprädikat** ausgedrückten **Haupthandlung** oder aber **nach** dieser verläuft.

Андре́й **чита́л** кни́гу, **слу́шая** му́зыку.	Andrej las ein Buch und hörte (dabei) Musik.
Андре́й **чита́л** кни́гу, **послу́шав** му́зыку.	Andrej las ein Buch, nachdem er Musik gehört hatte.

Satzgefüge, S. 234

Die **Haupt-** und die **Nebenhandlung** müssen dabei von **ein-** und **derselben Person** ausgeführt werden. Wenn sie zwar gleichzeitig bzw. nacheinander, aber von **verschiedenen Subjekten** ausgeführt werden, benutzt man **zusammengesetzte Sätze** mit **когда́**, **как то́лько** usw.

Идя́ домо́й, **я встре́тил** знако́мого.	ein Subjekt, zwei Handlungen
Когда́ **я шёл** домо́й, **начался́ дождь**.	zwei Subjekte, zwei Handlungen

Das Adverbialpartizip kann **alleine** oder **mit einem** oder **mehreren** von ihm abhängigen **Objekten** oder **Adverbialbestimmungen** stehen. Diese **Adverbialpartizipkonstruktionen** werden, wie auch einzelne Adverbien, vom übrigen Satz durch **Kommas** abgetrennt.

напева́ть – *summen*
пе́сенка – *Liedchen*

Артём шёл, **напева́я**.	Артём шёл, **ти́хо напева́я каку́ю-то пе́сенку**.

Adverbialpartizipien der Gleichzeitigkeit

Das Präsens, S. 135
Die Aspekte des Verbs, S. 108

Form

Adverbialpartizipien, die die Gleichzeitigkeit der Nebenhandlung und der Haupthandlung ausdrücken, bildet man durch Anfügen des **Suffixes –а** bzw. **-я** an den **Präsensstamm** des **unvollendeten Verbs**.

Das Suffix **-а** wird nur nach den Konsonanten **ш, щ, ж** und **ч** gebraucht.

Infinitiv	3. Pers. Pl. Präsens	Adverbialpartizip
слы́шать	слы́ш~~ат~~	слы́ша
идти́	ид~~у́т~~	идя́

Деепричастие – Das Adverbialpartizip

Adverbialpartizipien der Vorzeitigkeit

Die Adverbialpartizipien der Verben mit den **Wurzeln да-, зна-, ста-** und dem **Suffix -ва-** werden nicht vom Präsensstamm sondern vom **Infinitivstamm** abgeleitet.

 Der Infinitiv, S. 106

Infinitiv	Adverbialpartizip
давать	давая
узнавать	узнавая
вставать	вставая

Von einigen unvollendeten Verben kann man **keine Adverbialpartizipien** bilden, das sind:

- Verben, deren **Präsensstamm keinen Vokal** enthält: ждать (ждут), рвать (рвут), тереть (трут), пить (пьют), лить (льют) usw.;
- Verben auf **-чь**: печь, жечь, стеречь, беречь, мочь u.a.;
- Verben mit dem Suffix **-ну-**: сохнуть, мокнуть, гаснуть;
- die Verben **быть*, писать, плясать, пахать, петь** und einige andere.**

тереть – *reiben*
сохнуть – *trocknen*
мокнуть – *durchnässen*
гаснуть – *erlöschen*
плясать – *tanzen*
пахать – *pflügen*

*In der gehobenen Sprache wird auch das Adverbialpartizip vom Verb **быть – будучи** verwendet.

Gebrauch

Adverbialpartizipien von **unvollendeten** Verben werden gebraucht, wenn die durch das Adverbialpartizip bezeichnete **Nebenhandlung gleichzeitig** mit der durch das Verbalprädikat ausgedrückten **Haupthandlung** verläuft. Dabei kann das **Verb** in **allen Zeitformen** stehen.

Виктор читал газету, завтракая.	Viktor las die Zeitung und frühstückte.
Виктор читает газету, завтракая.	Viktor liest die Zeitung und frühstückt.
Виктор будет читать газету, завтракая.	Viktor wird die Zeitung lesen und frühstücken.

Stattdessen benutzt man entweder zwei Verben (z. B. **Он читал газету и пил чай.) oder weicht auf bedeutungsähnliche Verben mit Präfix aus (**Он читал газету, попивая** (*schlürfend*) **чай**.).

Adverbialpartizipien der Vorzeitigkeit

Form

Adverbialpartizipien, die die **Vorzeitigkeit** einer **Nebenhandlung** ausdrücken, werden von **vollendeten Verben** gebildet.

Die meisten vollendeten Adverbialpartizipien werden mit Hilfe der **Suffixe -в, -вши** und **-ши** vom **Infinitiv-** oder **Präteritalstamm** des Verbs **gebildet**.

Das Suffix **-в** erhalten Verben, deren **Infinitivstamm** auf einen **Vokal** endet: написать – написа**в**, построить – постро**ив**, прочитать – прочита**в**.

 Die Aspekte des Verbs, S. 108
Der Infinitiv, S. 106
Das Präteritum, S. 131

Деепричастие – Das Adverbialpartizip

Übungen

Die Partikel -**ся** wird in Adverbialpartizipien zu -**сь**.

Endet der **Infinitivstamm** auf einen **Vokal** und folgt danach die **Partikel** -**ся**, so wird das Adverbialpartizip mit Hilfe des Suffixes -**вши**- gebildet:
умы́ться – умы́**вши**сь, засмея́ться – засмея́**вши**сь, взя́ться – взя́**вши**сь.

Wenn der **Infinitivstamm** des Verbs auf einen **Konsonanten** endet, wird das Adverbialpartizip vom **Präteritalstamm** mit dem Suffix -**ши** gebildet:
принести́ – принёс – принё**сши**, влезть – влез – вле́з**ши**.

влезть – *steigen, erklettern*

Von einigen vollendeten Verben, deren **Infinitivstamm** auf einen **Konsonanten** endet, von Verben mit -**ся**, deren **Stamm** auf -**и** auslautet, und von einigen anderen Verben lassen sich Adverbialpartizipien auch mit Hilfe der Suffixe -**а**/-**я** ableiten:
проче́сть – прочту́т – прочтя́, прийти́ – приду́т – придя́, встре́титься – встре́т**я**сь/встре́ти**вши**сь*, уви́деть – уви́д**я**/уви́де**в***.

*Bei diesen Verben sind zwei Formen des Adverbialpartizips möglich. Einfachheitshalber können Sie auf die oben erklärte regelmäßige Bildungsweise zurückgreifen.

> ### Gebrauch
>
> Adverbialpartizipien von **vollendeten Verben** werden gebraucht, wenn das Adverbialpartizip eine **Nebenhandlung** ausdrückt, die **vor** der durch das Verbalprädikat bezeichneten **Haupthandlung** verlaufen ist.
>
> **Пообе́дав**, она́ пошла́ в парк.
> *Nachdem sie zu Mittag gegessen hatte, ging sie in den Park.*

Übungen

1. Bilden Sie **Adverbialpartizipien** von vollendeten und unvollendeten Verben.*

a) рабо́тать – *работая*

   дорабо́тать – *доработав*

b) возвраща́ться – _____

   возврати́ться – _____

краснеть – *rot werden*

c) красне́ть – _____

   покрасне́ть – _____

d) ра́доваться – _____

   обра́доваться – _____

e) звать – _____

   позва́ть – _____

170

Üben und Anwenden

Das Adverbialpartizip

f) нести́ – _____

отнести́ – _____

g) танцева́ть – _____

станцева́ть – _____

h) приезжа́ть – _____

прие́хать – _____

2. Setzen Sie die passenden **Adverbialpartizipien** ein.*

> сдав • собира́я • взя́вшись • расска́зывая •
> рису́я • чита́я • написа́в • взяв • смея́сь

a) _____ письмо́, я положи́л его́ в конве́рт.

b) _____ о путеше́ствии, О́льга пока́зывала фотогра́фии.

c) _____ кни́гу на ру́сском, мы выпи́сываем но́вые слова́.

d) _____ экза́мен, Ми́ра пое́дет в Ита́лию.

e) _____ карти́ну, он испо́льзовал каранда́ш.

f) _____ за́ руки, они́ пошли́ купа́ться.

g) Она́ вы́шла и́з дому*, не _____ с собо́й зонт.

h) Де́ти гуля́ли в па́рке, _____ осе́нние ли́стья.

i) Она́ идёт по жи́зни _____ .

Bei der Kombination **и́з дому** fällt die Betonung auf die Präposition. Das Substantiv bleibt unbetont.

3. Formen Sie die **Nebensätze**, wenn möglich, in **Adverbialpartizipkonstruktionen** um.**

a) Как то́лько Ната́ша вы́шла из до́ма, пошёл дождь.

nicht möglich

Как то́лько Ната́ша вы́шла из до́ма, она́ откры́ла зонт.

Вы́йдя из дома, Наташа открыла зонт.

b) Когда́ я уви́дел э́ту де́вушку, я поняла́, что мы знако́мы.

_____

Üben und Anwenden

Das Adverbialpartizip

Когда́ я уви́дел э́ту де́вушку, она́ показа́лась мне знако́мой.
_____

c) Когда́ мы купи́ли биле́ты, фильм уже́ начался́.
_____

Когда́ мы купи́ли биле́ты, мы сра́зу же пошли́ в кинозал́.
_____

d) Когда́ я проезжа́л ми́мо ста́нции, я потеря́л шля́пу.
_____

Когда́ я проезжа́л ми́мо ста́нции, у меня́ слете́ла шля́па.
_____

e) Когда́ он возвраща́ется домо́й, он всегда́ в хоро́шем настрое́нии.
_____

Когда́ он возвраща́ется домо́й, у него́ всегда́ хоро́шее настрое́ние.
_____

4. Übersetzen Sie die Sätze ins Russische, benutzen Sie dabei **Adverbialpartizipien**.***

a) *Sie saßen am Tisch und unterhielten sich.*
_____

b) *Wenn ich spazieren gehe, treffe ich oft meine Nachbarin.*
_____

c) *Als die Touristen auf den Berg gestiegen waren, sahen sie das Meer.*
_____

d) *Nachdem der Vater den Brief gelesen hatte, reichte er ihn der Mutter.*
_____

e) *Sie räumt ihr Zimmer auf und hört dabei Musik.*
_____

f) *Er ging weg, ohne irgendwas erklärt zu haben.*
_____

Предло́г – Die Präposition

– Wo ist dein Russisch-Lehrbuch? – Im dritten Fach, in der zweiten Reihe, zwischen dem Wörterbuch und dem Fotoalbum.
– Wie sieht es aus? – Es steckt in einem grünen Umschlag mit weißen Buchstaben.

Präpositionen weisen auf **Beziehungen** zwischen den Wörtern eines Satzes hin. Sie treten nie alleine, sondern nur **in Verbindung mit Substantiven oder Pronomen** auf, auf die sie sich beziehen.

> Я иду́ **по** у́лице.
> Мы придём **за** ним **в** пять часо́в.

Form

Präpositionen werden **nicht dekliniert**. Einige Präpositionen werden unter bestimmten Bedingungen **verändert, um die Aussprache zu erleichtern.**
So können die auf einen Konsonanten auslautenden Präpositionen **без, в, из, к, над, от, пе́ред, под, с** mit angehängtem **-о** auftreten, wenn das nachfolgende Substantiv oder Pronomen im Anlaut zwei aufeinanderfolgende Konsonanten aufweist. Es kommt z. B. zu folgenden Kombinationen:

Предло́г - Die Präposition

Meistens haben die Präpositionen **keine eigene Betonung** und bilden mit dem folgenden Substantiv oder Pronomen eine phonetische Einheit. Einige Präpositionen (**на, за, под, по, из, без**) können in Verbindung mit bestimmten Wörtern aber auch **die Betonung tragen**. Das Hauptwort wird dann unbetont ausgesprochen: на́ зиму, за́ ночь, по́д ноги, по́ полю, и́з лесу, бе́з толку
Allerdings heißt es: на горе́, за ча́с, под столо́м, по траве́, из села́, без еды́.

во	vor	в/ф + Konsonant	во вто́рник во Фра́нкфурте
со		з/с + Konsonant	со зверя́ми со слоно́м
во, ко, на́до, пе́редо, по́до, со	nur vor	мн	ко мне́, со мно́й
бе́зо		всех, вся́ких	бе́зо вся́ких тру́дностей

Die Präposition **о** hat vor allen Vokalen die Form **об** und vor einigen Wörtern die Form **обо**:

о жи́зни	об исто́рии	обо мне́
о кры́ше	об учёбе	обо всём

Manchmal entsprechen einer russischen Präposition mehrere deutsche Präpositionen und andersherum.

Viele russische Präpositionen lassen sich nicht eins zu eins **ins Deutsche übersetzen**. Lernen Sie sie daher nicht alleine, sondern zusammen mit Verben und Redewendungen, die Präpositionen verlangen. Z. B.: ходи́ть по грибы́/ходи́ть за гриба́ми (*Pilze sammeln gehen*), скуча́ть по дру́гу (*sich nach seinem Freund sehnen*).

Gebrauch

Die Präpositionen drücken verschiedene **Verhältnisse** und **Beziehungen** zwischen Wörtern bzw. Wortgruppen aus. Nach ihrer **Bedeutung** lassen sich die Präpositionen in **folgende Gruppen** einteilen.

▎ **Präpositionen der Ortsangabe**

вдоль	entlang
вне	draußen, außerhalb
внутри́	drinnen, innerhalb
во́зле/о́коло/у	neben
вокру́г	um ... herum
впереди́	vorne
за	an, hinter
ме́жду	zwischen
на	auf
над	über
по	in, auf
под	unter
позади́	hinter
при	neben, bei
среди́	zwischen
у	bei
че́рез	über

▎ **Präpositionen der Zeitangabe**

в/во	um, in
с/со	von, seit
до	vor, bis
перед	vor
по/после	nach, danach
че́рез	nach, in

Предлог - Die Präposition

Die Deklination nach Präpositionen

Präpositionen, die einen Grund angeben	от	an, aus, vor
	ра́ди	um ... willen
	с по́мощью	mit Hilfe von
	и́з-за	wegen
	по причи́не	aufgrund
Präpositionen, die ein Ziel angeben	в	in, als
	на	auf, zu
	за	*
Präpositionen der Objektbeziehung	о/об/о́бо	über, von
	про	über
	по	über, von

* Im Deutschen gibt es keine direkte Entsprechung, es muss auf Umschreibungen zurückgegriffen werden. Z. B.: Они́ пошли́ **за гриба́ми**. – Sie gingen <u>Pilze sammeln</u>.

Die Deklination nach Präpositionen

Ähnlich wie im Deutschen können die Präpositionen im Russischen **einen oder mehrere Fälle** regieren.

Präpositionen mit dem Genitiv

без/бе́зо	ohne	для	für, pro
близ/вблизи́	nah, in der Nähe von	до	bis
ввиду́	angesichts	из/и́зо	aus, aus ... heraus,
вдоль	entlang, längs	и́з-за	von, wegen
в ка́честве	als	и́з-под	unter ... hervor
вме́сто	statt, anstatt	кро́ме	außer
вне	außerhalb	ми́мо	an ... vorbei
внутри́	drinnen	наподо́бие	ähnlich wie ...
во вре́мя	solange, während	насчёт	bezüglich
во́зле	neben, bei	начина́я с ...	angefangen mit ...
вокру́г	um ... herum	недалеко́ от ...	nicht weit von ...
впереди́	vor, voran, voraus	о́коло	ungefähr, neben
всле́дствие	infolge	от/о́то	von
в тече́ние	innerhalb	относи́тельно	bezüglich
пове́рх	über	ра́ди	um ... willen
по́дле	neben	с	von, von ... herab
позади́/сза́ди	hinter	среди́	zwischen, unter
по́сле	nach, nachher	с по́мощью	durch, mit Hilfe
про́тив	gegen	у	bei, von, neben, an

По́сле дождя́ ста́ло прохла́дно.
Ко́шка вы́лезла **из-под** дива́на.

175

Предло́г - Die Präposition

Die Deklination nach Präpositionen

Verwechseln Sie die Präposition **благодаря́** nicht mit dem gleichlautenden Adverbialpartizip, das mit dem Akkusativ zu gebrauchen ist. Vgl.:
Благодаря́ Ки́ре я здесь. (Präposition)
Го́сти расходи́лись, **благодаря́** Ки́ру за приём. (Adverbialpartizip)

Präpositionen mit dem Dativ

благодаря́	durch, dank	напереко́р	zum Trotz
вопреки́	trotz, entgegen	по	auf, in
вслед	hinter ... her	подо́бно	(ähnlich) wie
к/ко	zu, hin, an	согла́сно, соотве́тственно	gemäß, zufolge, laut entsprechend
навстре́чу	entgegen		

Он шёл **навстре́чу** сосе́ду.
Согла́сно иссле́дованиям, изуче́ние иностра́нных языко́в предотвраща́ет боле́знь Альцге́ймера.

иссле́дование – *Studie, Forschung*
предотвраща́ть – *vorbeugen*

Präpositionen mit dem Akkusativ

включа́я	einschließlich	сквозь	hindurch
несмотря́ на	obwohl, trotz	спустя́	nach
про	(i.S.v. *sprechen/ erzählen*) über, von	че́рез	über, in, nach, durch

Они́ разгова́ривают не то́лько **про** пого́ду.
Мне на́до перейти́ **че́рез** руче́й.

Präpositionen mit dem Instrumental

за	hinter, für	под	unter
над/на́до	über, oben	по сравне́нию с/со	im Vergleich mit, im Vergleich zu
ме́жду	zwischen	с/со	mit
пе́ред/пе́редо	vor (räumlich und zeitlich)		

По сравне́нию с про́шлой неде́лей сейча́с жа́рко.
Поли́тик сиди́т **ме́жду** двумя́ сту́льями.

Präpositionen mit dem Präpositiv

Obwohl der Name Präpositiv eine Fülle von Präpositionen vermuten lässt, gibt es im Russischen nur eine Präposition, die ausschließlich mit dem Präpositiv gebraucht wird, und zwar **при** (*bei*).

столо́вая – *Kantine*
при всём жела́нии – *beim besten Willen*
запо́мнить – *sich merken*

При фа́брике есть столо́вая.
При всём жела́нии я не могу́ запо́мнить все предло́ги.

Предлог - Die Präposition

Die Deklination nach Präpositionen

Präpositionen mit dem Akkusativ oder dem Instrumental

Zwei Präpositionen werden je nach Bedeutung und Kontext mit dem Akkusativ oder dem Instrumental gebraucht.

	Akkusativ	Instrumental
за	hinter, an, aus … heraus (wohin?) für, anstelle von, wegen, während Машина заехала **за** дом_. *Das Auto fuhr hinter das Haus.* Я купила эту сумку **за** тысячу рублей. *Ich habe diese Tasche für tausend Rubel gekauft.*	hinter, an, jenseits von, außerhalb (wo?) nach, um … zu Машина стоит **за** дом_ом. *Das Auto steht hinter dem Haus.* Вася пошёл в магазин **за** хлеб_ом. *Wasja ging in den Laden, um Brot zu kaufen.*
под/подо	unter (wohin?) gegen, vor, an (zeitlich) Гости разошлись **под** утр_о. *Die Besucher gingen gegen Morgen auseinander.*	unter (wo?) bei, in der Nähe von (örtlich) У него есть дача **под** Москв_ой. *Er hat eine Datscha in der Nähe von Moskau.*

Im Deutschen wird ähnlich konstruiert. Vergleichen Sie: <u>Wohin</u>? – Hinter **das** Haus. (Akk.) <u>Wo</u>? – Hinter **dem** Haus. (Dat.)

Präpositionen mit dem Akkusativ oder dem Präpositiv

Drei Präpositionen werden je nach Kontext mit dem Akkusativ oder dem Präpositiv gebraucht.

	Akkusativ	Präpositiv
в/во	in, nach (wohin?) um, an (zeitlich) Вчера он не ходил **в** школ_у.	in (wo?) in (zeitlich) **В** школ_е не было занятий.
на	auf, in (wohin?) in (zeitlich) Дети залезли **на** дерев_о.	auf, in (wo?) Дети сидят **на** дерев_е.
о/об/обо	an, gegen (räumlich) Я ударился **о** шкаф_.	über, von Я забыл **об** этом шкаф_е.

Einige Maskulina haben nach den Präpositionen **в** und **на** im **Präp. Sg.** die betonte Endung -**у** bzw. -**ю**:
в году, в саду, в шкафу, в лесу, на мосту, на краю, на берегу

Der Präpositiv mit der Endung -у (-ю), S. 24

удариться – *sich stoßen*

Предлóг - Die Präposition

Übungen

Präpositionen mit drei verschiedenen Fällen

Merken Sie sich folgende geläufige Verbindungen:
в институ́те,
в университе́те,
в шко́ле, **в** магази́не,
в теа́тре, **в** музе́е
aber
на факульте́те,
на уро́ке, **на** заня́тии,
на фа́брике,
на заво́де, **на** по́чте,
на вокза́ле, **на** у́лице,
на ю́ге

Zwei Präpositionen (**с/со** und **по**) können je nach Bedeutung mit drei verschiedenen Fällen gebraucht werden.

	с/со	
Genitiv	**Akkusativ**	**Instrumental**
von, aus (räumlich) *von, seit* (zeitlich) Муж пришёл **с** рабо́т<u>ы</u>. Заня́тия начну́тся **с** сентябр<u>я́</u>. Они́ взя́ли кни́жки **с** по́лк<u>и</u>.	*so ... wie, etwa* Мы бы́ли там **с** не-де́л<u>ю</u>.	*mit* Я ходи́л в кино́ **с** дру́-г<u>ом</u>.

	по	
Dativ	**Akkusativ**	**Präpositiv**
auf, aus, an, entlang, durch, laut, bezüglich, wegen Друзья́ иду́т **по** у́лиц<u>е</u>. **По** суббо́т<u>ам</u> она́ хо́дит в бассе́йн. Он слома́л но́гу **по** глу́пост<u>и</u>.	*bis* (räumlich) *bis* (zeitlich), ugs.: *für* Прочита́йте уче́бник **по** двадца́т<u>ую</u> страни́ц<u>у</u>. С пе́рвого **по** деся́т<u>ое</u> ма́я бу́дут кани́кулы. Идём в лес **по** я́год<u>ы</u>!	*nach* (zeitlich) Сра́зу **по** прие́зд<u>е</u> они́ мне позвоня́т.

Übungen

1. Куда́ ты идёшь? Где ты? Wählen Sie die richtige Präposition mit dem **Akkusativ** oder dem **Präpositiv**.*

парикма́херская – *Friseursalon*
вы́ставка – *Ausstellung*
стоя́нка – *Parkplatz*

		Akkusativ: Я иду́/éду...	Präpositiv: Я сейча́с...
a)	рестора́н	*в ресторан*	*в ресторане*
b)	шко́ла	_____	_____
c)	по́чта	_____	_____
d)	парикма́херская	_____	_____
e)	стадио́н	_____	_____
f)	рабо́та	_____	_____

Üben und Anwenden
Die Präposition

g) спа́льня _____ _____

h) му́зей _____ _____

i) вы́ставка _____ _____

j) стоя́нка _____ _____

k) го́сти _____ _____

2. Ordnen Sie die Präpositionen nach den **Fällen**, mit denen sie gebraucht werden können.**

на • под • че́рез • при • о • без • ме́жду • с • за • к • про • сквозь • благодаря́ • о́коло • кро́ме • до • из • над • от • ми́мо • пе́ред • по

Genitiv _____

Dativ _____

Akkusativ _на,_ _____

Instrumental _____

Präpositiv _на,_ _____

3. Setzen Sie die **Substantive** oder **Pronomen** in die **richtige Form**.**

a) Мы с _друзья́ми_ идём в теа́тр. (друзья́)

b) Че́рез _____ я пое́ду в о́тпуск. (ме́сяц)

c) Э́ту рабо́ту на́до вы́полнить до _____. (четве́рг)

d) Благодаря́ _____ я встре́тил любо́вь всей свое́й жи́зни. (ты)

e) Что привезти́ твои́м де́тям из _____? (Росси́я)

f) Э́тот магази́н постро́или о́коло _____ . (цирк)

g) Э́то произошло́ ещё до _____. (на́ше знако́мство).

h) Пе́ред _____ мы зашли́ в кафе́. (конце́рт)

i) По́сле _____ официа́нт забы́л принести́ нам счёт. (обе́д)

официа́нт – *Kellner*

j) Среди́ _____ не́ было ни одного́ францу́за. (посети́тели вы́ставки)

Üben und Anwenden

Die Präposition

4. Setzen Sie in die Lücke die richtige **Präposition** ein.**

a) Ваза стоит _на_ столе. (у/на/под)

b) Поезд отправляется _____ двадцать минут. (до/с/через)

c) Положи ключ _____ коврик у двери. (из-под/под/в)

d) Эти лекарства надо принимать _____ едой. (перед/до/после)

e) Давай пойдём _____ работы в фитнес-центр! (за/после/перед)

f) Она намазала масло _____ хлеб. (на/над/к)

g) _____ тебя я пропустил начало фильма! (благодаря/вопреки/из-за)

h) Ты будешь скучать _____ мне? (за/по/на)

i) Со своей подругой я могу говорить _____ всём. (о/об/обо)

j) Солнце опустилось _____ горизонт. (сзади/за/на)

k) Дорога проходила _____ реки. (вдоль/за/по)

коврик – *Matte*
намазать – *schmieren*
пропустить – *verpassen*
скучать – *vermissen, sich sehnen nach*
опуститься – *sich senken*

5. Suchen Sie die passenden **Präpositionen** aus und setzen Sie sie, wenn nötig, in die Lücken ein.***

| без • в • в • в • в • за • до • на • на • на |
| на • на • на • на • на • по • под • с • с • у |

Хочу превратиться (a) _в_ кошку. Кошке не надо ходить (b) _____ работу. Кошка может спать (c) _____ утра (d) _____ вечера. Кошка может (e) _____ страха гулять (f) _____ крыше или целый день сидеть (g) _____ подоконнике и смотреть (h) _____ птиц. Кошка может умываться (i) _____ языком и лапой. Кошка сама выбирает, (j) _____ кого она будет сидеть (k) _____ руках, а (l) _____ кого будет шипеть. Кошке всегда кладут еду (m) _____ миску. Кошка может спрятаться (n) _____ шкаф и наблюдать, как все её ищут (o) _____ диване, (p) _____ кроватью или (q) _____ занавеской. Кошка может играть (r) _____ футбол (s) _____ фантиком. Кошке не надо учить иностранные языки: и (t) _____ русском, и (u) _____ немецком она говорит: «Мяу!»

превратиться – *sich verwandeln*
подоконник – *Fensterbrett*
лапа – *Pfote, Tatze*
шипеть на + Akk. – *jdn. anfauchen*
миска – *Schüssel, Napf*
занавеска – *Vorhang*
фантик – *Bonbonpapier*

Наре́чие – Das Adverb

– Zuerst müssen wir geradeaus fahren, dann links abbiegen und der Landstraße folgen.
– Müssen wir lange fahren?
– Ich denke, fast drei Stunden.

Ein Adverb bezieht sich meistens auf ein **Verb** und beantwortet die Fragen **как**? (*wie?*), **каки́м о́бразом**? (*auf welche Weise?*), **где**? (*wo?*), **когда́**? (*wann?*), **как до́лго**? (*wie lange?*), **куда́/отку́да**? (*wohin/woher?*). Damit bezeichnet es ein **Merkmal** einer **Handlung**, eines anderen **Merkmals** oder (seltener) eines **Gegenstands** oder einer **Person**.

Я иду́	ме́дленно.	(как?)
	вниз.	(куда́?)
	отту́да.	(отку́да?)
	сейча́с.	(когда́?)

Manchmal können Adverbien sich auch auf **Adjektive**, ein anderes **Adverb** oder **Substantive** beziehen. Auch hier heben sie ein besonderes Merkmal hervor.

mit Adjektiv	mit Adverb	mit Substantiv
о́чень краси́вый	совсе́м темно́	доро́га домо́й

Form

Adverbien werden **weder dekliniert noch konjugiert**. Sie können lediglich **Steigerungsformen** bilden.

§ Die Steigerung der Adverbien, S. 184

Наречие – Das Adverb

Steht am Ende des Adverbs ein Zischlaut mit -о, wird dieses -о betont, während ein -е unbetont bleibt: горячо́, свежо́, хорошо́; aber ра́ньше, жгу́че, злове́ще.

жгу́че – *brennend*
наподо́бие – *ähnlich*
дру́жески – *freundschaftlich*
свысока́ – *von oben herab*
дождли́во – *regnerisch*
по-друго́му – *anders*
по-мо́ему – *ich glaube, meiner Meinung nach*
во-пе́рвых – *erstens*
круго́м – *überall*
два́жды – *zweimal*
мо́лча – (*still-*) *schweigend*

Adverbien werden u. a. **mit folgenden Suffixen gebildet**:

-о	горячо́, нале́во, дождли́во
-е	жгу́че, наподо́бие
-и	дру́жески, по-ру́сски
-ому/-ему	по-друго́му, по-мо́ему
-ых/-их	во-пе́рвых, в-тре́тьих
-а	свысока́, спра́ва

Adverbien können **von verschiedenen Wortarten abgeleitet** werden.

von einem Substantiv	круг	▶ круго́м
von einem Adjektiv	тёплый	▶ тепло́
von einem Pronomen	твой	▶ по-тво́ему
von einem Zahlwort	два	▶ два́жды
von einem Adverbialpartizip	молча́	▶ мо́лча

Gebrauch

Adverbien lassen sich nach ihrer Bedeutung in zwei große Gruppen unterteilen: **bestimmende** und **attributive Adverbien**.

Bestimmende Adverbien bezeichnen die **Eigenschaften** eines Vorgangs oder eines Merkmals. Sie können sich nicht nur auf ein Verb, sondern auch auf ein Adjektiv, ein Substantiv oder ein anderes Adverb beziehen. Zu dieser Gruppe zählen:

- **qualitative** Adverbien, die eine Handlung oder ein Merkmal bewerten:

Мы **бы́стро** ушли́.	Де́вушка **по-настоя́щему** прекра́сна.

- **quantitative** Adverbien, die ein Ausmaß benennen:

Она́ **о́чень** уста́ла.	Суп **почти́** гото́в.

- Adverbien der **Art** und **Weise**:

наизу́сть – *auswendig*

Они́ хо́дят на рабо́ту **пешко́м**.	Я зна́ю э́ту пе́сню **наизу́сть**.

Endet das Adverb auf -ому/-ему oder -и, so wird hinter das Präfix по- ein Bindestrich gesetzt.

клад – *Schatz*

Zu den Adverbien der Art und Weise zählen Adverbien, die einen **Vergleich** oder eine **Ähnlichkeit** ausdrücken. Sie werden oft mit dem Präfix по- gebildet.

На́йденный клад друзья́ подели́ли **по-бра́тски**. (как бра́тья)	Пого́да **по-весе́ннему** со́лнечная. (как весно́й)

Наречие – Das Adverb

Die **attributiven Adverbien** können **Umstände** einer Handlung oder eines Vorgangs (z. B. den Ort und die Zeit) sowie den **Grund** und den **Zweck** bezeichnen. Sie beziehen sich meistens auf ein **Verb**. Man unterscheidet zwischen folgenden Bedeutungsgruppen:

- Adverbien des **Ortes**:

wo?	wohin?	woher?	
здесь, тут	сюда́	отсю́да	
там	туда́	отту́да	
внизу́	вниз	сни́зу	
вверху́	вверх	све́рху	
впереди́	вперёд	спе́реди	
сле́ва	нале́во, вле́во	сле́ва	etc.

Моя́ маши́на стои́т **сле́ва**.   Все уже́ ушли́ **домо́й**.

- Adverbien der **Zeit**:

позавчера́, вчера́, сего́дня, за́втра, послеза́втра, весно́й, давно́, по́здно, иногда́, ре́дко, ско́ро, когда́, тепе́рь, тогда́, одна́жды, ежедне́вно etc.

Ско́ро к нам прие́дут го́сти.   Го́сти прие́дут неизве́стно **когда́**.

Die Adverbien des Ortes und der Zeit können auch Formen mit **unbestimmter** oder **negativer Bedeutung** bilden.

где́-то, где́-нибудь	irgendwo
куда́-то, куда́-нибудь	irgendwohin
когда́-то, когда́-нибудь	einst, irgendwann
нигде́, не́где	nirgendwo
никуда́, не́куда	nirgendwohin
никогда́, не́когда	nie

- Adverbien des **Grundes**:

Мой авто́бус слома́лся. **Поэ́тому** я опозда́л на рабо́ту.   Он сказа́л э́то **сду́ру**.

- Adverbien des **Zwecks**:

Она́ **неча́янно** разби́ла свою́ люби́мую ча́шку.   Мы **специа́льно** пое́хали в Росси́ю, чтобы учи́ть ру́сский язы́к.

Einige Adverbien (**вдали́**, **внизу́**, **во́зле**, **впереди́** u. a.) können entweder als Adverbien oder als Präpositionen gebraucht werden. Vgl.: **Навстре́чу** шёл знако́мый. (Adverb) – **Навстре́чу** <u>нам</u> шёл знако́мый. (Präposition)

Die Präposition, S. 173

Die Adverbien mit **ни-** drücken eine situationsabhängige Verneinung, die Adverbien mit **не-** eine generelle Unmöglichkeit aus:
Я **нигде́** не гуля́ю. (*Ich gehe nirgendwo spazieren.*) – Мне **не́где** гуля́ть. (*Es gibt keinen Platz zum Spazierengehen.*)

Negationspronomen, S. 73

сду́ру – *aus Dummheit*
неча́янно – *unabsichtlich, aus Versehen*
специа́льно – *extra, absichtlich*

Наречие – Das Adverb

Die Steigerung der Adverbien

Die Steigerung der Adverbien

Qualitäts - und Beziehungsadjektive, S. 43

Qualitative Adverbien mit dem Suffix **-o**, die von Qualitätsadjektiven abgeleitet sind, können **Steigerungsformen**, also den **Komparativ** und den **Superlativ** bilden.

Der Komparativ der Adverbien

Die Formen des einfachen Komparativs der Adverbien stimmen mit dem Komparativ der Adjektive überein. Mehr zu Lautwechsel und Ausnahmen können Sie im Kapitel **Die Steigerung der Adjektive**, S. 49 nachlesen.

Der **einfache Komparativ** der Adverbien wird genau wie die entsprechende Komparativform der Adjektive gebildet. Dazu werden die Suffixe **-е**, **-ее/-ей** benutzt.

| бы́стро – быстре́е, быстре́й | то́нко – то́ньше |
| тепло́ – тепле́е, тепле́й | ти́хо – ти́ше |

Die Adverbien **далеко́**, **ра́но** bilden zwei Komparativformen. Die Form mit dem Suffix **-ше** wird vorwiegend in der Umgangssprache, die Form mit **-ее** in der Schriftsprache benutzt.

| далеко́ – да́льше, да́лее | ра́но – ра́ньше, ра́нее |

Einige Adverbien bilden Komparativformen von **anderen Stämmen**.

| хорошо́ – **лу́чше** | ма́ло – **ме́ньше, ме́нее** |
| пло́хо – **ху́же** | мно́го – **бо́льше, бо́лее** |

Der **zusammengesetzte Komparativ** wird mit Hilfe von **бо́лее** gebildet.

| интере́сно – **бо́лее** интере́сно | глубоко́ – **бо́лее** глубоко́ |
| светло́ – **бо́лее** светло́ | ме́дленно – **бо́лее** ме́дленно |

Zum Unterschied zwischen dem Komparativ von Adjektiven und Adverbien

Die Steigerung der Adjektive, S. 49

Der **Komparativ** der **Adverbien** und der **Komparativ** der **Adjektive** unterscheiden sich nur durch ihre **Funktion** im Satz voneinander. Das **Adverb** bezeichnet meistens eine **Eigenschaft** einer **Handlung** und bezieht sich auf das **Verb**.
Das **Adjektiv** hingegen bezeichnet eine **Eigenschaft** eines **Gegenstands** oder einer **Person** und bezieht sich auf ein **Substantiv** oder **Pronomen**. Der Komparativ eines Adverbs drückt also eine stärkere Ausprägung eines Handlungsmerkmals aus, der Komparativ eines Adjektivs vergleicht Gegenstände oder Personen.

за́яц – *Hase*
черепа́ха – *Schildkröte*

| **Adverb** | **Adjektiv** |
| За́яц <u>бе́гает</u> **быстре́е** черепа́хи. | <u>За́яц</u> **быстре́е** черепа́хи. |

184

Наречие – Das Adverb

Übungen

Die Komparativformen **дáльше, дáлее, бóлее, мéнее, рáньше, рáнее** werden nur als Adverbien verwendet. Die Wörter **бóльше** und **мéньше** haben gleichlautende adjektivische Formen, die allerdings eine andere Bedeutung haben, da sie den Komparativ von **большóй** und **мáленький** darstellen.

Adverb	Adjektiv
Вам нáдо **бóльше** (*mehr*) двúгаться и **мéньше** (*weniger*) курúть.	Этот чемодáн **бóльше** (*größer*) сýмки, а тот – **мéньше** (*kleiner*).

Die genannten acht Komparativformen treten oft in festen **Redewendungen** auf. Dabei verlieren sie häufig die Bedeutung des Vergleichs.

бóлее úли мéнее	mehr oder weniger, einigermaßen
и так дáлее	und so weiter
рáньше úли пóзже	früher oder später
ни бóльше ни мéньше	nicht mehr und nicht weniger

Der Superlativ der Adverbien

Die Bildung der **zusammengesetzten** Form des **Superlativs** der Adverbien entspricht der Bildung des Superlativs der Adjektive mit **всегó** oder **всех**.

§ Der zusammengesetzte Superlativ, S. 51

Мúша плáвает **быстрéе всех**.	**Бóльше всегó** он лю́бит плáвать.

Man kann den Superlativ auch mit der Grundform des Adverbs und dem Wort **наибóлее** bilden, allerdings ist diese Form nur in der Schriftsprache üblich.

Кáлий **наибóлее энергúчно** реагúрует с водóй.	Эта вéрсия звучúт **наибóлее правдоподóбно**.

кáлий – *Kalium*
звучáть – *klingen*
правдоподóбно – *glaubwürdig, plausibel*

Es gibt auch die **einfache** Form des **Superlativs** mit den Suffixen **-айше/-ейше**. Sie gilt jedoch als veraltet und wird heutzutage sehr selten verwendet.

Кормúть зверéй **строжáйше** запрещенó.	Das Füttern der Tiere ist strengstens verboten.

Übungen

1. Wie lautet das **Adverb** zu folgenden Adjektiven und Pronomen?*

a) холóдный

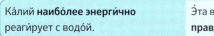
  хóлодно

b) лéвый

_____

e) спокóйный

_____

f) свой

_____

185

Üben und Anwenden

Das Adverb: Die Steigerung der Adverbien

c) бли́зкий

_____

d) мой

_____

g) похо́жий

_____

h) осторо́жный

_____

2. Bilden Sie den **Komparativ** und den **Superlativ** der Adverbien.**

a)	ма́ло	_меньше_	_меньше всех/всего_
b)	ла́сково	_____	_____
c)	бы́стро	_____	_____
d)	ме́дленно	_____	_____
e)	далеко́	_____	_____
f)	тру́дно	_____	_____
g)	мя́гко	_____	_____
h)	хорошо́	_____	_____
i)	пло́хо	_____	_____
j)	мно́го	_____	_____
k)	бли́зко	_____	_____

ла́сково – *liebevoll*

3. Entscheiden Sie, ob ein **Adverb** oder ein **Adjektiv** zu ergänzen ist. Achten Sie bei den Adjektiven auf die richtige Form.**

рассерди́ться – *wütend werden*
настрое́ние – *Laune, Stimmung*
кре́пкий – *fest*

a) Я (си́льный/си́льно) _сильно_____ рассерди́лся.

b) Э́той о́сенью (ча́стый/ча́сто) _____ идёт дождь.

c) У него́ всегда́ (хоро́ший/хорошо́) _____ настрое́ние.

d) Студе́нт (плохо́й/пло́хо) _____ сдал экза́мен.

e) Э́то (пра́вильный/пра́вильно) _____ отве́т.

f) Кот весь день (кре́пкий/кре́пко) _____ спит.

g) Вчера́ они́ верну́лись (по́здний/по́здно) _____.

h) У нас (мно́гий/мно́го) _____ рабо́ты.

i) Я услы́шал (ти́хий/ти́хо) _____ разгово́р.

Наречие – Das Adverb
Prädikative Adverbien

Prädikative Adverbien

Einige Adverbien werden als **Prädikate in Sätzen ohne Subjekt** benutzt. Sie werden **prädikative Adverbien** genannt.

§ Das Prädikat, S. 211
Sätze ohne grammatisches Subjekt, S. 216
Das Verb *быть*, S. 120

Form

Prädikative Adverbien werden in drei **Zeitformen** verwendet. Im Präteritum und im Futur wird dafür das Verb **быть** verwendet (**было** – Präteritum, **будет** – Futur). Im Präsens lässt man das Verb **быть** weg.

Präteritum	Вчера было холодно.
Präsens	Сегодня холодно.
Futur	Завтра будет холодно.

Das **Substantiv**, das die betroffene Person bezeichnet, steht im **Dativ**.

| Нам было очень весело. | Тебе пора вставать. |

Anstelle von **быть** werden manchmal die Verben **стать, становиться, казаться** und einige andere verwendet:
Стало темно.

Prädikative Adverbien können **Steigerungsformen** bilden.

| Завтра будет лучше, чем вчера. (Komparativ) | Вчера было жарче всего. (Superlativ) |

Gebrauch

Prädikative Adverbien bezeichnen meist:

- den **physischen** oder den **psychischen Zustand** eines Menschen

| Мне больно. | Ему страшно. |

- **Wetter-, Natur- und Umweltumstände**

| Стало темно. | В комнате было пусто. |

- eine **Möglichkeit, Erlaubnis** oder **Pflicht** oder ein **Verbot**

Можно мне войти?	*Darf ich reinkommen?*
Вам надо отдохнуть.	*Sie müssen sich ausruhen.*
Тебе нужно выпить лекарство.	*Du musst das Medikament nehmen.*
Здесь нельзя фотографировать.	*Hier darf man nicht fotografieren.*

Die Wörter **надо, нужно, нельзя** etc. werden immer von einem Verb im Infinitiv begleitet.

§ Der Infinitiv, S. 106

Üben und Anwenden

Das Adverb: Prädikative Adverbien

Übungen

1. Kreuzen Sie die Sätze mit **prädikativen Adverbien** an.*

босико́м – *barfuß*

a) Я хожу́ по песку́ босико́м. ☐
b) Э́то упражне́ние интере́сно. ☐
c) Тебе́ не ску́чно? ☐
d) За́втра он бу́дет до́лго рабо́тать. ☐
e) Ра́ньше мне бы́ло тру́дно говори́ть по-ру́сски. ☐
f) Сюда́ нельзя́ входи́ть. ☐
g) Вам ещё ну́жен мой слова́рь? ☐

2. **Übersetzen** Sie ins Deutsche.**

a) Вам уже́ пора́ встава́ть!
_____

b) Кому́-нибудь на́до купи́ть биле́т?
_____

c) Мне нельзя́ пить пи́во.
_____

худе́ть – *abnehmen*

d) Ей не на́до худе́ть.
_____

3. Schreiben Sie die Sätze so um, dass sie **prädikative Adverbien** enthalten.***

a) За́втра бу́дет тёплая пого́да.
За́втра бу́дет тепло́.

грусти́ть – *traurig sein*
беспоко́иться – *sich Sorgen machen*

b) Ле́кция была́ интере́сной для нас.
_____

c) Я грущу́.
_____

d) О́тпуск бу́дет хоро́шим.
_____

e) Она́ всегда́ беспоко́ится.
_____

Части́ца – Die Partikel

– Wie schön! Was ist das für eine Kirche?
– Ja, weißt du das denn nicht? Das ist doch die Basilius-Kathedrale. Das weiß sogar ich.

Partikeln sind **Hilfswörter** ohne selbstständige Bedeutung, die Wörtern oder ganzen Sätzen **zusätzliche Bedeutungsschattierungen** verleihen.

Неуже́ли опя́ть идёт снег?	Schneit es etwa schon wieder?
Мне **так** надое́ла зима́!	Ich habe den Winter so satt!

Form

Die Partikeln können aus nur **einem Wort**: же, ра́зве, бы, не, ни, нет, -то, кое-, уж usw.) oder aus **mehreren Wörtern** bestehen: а то (*sonst*), всего́-на́всего (*nur noch*), всё же (*doch*), ка́к же (*wie denn*), до чего́ (*wie*), как ра́з (*genau*), ли́шь бы (*wenn nur*).

Bei den zusammengesetzten Partikeln unterscheidet man zwischen den **untrennbaren** Partikeln, deren Teile nicht durch andere Wörter auseinander gebracht werden können, und den **trennbaren**, zwischen deren Teile ein Wort oder mehrere Wörter eingeschoben werden können.

untrennbar	trennbar
Ка́к же я рад тебя́ ви́деть!	Пусть он бы пришёл по́зже.
Вря́д ли мы ви́делись ра́ньше.	Как мне не пла́кать!
У меня́ как раз выходно́й.	Не ночева́ть же нам тут!*

Da die **einfachen Partikeln** je nach Kontext sehr unterschiedliche Bedeutungen annehmen können, auf die im Folgenden näher eingegangen wird, wird an dieser Stelle auf eine Übersetzung verzichtet.

*Не ... же wird immer durch ein Wort getrennt!

ви́деться – *sich sehen*
ночева́ть – *übernachten*

Части́ца – Die Partikel

Schreibung der Partikeln

Die Partikeln **кое-**, **-то**, **-таки**, **-либо**, **-нибу́дь**, **-ка** werden immer mit einem **Bindestrich** geschrieben:

> **кое**-кто́, ка́к-**то**, всё-**таки**, како́й-**либо**, где́-**нибудь**, да́й-**ка**

Die Partikeln **бы (б)**, **ли (ль)**, **же (ж)** werden **getrennt** geschrieben.

> Я **бы** купи́ла э́то пла́тье.
> На́до **ли** ду́мать об э́том?
> Ты **же** меня́ зна́ешь.

Die verneinenden Partikeln **не**, **ни** schreibt man in einigen Fällen zusammen, in anderen getrennt.

Die Partikel не schreibt man zusammen:

- wenn das Wort ohne **не** nicht vorkommt:

> **не**бре́жность, **не**доразуме́ние, **не**льзя́, **не**нави́деть

небре́жность – *Fahrlässigkeit*
недоразуме́ние – *Missverständnis*
ненави́деть – *hassen*

- wenn mit Hilfe von **не** ein neues Wort (ein Substantiv, ein Adjektiv oder ein Adverb) entsteht, dem ein Synonym ohne **не** entspricht:

несча́стье – го́ре	**не**пра́вда – ложь
невесёлый – гру́стный	**не**далеко́ – бли́зко
неве́рно – оши́бочно	**не**высо́кий – низкий

Negations-pronomen, S. 73

- mit verneinenden **Pronomen** ohne Präpositionen und mit verneinenden **Adverbien**:

не́кто, **не́**что, **не́**кого, **не́**чего, **не́**который	**не́**когда, **не́**куда, **не́**где

Das Partizip, S. 153

- mit **Langformen** von **Partizipien** ohne abhängige Wörter*:

> **не**допи́санное письмо́, **не**заме́ченная оши́бка, **не**мы́тое окно́

Die Partikel не schreibt man getrennt:

- von **Verben, Adverbialpartizipien, Kurzformen der Partizipien, Zahlwörtern, Präpositionen**:

> **не** спать, **не** смея́сь, **не** вы́полнен, **не** пе́рвый, **не** на столе́

* Hängt vom Partizip mindestens ein weiteres Wort ab, wird **не** getrennt geschrieben.
▶ S. 191

Частица – Die Partikel

- von Adjektiven und Adverbien im **Komparativ**:

| Моя́ пи́цца **не** ху́же твое́й. | Он поёт **не** ху́же Кару́зо. |

- von Substantiven, Adjektiven, Adverbien und Langformen der Partizipien, wenn eine **Gegenüberstellung** erfolgt:

| Э́то **не** пра́вда, а <u>ложь</u>.
Путь был **не** дли́нный, <u>а коро́ткий</u>. | Мы е́хали **не** бы́стро, <u>а ме́дленно</u>.
Дай мне **не** откры́тую буты́лку, <u>а закры́тую</u>. | ложь – *Lüge* |

- von allen **Pronomen***:

| Э́то **не** мой дом. | Э́ту рабо́ту сде́лали **не** мы. | *außer den Negationspronomen **не́кто**, **не́что**, **не́кого**, **не́чего** ohne Präpositionen. |

- von Langformen der Partizipien, die **abhängige Wörter** bei sich haben:

| **не** сва́ренный <u>до обе́да</u> суп | **не** прекраща́ющиеся <u>уже́ неде́лю</u> снегопа́ды | снегопа́д – *Schneefall* |

Bei den Negationspronomen **никто́**, **ничто́**, **никако́й**, **ниче́й** und den verneinenden Adverbien **нигде́**, **никуда́**, **никогда́** etc. verschmilzt die Partikel **ни** mit dem Pronomen bzw. dem Adverb. Diese Pronomen und Adverbien stehen in verneinenden Sätzen.

§ Negationspronomen, S. 73
Die doppelte Verneinung, S. 225

| **Никто́** <u>не</u> звони́л.
Ничего́ <u>не</u> ви́дно. | **Нигде́** <u>нет</u> мои́х ключе́й.
Я здесь **никогда́** <u>не́</u> был. |

Die Partikel ни schreibt man getrennt:

- von den Negationspronomen **никто́**, **ничто́**, **никако́й**, **ниче́й**, wenn sie mit einer **Präposition** stehen:

| Мы **ни** <u>с</u> ке́м не ссо́рились. | Я не слы́шала **ни** <u>о</u> како́й ава́рии. | ава́рия – *Unfall, Panne*
седо́й – *grau (Haare)* |

- wenn die Partikel **ни** in einem verneinenden Satz zur **Verstärkung der Verneinung** dient:

| У неё нет **ни** одного́ седо́го во́лоса. | Он **ни** ра́зу не был в Пари́же. |

- als Konjunktion **ни ... ни** (*weder ... noch*) in einem verneinenden Satz:

| У них нет **ни** ко́шки, **ни** соба́ки. | Я не слы́шу **ни** его́, **ни** тебя́. |

Части́ца – Die Partikel

Gebrauch

Die Partikeln haben **keine selbstständige Bedeutung**, daher können sie nicht als Satzglieder auftreten und auch nicht erfragt werden.
Nach der Bedeutung unterscheidet man folgende Gruppen von Partikeln.

1. **Fragepartikeln**: **ли (ль)**, **ра́зве**, **неуже́ли**.
Die Partikeln **ра́зве** und **неуже́ли** leiten nicht nur eine Frage ein, sondern drücken gleichzeitig **Zweifel**, **Unglauben** oder **Verwunderung** des Sprechers aus. Dabei beziehen sie sich auf den ganzen Satz und stehen meist an dessen Anfang. Sie können aber auch in der Satzmitte stehen.

Ра́зве ты не пойдёшь с на́ми?	*Kommst du denn nicht mit?*
Он **ра́зве** уже́ прие́хал?	*Ist er etwa schon angekommen?*
Неуже́ли ты ещё не ви́дел э́того фи́льма?	*Hast du diesen Film wirklich noch nicht gesehen?*

Fragesätze ohne Fragewort, S. 201
Satzgefüge, S. 234

Die Partikel **ли (ль)** bezieht sich auf irgendein Wort eines Fragesatzes ohne Fragewort und wird diesem Wort nachgestellt. Im Gegensatz zu den anderen Fragepartikeln trägt sie **keine Zusatzbedeutung**. Sie kann auch wie das deutsche *ob* in einem Nebensatz auftreten, der eine **indirekte Frage** ausdrückt.

До́лго **ли** нам ещё лете́ть?	Я не зна́ю, до́лго **ли** нам ещё лете́ть.

2. **Ausrufepartikeln**: **что́ за**, **ну́ и**, **как**.
Diese Partikeln betonen die **emotionale Seite** der Aussage. Sie stehen immer am Anfang des Satzes.

Что́ за ерунда́ тут напи́сана!	*Was für ein Quatsch steht hier geschrieben!*
Ну́ и ве́тер сего́дня!	*Das ist vielleicht ein Wind heute!*
Как тут краси́во!	*Wie schön es hier ist!*

3. **Bekräftigende Partikeln**: **да́же, и, же (ж), ведь, ни**.
Die Partikeln betonen einzelne Wörter und unterstreichen ihre **Wichtigkeit**.
Die Partikeln **да́же** und **и** haben dieselbe Bedeutung (*sogar*) und stehen immer vor ihrem Bezugswort.

Э́то **да́же** <u>ребёнку</u> поня́тно.	Э́то **и** <u>ребёнку</u> поня́тно.

Die Partikeln **же** und **ведь** haben ähnliche Bedeutung und werden ins Deutsche mit *doch* oder *ja* übersetzt.

Э́то **же** смешно́!	*Das ist doch lächerlich!*
Ты **ведь** меня́ зна́ешь.	*Du kennst mich ja.*

Части́ца – Die Partikel

Die Partikel **ведь** bezieht sich auf den ganzen Satz und hat keinen festen Platz im Satzgefüge.

Ведь мы собира́лись пойти́ в кино́.	
Мы **ведь** собира́лись пойти́ в кино́.	*Wir hatten doch vor, ins*
Мы собира́лись **ведь** пойти́ в кино́.	*Kino zu gehen.*
Мы собира́лись пойти́ **ведь** в кино́.	

Die Partikel **же** kann sich ebenfalls auf den ganzen Satz beziehen. Sie kann aber nie am Anfang eines Satzes stehen. Bezieht sich **же** auf ein einzelnes Wort, so wird es diesem nachgestellt.

Ты **же** ещё не ви́дел мой но́вый смартфо́н!	*Du hast mein neues Smartphone doch noch gar nicht gesehen!*
Я покажу́ тебе́ его́ сейча́с **же**.	*Ich zeige es dir jetzt sofort.*
У тебя́ тако́й **же** телефо́н?	*Hast du genau so ein Telefon?*

Die Partikel **ни** verstärkt die Verneinung:

Он не зна́ет **ни** сло́ва по-испа́нски.	*Er kennt kein (einziges) Wort auf Spanisch.*
У неё нет **ни** мину́ты вре́мени.	*Sie hat keine (einzige) Minute Zeit.*

§ Die doppelte Verneinung, S. 225

4. Einschränkende Partikeln: то́лько, лишь, лишь то́лько.
Diese Partikeln **schränken die Aussage** auf ihr Bezugswort **ein**, **лишь то́лько** kann außerdem in der Bedeutung *kaum* (Zeit) auftreten. Am häufigsten wird die Partikel **то́лько** gebraucht. Die Partikeln **лишь** und **лишь то́лько** sind eher in der Literatursprache üblich. Alle einschränkenden Partikeln stehen vor dem Bezugswort.

Я **то́лько** приме́рила пла́тье, но не купи́ла его́.	Я приме́рила **то́лько** пла́тье, а джи́нсы мне не понра́вились.
Она́ **лишь** улыбну́лась ему́, и он был сча́стлив.	Она́ улыбну́лась **лишь** ему́, остальны́е лю́ди ничего́ не заме́тили.

Лишь то́лько мы отошли́ от до́ма, мне кто́-то позвони́л.

5. Hinweisende Partikeln: вот, вон, э́то.
Die hinweisenden Partikeln **weisen** auf jemanden oder etwas **hin** und betonen das Bezugswort. Sie stehen meist am Anfang des Satzes, können aber auch andere Positionen einnehmen.

Вот мой дом.
Мой о́кна **вон** там, на тре́тьем этаже́.
Что́ **э́то*** за шум? – Э́то газоноко́силка.

*Bei **что́ э́то** fällt die Betonung auf **что́**, **э́то** hat keine eigene Betonung.

газоноко́силка – *Rasenmäher*

Части́ца – Die Partikel

Übungen

6. Die **verneinende Partikel не** steht immer vor dem Bezugswort.

Она́ мне сего́дня **не** звони́ла.	*Sie hat mich heute <u>nicht angerufen</u>.*
Она́ мне **не** <u>сего́дня</u> звони́ла.	*Sie hat mich <u>nicht heute</u> angerufen.*
Она́ **не** <u>мне</u> сего́дня звони́ла.	*Sie hat <u>nicht mich</u> heute angerufen.*
Не <u>она́</u> мне сего́дня звони́ла.	*<u>Nicht sie</u> hat mich heute angerufen.*

Indefinitpronomen, S. 76
Negationspronomen, S. 73
Das Adverb, S. 181
Der Konjunktiv, S. 148

7. Eine besondere Gruppe stellen die Partikeln dar, die zur **Bildung neuer Wörter oder grammatischer Formen** dienen.

unbestimmte Pronomen und Adverbien	ко́е-, -то, -ли́бо, -нибу́дь	ко́е-кто́, что́-**то**, како́й-**ли́бо**, куда́-**нибу́дь** …
verneinende Pronomen und Adverbien	не-, ни-	**не́**кто, **не́**что, **не́**который, **ни**куда́, **ни**когда́, **ни**како́й …
Konjunktiv	бы (б)	Она́ **бы** прочита́ла. Я **б** сказа́л.

Übungen

1. Setzen Sie die **passende Partikel** ein.*

> ни • вон • то́лько • то • же • ни- • ведь • бы • ра́зве • да́же • же • ни … ни

a) Е́сли _____ ты прие́хал, я была́ бы о́чень ра́да.

b) Извини́, у меня́ был _____ оди́н бана́н.

c) Тебе́ кака́я-_____ же́нщина звони́ла.

d) _____ ты меня́ не узнаёшь?

e) Мы _____ учи́лись в одно́м кла́ссе.

f) У меня́ с собо́й нет _____ копе́йки.

g) У меня́ _____ кошелька́ с собо́й нет, я его́ забы́ла.

h) Они́ живу́т в том _____ го́роде, что и твои́ знако́мые.

i) У них в э́том го́роде нет _____ друзе́й, _____ знако́мых.

j) Э́то поня́тно, _____ они́ живу́т там всего́ две неде́ли.

k) _____ там его́ шко́ла.

l) Вы ещё _____ когда́ здесь не́ были*?

*Bei **не́ бы́ли** fällt die Betonung auf **не**, **бы́ли** hat keine eigene Betonung.

Üben und Anwenden

Die Partikel

2. In welchen Sätzen stehen die hervorgehobenen **Partikeln** an der **richtigen Stelle**?*

a) Он ку́рит **не**.

b) Вы **ра́зве** не слы́шали после́днюю но́вость?

c) Ты **как** гро́мко поёшь!

d) Он опя́ть опозда́л **неуже́ли**?

e) Откры́то **ли** окно́?

f) И́нна **ведь** мо́жет рабо́тать медсестро́й.

g) **Кое**-где́ уже́ лежи́т снег.

Richtig: ___ , ___ , ___ , ___

3. Setzen Sie **не** oder **ни** ein.**

a) Я _не_ говорю́ по-португа́льски.

b) Он _____ говори́т _____ по-неме́цки, _____ по-англи́йски.

c) Э́то _____ моя́ кни́га.

d) У неё до́ма нет _____ пыли́нки.

e) По́вар _____ положи́л в суп _____ лу́ка, _____ чеснока́.

f) Ско́лько я ему́ _____ звоню́, _____ могу́ дозвони́ться.

g) Андре́й меня́ _____ о чём _____ проси́л.

пыли́нка – *Staubkorn*
чесно́к – *Knoblauch*
дозвони́ться + Dat. – *telefonisch erreichen*

4. Schreibt man die Partikeln **не** und **ни** zusammen (Z) oder getrennt (G)?**

	Z	G
a) Я чита́ю (не)интере́сную кни́гу.	☐	☐
b) Мне (не́)когда разгова́ривать, у меня́ дела́.	☐	☐
c) Тепе́рь мы (ни)куда́ не пое́дем.	☐	☐
d) (Не)спа́вшие дво́е су́ток тури́сты уже́ усну́ли.	☐	☐
e) У вас ещё есть (не)подпи́санные конве́рты?	☐	☐
f) Почему́ ты так меня́ (не)нави́дишь?	☐	☐
g) Он уже́ (ни)на что́ не наде́ется.	☐	☐
h) Э́то (не)смешно́, а гру́стно.	☐	☐

Междомéтие – Die Interjektion

– Oh, schau, gleich gibt es ein Tor!
– Los! Komm!
– Hurra!!! Tor!!!

Die Bedeutung von Interjektionen hängt meist vom Kontext ab.
Ой, как красиво!
Ой, как страшно!
Ой, зачем ты это сделал?

Interjektionen geben **Gefühle** und **Willensäußerungen** wieder, ohne diese zu benennen.

| Ух ты, как интересно! | Ach, wie interessant! |
| Увы, я не могу прийти. | Leider kann ich nicht kommen. |

Form

Interjektionen sind **unveränderlich** und mit keinem Satzglied verbunden.

Alle Interjektionen sind entweder **ursprünglich** (meistens einsilbige Wörter wie **ой, ах, ух** usw.) oder von anderen Wortarten **abgeleitet**: давай, ужас.

Nach einer Interjektion steht in der Regel ein **Komma** oder ein **Ausrufezeichen**.

Die russischen Interjektionen lassen sich nicht immer wortwörtlich ins Deutsche übersetzen. Sagen Sie die Sätze aus diesem Kapitel laut und probieren Sie ein paar deutsche Interjektionen (z. B. ach, oh, aua, boah, pfui etc.) aus.

| Спасибо, всё было очень вкусно. | Тс! Говорите тише! |

Gebrauch

Interjektionen können verschiedene **Gefühle** und **Emotionen** ausdrücken, z. B. Angst, Freude, Begeisterung, Verwunderung, Bedauern, Schmerz u. a.

противный – *eklig*
жаба – *Kröte*

Брр, страшно!	Ох, как жаль, что вы не приедете.
Ура! Я сдала экзамен!	Ай, горячо!
Ух ты, я такой красоты ещё не видел!	Фу, какая противная жаба!
	Ой, какой милый котёнок!

Междометие – Die Interjektion

Übungen

Interjektionen können auch verschiedene **Willensäußerungen** ausdrücken:

Aufforderung zu antworten	ау, эй
Hilferuf	карау́л
Aufforderung, leise zu sein	цыц, тс, чш
Aufforderung, loszugehen oder stehen zu bleiben	марш, дава́й, стоп, вон
Aufforderung, etwas zu nehmen	на, на́те*

*In diesem Fall unterscheiden sich die Interjektionen nach der Zahl: **на** (Sg.) und **на́те** (Pl.). Genauso verändern sich die Interjektionen **дава́й**(-**те**), **здра́вствуй**(-**те**).

Eine weitere Gruppe bilden die **Höflichkeitswörter**: алло́, приве́т, пока́, спаси́бо, пожа́луйста, здра́вствуйте u. a.

– Алло́, здра́вствуйте! Позови́те, пожа́луйста, Сергея́ к телефо́ну.
– Здра́вствуйте. Сейча́с позову́.
– Спаси́бо!

Zu den Interjektionen zählen auch **lautmalende Wörter**, Lautnachahmungen.

Колокола́ звоня́т: **дин-до́н**!   Коро́ва мычи́т: **му**.
Бух! С кры́ши упа́л снег.   Соба́ка ла́ет: **гав-гав**!

Manchmal kann eine Interjektion ein **Objekt erfordern**.

На́те вам ва́ши <u>перча́тки</u>.   Спаси́бо за <u>сове́т</u>.

Übungen

1. Suchen Sie die passende **Interjektion** aus.*

a) <u>Извините</u>_____ , мо́жно пройти́? – Да, коне́чно!

b) Апчхи́! – _____ .

c) _____ , переда́йте мне соль.

d) _____ , это Валенти́на? – Нет, вы оши́блись но́мером.

e) _____ , как твой дела́?

f) _____ , О́льга Петро́вна.

g) _____ , хоро́ших тебе́ снов!

h) _____ , Пётр Ильи́ч, был рад вас ви́деть.

> споко́йной но́чи • извини́те • алло́ • здра́вствуйте • до свида́ния • бу́дьте здоро́вы • пожа́луйста • приве́т

ошиби́ться но́мером – *sich verwählen*

Üben und Anwenden

Die Interjektion

2. Welches **Tier** sagt das? Passen Sie auf, auch Tiere sprechen im russischsprachigen Raum anders!*

коза́ – *Ziege*
овца́ – *Schaf*
воробе́й – *Spatz*
ку́рица – *Huhn*
пету́х – *Hahn*
куку́шка – *Kuckuck*

мышь • свинья́ • ко́шка • коза́ • овца́ • воробе́й • коро́ва • соба́ка • ку́рица • пету́х • куку́шка • лягу́шка • гусь • у́тка

a) бе – _____   h) чик-чири́к – _____

b) му – _____   i) хрю-хрю – _____

c) ку-ку – _____   j) га-га – _____

d) ме – _____   k) ква – _____

e) гав – _____   l) кря – _____

f) мя́у – _____   m) пи-пи – _____

g) кукареку́ – _____   n) ко-ко-ко́ – _____

3. Was sagen Sie in folgenden Situationen?**

a) Ein Unbekannter hat Ihnen einen Blumenstrauß geschenkt. _3_

b) Sie haben Kopfschmerzen und Ihre Kinder sind zu laut. ____

c) In Ihrer Suppe schwimmt eine Fliege. ____

d) Sie wurden gerade überfallen. ____

e) Ein Kind rennt gleich über die Straße und es kommt ein Auto. ____

f) Sie schauen aus dem Fenster, draußen tobt ein Sturm. ____

g) Sie haben sich einen Hammer auf den Fuß fallen lassen. ____

h) Ihre Kollegin klagt über Migräne. ____

i) Ihr Computer ist plötzlich abgestürzt und alle Ihre Daten sind weg. ____

j) Sie sitzen in einem Straßencafé, plötzlich springt eine Katze auf Ihren Tisch. ____

1.	Стоп!	6.	Карау́л! На по́мощь!
2.	Фу, кака́я га́дость!	7.	Ай, бо́льно!
3.	Ой, э́то мне?	8.	У́жас, ну и пого́да!
4.	Ох, сочу́вствую.	9.	Брысь отсю́да!
5.	Тс-с, не шуми́те.	10.	Нет! То́лько не э́то!

Простóе предложéние – Der einfache Satz

– Liebst du mich?
– Ja, sehr.
– Heirate mich!

Ein **einfacher Satz** besteht aus einem **Prädikat** und/oder einem **Subjekt**. Er kann durch andere Satzglieder (Objekte, Bestimmungen) erweitert werden.

 Satzglieder, S. 206
Sätze ohne grammatisches Subjekt, S. 216

> Дéвочка поёт.
> Дéвочка грóмко **поёт** нам весёлую пéсню.

Nach Art der Aussage unterscheidet man zwischen Aussagesätzen, Fragesätzen und Aufforderungssätzen.

Aussagesatz	Я ем макарóны.
Fragesatz	Ты ешь макарóны?
Aufforderungssatz	Éшьте макарóны!

Die Wortstellung in Aussage- und Fragesätzen

Im Russischen ist die **Wortstellung** weitgehend **frei**. Das bedeutet, dass die einzelnen Satzglieder theoretisch an jeder beliebigen Stelle im Satz stehen können. Allerdings ist zu beachten, dass die Bedeutung des Satzes u. a. von der Wortstellung abhängt und deswegen jede Veränderung der Wortstellung **inhaltliche Verschiebungen** mit sich bringt.

Простóе предложéние – Der einfache Satz

Die Wortstellung in Aussage- und Fragesätzen

Aussagesätze

Adverbialbestimmungen können Informationen zur Zeit, zum Ort sowie zur Art und Weise der Handlung enthalten.

Das Adverb, S. 181

In einem neutralen Aussagesatz sieht die Wortstellung folgendermaßen aus:

Subjekt	(Adverbialbestimmung)	Prädikat	(Objekt im Dativ)	(Objekt im Akkusativ)
Сóлнце		свéтит.		
Сáша	бы́стро	написáл	мне	письмó.

Einzelne Satzglieder können auch unabhängig von ihrer Position im Satz durch die Stimme betont werden.
Ты дóлжен был спросить. (du und nicht jemand anderes)
Ты **дóлжен** был спросить. (das wäre deine Pflicht gewesen)
Ты дóлжен был **спросить**. (Du hättest fragen sollen, anstatt dir alleine den Kopf zu zerbrechen.)

Eine andere Reihenfolge der Satzglieder ist grundsätzlich möglich, allerdings kommt es dadurch zu einer **Bedeutungsverschiebung**. Satzglieder, die im Deutschen durch Anheben der Stimme oder die Position am Satzanfang **betont** werden (in den Beispielen unterstrichen), stehen dabei im Russischen am **Satzende**:

Сáша бы́стро написáл мне **письмó**.	<u>Einen Brief</u> hat Sascha mir noch schnell geschrieben.
Сáша бы́стро написáл письмó **мне**.	<u>Mir</u> hat Sascha noch einen Brief geschrieben.

Fragesätze

Wie im Deutschen gibt es im Russischen **zwei Arten** von **Fragesätzen**. Die Fragesätze **mit Fragewörtern** dienen dazu, eine fehlende Information einzuholen. Fragen **ohne Fragewort** können mit **да** (*ja*) oder **нет** (*nein*) beantwortet werden.

Когдá ты вернёшься? – Вéчером.	На ýлице хóлодно? – **Да.**
Какóго цвéта её глазá? – Зелёного.	Дождь идёт? – **Нет.**

Fragesätze mit Fragewort

Interrogativpronomen, S. 69
Das Subjekt, S. 206

Zum Ausdruck einer Frage werden Fragewörter wie **что**? **кто**? **какóй**? **котóрый**? **когдá**? **кудá**? **где**? **почемý**? **скóлько**? u. a. verwendet. Sie stehen in der Regel **am Anfang des Satzes**.

Wenn das **Subjekt** des Satzes ein **Substantiv** ist, gilt folgende Wortstellung.

Fragewort	Prädikat	Subjekt
Где	живýт	жирáфы?
Когдá	вы́мерли	динозáвры?

вы́мереть – *aussterben*

Ist das **Subjekt** hingegen ein **Personalpronomen**, steht es direkt nach dem Fragewort.

Fragewort	Subjekt	Prädikat
Кудá	ты	идёшь?
Скóлько	он	вéсит?

вéсить – *wiegen*

Простóе предложéние – Der einfache Satz

Aufforderungssätze

Fragesätze ohne Fragewort

Die Wortstellung eines Fragesatzes ohne Fragewort unterscheidet sich im Russischen nicht von der eines Aussagesatzes. Der Satzteil, der erfragt wird, wird durch **Anheben der Stimme betont** (in den Beispielen unterstrichen).

Ein weiterer wichtiger Unterschied zum deutschen Fragesatz besteht darin, dass die **Stimme am Satzende** nicht nach oben geht, sondern wie in einem Aussagesatz **nach unten**. Eine Ausnahme bilden die Sätze, in denen der erfragte Satzteil direkt vor dem Fragezeichen steht (s. das letzte Beispiel).

> Онá <u>пойдёт</u> с нáми в кинó? – Да, онá пойдёт с нáми в кинó.
> Онá пойдёт <u>с нáми</u> в кинó? – Нет, онá пойдёт в кинó с друзьями.
> Онá пойдёт с нáми <u>в кинó</u>? – Нет, онá пойдёт с нáми в кафé.

Zum Ausdruck einer Ja/nein-Frage können auch die Fragepartikeln **ли**, **рáзве** und **неужéли** dienen. Die Partikel **ли** steht immer **nach dem Wort**, auf das eine Antwort gegeben werden soll. Die Fragepartikeln **рáзве** und **неужéли** stehen meistens am **Anfang des Satzes**, **рáзве** kann aber auch in der **Mitte** des Satzes stehen.

 Die Partikel, S. 189

> <u>Далекó</u> **ли** вы éдете? – Да, далекó.
> <u>Любите</u> **ли** вы Брáмса? – Да, люблю.
>
> **Рáзве** ты не знáешь Зóю?
> Ты **рáзве** не знáешь Зóю?
> **Неужéли** у негó опять грипп?

In der gesprochenen Sprache wird die Partikel **ли** in Fragen kaum gebraucht.

Aufforderungssätze

Mit Aufforderungssätzen drückt der Sprecher seinen **Wunsch** aus, andere Menschen **handeln zu lassen**. Meistens werden in solchen Sätzen Verben im Imperativ verwendet.

 Der Imperativ, S. 144

> **Принеси** мне, пожáлуйста, воды.   Не нáдо врать!

врать – *lügen*

Ist die Aufforderung an eine dritte **Person** gerichtet, wird die Partikel **пусть** (**пускáй**) verwendet.

 Gebrauch der Aspekte im Imperativ, S. 114

> **Пусть** он зайдёт ко мне.   *Er soll bei mir vorbeikommen.*
> **Пускáй** дéти игрáют в дéтской.   *Die Kinder sollen im Kinderzimmer spielen.*

Пусть und **пускáй** sind gleichbedeutend.

In **Losungen** benutzt man gewöhnlich die Partikel **да**.

> **Да** здрáвствует мир и свобóда!   *Es lebe der Frieden und die Freiheit!*
> **Да** бýдет свет!   *Es werde Licht!*

Простóе предложéние – Der einfache Satz

Aufforderungssätze

Das Präsens, S. 135
Das Präteritum, S. 131

Wird eine Aufforderung zum **gemeinsamen Handeln** ausgedrückt, in die sich der **Sprechende einschließt**, so steht das **Verb in der 1. Person Plural des Präsens** oder im **Präteritum Plural** (umgangssprachlich). Das Verb steht dabei meistens an der ersten Stelle.

| Идём скорéе. | Побежáли, а то опоздáем. |

Nach Aufforderungssätzen muss nicht unbedingt ein Ausrufezeichen stehen.

Ist die Aufforderung an **mehrere Personen** gerichtet, so endet das Verb auf **-те**. Diese Form dient auch als **Höflichkeitsform**.

| Споёмте, друзья! | Пойдёмте, пожáлуйста, сюдá. |

Die Aspekte des Verbs, S. 108
Das Futur, S. 140

In der Umgangssprache kann die Aufforderung durch **давáй** (**давáйте**) verstärkt werden. Ist das bedeutungstragende Verb dabei **vollendet**, so steht es nach **давáй** in der Form des **einfachen Futurs** (1. Pers. Pl.). Ist das **Verb unvollendet**, so steht es nach **давáй** im **Infinitiv**.

| Давáй зáвтракать. | Давáй позáвтракаем. |

Der Konjunktiv, S. 148

Eine **Empfehlung** kann mit dem Konjunktiv ausgedrückt werden.

| Хорошó **бы*** тебé поспáть. | Вам **бы́ло бы** полéзно плáвание. |

* Das **бы** ist eine (umgangssprachliche) Verkürzung von **бы́ло бы**.

Scharfe **Befehle** und **Verbote** drückt man mit dem Infinitiv aus.

| Стоять! | Рукáми не трóгать! |

трóгать – *anfassen, berühren*

Je nach **Art der Aufforderung** werden in Aufforderungssätzen unterschiedliche grammatische Konstruktionen verwendet.

Eine **Bitte** kann mit dem Imperativ und **пожáлуйста** sowie mit einem Fragesatz mit dem verneinten Konjunktiv ausgedrückt werden:

Der Konjunktiv, S. 148
Die Aspekte des Verbs, S. 108

| Открóй, пожáлуйста, буты́лку. | Вы не моглú бы позвáть Михаúла? |

Eine **Einladung** wird durch den Imperativ unvollendeter Verben ausgedrückt:

| Заходúте, раздевáйтесь. | Угощáйтесь, пожáлуйста. |

Um einen **Wunsch** oder eine **Empfehlung** auszusprechen, benutzt man gern den Konjunktiv:

| Вам хорошó бы сдéлать переры́в. | Ты бы позвонúл мне когдá-нибудь. |

Forderungen werden mit dem Imperativ vollendeter Verben geäußert:

предъявúть – *vorzeigen*

| Вы́йдите из маши́ны. | Предъявúте докумéнты. |

Простое предложение – Der einfache Satz

Übungen

Wie im Deutschen werden für **Befehle** der Infinitiv oder gar Konstruktionen ohne Verb benutzt:

| **Встать,** суд идёт. | Ру́ки вверх! |

Auch in **Aufrufen** kann das Verb weggelassen werden:

| **Дава́йте** не бу́дем ссо́риться. | Вперёд, за мной! |

Übungen

1. Ergänzen Sie die Sätze mit den Informationen aus den Klammern.*

a) Я купи́л паззл. (вчера́, де́тям)

   Я вчера купил детям паззл.

b) Продаве́ц не дава́л второ́й боти́нок. (до́лго, мне)

c) Почтальо́н прино́сит све́жие газе́ты. (всегда́, нам)

d) Макси́м показа́л свою́ но́вую маши́ну. (го́рдо, Са́ше)

e) И́горь сде́лает предложе́ние. (за́втра, Ле́не)

f) Врач вы́писал лека́рство. (сра́зу, больно́му)

g) Соба́ка принесла́ та́пки. (с ра́достью, хозя́ин)

h) Пе́тер да́рит цветы́. (ча́сто, Ри́вка)

i) Окса́на передаёт приве́т. (обы́чно, Андре́й)

боти́нок – *Schnürschuh*

сде́лать предложе́ние – *einen (Heirats-)Antrag machen*

хозя́ин – *Herrchen, Besitzer*

та́пок – *Hausschuh*

передава́ть приве́т – *grüßen lassen*

203

Üben und Anwenden

Der einfache Satz: Aussage-, Frage- und Aufforderungssätze

2. Kreuzen Sie an, welche Bedeutung die **Aufforderungssätze** haben.*

		Bitte	Empfehlung	Befehl
a)	Возьми́, пожа́луйста, тру́бку.	☐	☐	☐
b)	Тебе́ сто́ит поду́мать об э́том.	☐	☐	☐
c)	Позва́ть его́ сюда́!	☐	☐	☐
d)	Позвони́ мне, когда́ придёшь.	☐	☐	☐
e)	Да́йте мне, пожа́луйста, воды́.	☐	☐	☐
f)	Хорошо́ бы вам ме́ньше кури́ть.	☐	☐	☐
g)	Ни ша́гу вперёд!	☐	☐	☐
h)	Ты бы не отвлека́лся.	☐	☐	☐
i)	Ты не мог бы принести́ мне шарф?	☐	☐	☐

Dat. + сто́ить – *jmd. sollte*

отвлека́ться – *sich ablenken (lassen)*

3. Beantworten Sie die Fragen mit **ganzen** Sätzen und **betonen** Sie die in Klammern stehenden Wörter durch die **Position im Satz**.**

a) Куда́ ты ходи́л вчера́? – (в бассе́йн)

  Я вчера ходил в бассейн.

b) Когда́ ты ходи́л в бассе́йн? – (вчера́)

  _____

c) Кому́ вы пода́рите э́ти цветы́? – (учи́тельнице)

  _____

d) Вы пое́дете и́ли полети́те в Ита́лию? – (полети́м)

  _____

флéйта – *Flöte*

e) Кто из вас игра́ет на флéйте? – (моя́ подру́га)

  _____

4. Stellen Sie **Fragen** zu den unterstrichenen Wörtern.**

a) *– Что у вас на обед?*

  – У нас на обе́д <u>борщ</u>.

b) _____

ветря́нка (ветряна́я о́спа) – *Windpocken*

  – Он боле́л <u>ветря́нкой</u>.

c) _____

Üben und Anwenden

Der einfache Satz: Aussage-, Frage- und Aufforderungssätze

– Это была песня <u>о любви</u>.

d) _____

– После ужина я <u>читаю</u>.

e) _____

– Мой стол стоит <u>возле окна</u>.

f) _____

– Его родители приедут <u>завтра</u>.

5. Stellen Sie **Fragen: ohne Fragewort**, mit **ли**, **разве** und **неужели**.***

a) Ты хочешь мороженого.

Ты хочешь мороженого?

Хочешь ли ты мороженого?

Разве ты хочешь мороженого?

Неужели ты хочешь мороженого?

b) Марина умеет танцевать вальс.

_____

_____

_____

_____

c) Пингвины не умеют летать.

_____

_____

_____

_____

d) У неё есть брат.

_____

_____

_____

_____

Простóе предложéние – Der einfache Satz

Satzglieder: Das Subjekt

Satzglieder

Wörter im Satz, die auf eine Frage antworten, heißen **Satzglieder**.

Вчерá почтальóн принёс посы́лку для нáшего сы́на.

Кто принёс посы́лку?	Почтальóн.
Что сдéлал почтальóн?	Принёс.
Когдá почтальóн принёс посы́лку?	Вчерá.
Что принёс почтальóн?	Посы́лку.
Для когó почтальóн принёс посы́лку?	Для сы́на.
Для чьегó сы́на почтальóн принёс посы́лку?	Для нáшего.

Die sechs Wörter, die in diesem Satz erfragt werden können, sind Satzglieder. **Hilfswörter** (z. B. die Präposition **для** sowie ggf. vorhandene Konjunktionen, Partikeln und Interjektionen) sind dagegen **keine Satzglieder**, weil man keine Fragen dazu bilden kann.

Das Grundgerüst des Satzes bilden in der Regel das **Subjekt** und das **Prädikat**. Vom Prädikat können **Objekte** und **Adverbialbestimmungen** abhängig sein. Das Subjekt, Objekte und Adverbialbestimmungen können durch **Attribute** näher bestimmt und damit erweitert werden.

какóв? – *wie ist etwas?*

Die Fälle, S. 18

Подлежáщее – Subjekt	кто? что?	
Сказýемое – Prädikat	что дéлает? что дéлается? какóв? кто он?	
Дополнéние – Objekt	Fragen des Gen., Dat., Akk., Instr., Präp.	
Определéние – Attribut	какóй? чей? котóрый?	
Обстоя́тельство – Adverbialbestimmung	des Ortes где? кудá? откýда? der Zeit когдá?	des Zwecks зачéм? des Grundes почемý? der Art und Weise как?

влюблённый – *verliebt*
люби́мая/-ый – *Geliebte(r)*

Attribut	Subjekt	Adverbialbestimmung	Prädikat	Objekt
Мóкрая Влюблённый	собáка ю́ноша	бы́стро всегдá	принеслá дýмает	мя́чик. о люби́мой.

Das Subjekt

Das **Subjekt** hängt nicht von anderen Satzgliedern ab und beantwortet die Fragen **кто?** oder **что?**

Das Substantiv, S. 16
Das Pronomen, S. 57

Ein Subjekt kann sein:

- ein **Substantiv** im Nominativ, das durch ein Attribut erweitert werden kann.

рыбáк – *Fischer*
пылесóс – *Staubsauger*

| Рыбáк лóвит ры́бу. | Мой пылесóс сломáлся. |

Простое предложение – Der einfache Satz

Satzglieder: Das Subjekt

- ein **Pronomen** im Nominativ

Я иду́ на рабо́ту.	Все хло́пают в ладо́ши.

хло́пать в ладо́ши – *in die Hände klatschen*

- ein **substantiviertes Adjektiv**, **Partizip** oder **Zahlwort** im Nominativ

substantiviertes Adjektiv substantiviertes Partizip substantiviertes Zahlwort	Взро́слые сиде́ли в за́днем ряду́. Встреча́ющие подошли́ к по́езду. Восемна́дцать не де́лится на пять.

 Substantivierte Adjektive, S. 52

за́дний ряд – *hintere Reihe*

встреча́ющий – *jmd., der eine Person abholt*

дели́ться – *teilbar sein*

кури́ть – *rauchen*

разде́льно – *getrennt*

- ein **Verb** im Infinitiv

Кури́ть запреща́ется.	Рабо́тать бы́ло интере́сно.

- ein **Adverb**, eine **Interjektion** oder eine **Partikel** in der Funktion eines Substantivs

Adverb Interjektion Partikel	На́ше **за́втра** бу́дет прекра́сно. Его́ «**ура́!**» бы́ло слы́шно всем. «**Не**» с глаго́лами пи́шется разде́льно.

Wird das Subjekt durch eine **Wortverbindung** mit einer **Zahl-** oder **Mengenangabe** ausgedrückt, muss man die Form des Prädikats beachten.

Subjekt	Prädikat
Grundzahl im Nominativ + Substantiv im Genitiv	**Singular oder Plural** (mit два, три, четы́ре – meist im Plural) Ко мне пришли́ две подру́ги. Прошло́ два́дцать мину́т. Steht das Prädikat im Singular im **Präteritum**, so nimmt es die **sächliche Form** an: На ле́кции бы́ло шесть студе́нтов.
Sammelzahlwort im Nominativ + Substantiv im Genitiv	**Singular oder Plural**, mit о́ба/о́бе nur Plural Его́ ле́чит тро́е враче́й. Его́ ле́чат тро́е враче́й. Его́ ле́чат о́ба врача́.
Mengenangaben (мно́го, ма́ло, не́сколько u. a.) + Substantiv im Genitiv	mit **не́сколько**: Singular oder Plural Не́сколько дете́й пры́гали на дива́не. Не́сколько мину́т прошло́ незаме́тно. mit **ма́ло, нема́ло, мно́го, немно́го, ско́лько, сто́лько**: meist im Singular В шко́ле у меня́ бы́ло ма́ло друзе́й. В университе́те у меня́ ста́ло мно́го друзе́й.

 Bei Zahlwörtern, die auf **оди́н/одна́/одно́** enden, steht das Prädikat im Singular und stimmt mit dem Substantiv im Geschlecht überein:
Прие́хал со́рок оди́н студе́нт.
Прие́хала со́рок одна́ студе́нтка.

 Das Zahlwort, S. 84
Sammelzahlwörter, S. 91

 Wenn Sie in Sätzen mit Sammelzahlwörtern den Plural verwenden, sind Sie immer auf der sicheren Seite.

незаме́тно – *wie im Flug*

со́тня – *Hundert*

деся́ток – *zehn*

дю́жина – *Dutzend*

избира́тель – *Wähler*

проголосова́ть – *abstimmen*

207

Простóе предложéние – Der einfache Satz

Satzglieder: Abhängige Satzglieder

Subjekt	Prädikat
Zahlwörter wie тýсяча, миллиóн, миллиáрд und Substantive, die eine Menge bezeichnen (сóтня, десáток, дю́жина, грýппа, большинствó, часть u. a.)	Das Prädikat stimmt mit dem Substantiv in Zahl und Geschlecht überein. Тýсячи людéй <u>учáствовали</u> в мúтинге. Большинствó избирáтелей <u>проголосовáло</u> прóтив. Небольшáя часть избирáтелей <u>проголосовáла</u> за.
Substantiv im Nominativ + с + Substantiv im Instrumental	Plural Брат с сестрóй <u>занимáются</u> шáхматами.* Бáбушка с дéдушкой <u>приéдут</u> зáвтра.*
Zahlwort + из + Substantiv/Pronomen im Genitiv Plural	mit Zahlwörtern одúн/однá/однó/однú: Das Prädikat stimmt mit dem Substantiv in Zahl und Geschlecht überein. Однá из лошадéй <u>былá</u> больнá. Однú из тýфель <u>бы́ли</u> слúшком дорогúе. mit anderen Zahlwörtern: Plural Двóе из них <u>бы́ли</u> вооруженý. Чéтверо из нас ужé <u>ушлú</u>.

*In solchen Wortverbindungen kann man eins der Substantive oder beide Substantive durch Pronomen ersetzen:
Мы с вáми встрéтимся на слéдующей недéле.
Мы с брáтом чáсто встречáемся пóсле рабóты.

Personalpronomen, S. 58

вооружён – *bewaffnet*

Abhängige Satzglieder

Die **anhängigen Satzglieder** werden im Russischen nach ihrer Funktion im Satz bzw. nach den Fragen, auf die sie antworten, in drei Gruppen unterteilt:
- Objekte
- Attribute
- Adverbialbestimmungen.

Das Substantiv, S. 16
Substantivierte Adjektive, S. 52
Das Partizip, S. 153
Die Fälle, S. 18
Die Präposition, S. 173

Das **Objekt** bezeichnet einen **Gegenstand** oder eine **Person**, auf den bzw. auf die sich die Handlung des Satzes bezieht. Es antwortet auf **Fragen aller Fälle außer dem Nominativ**. Das Objekt wird meist durch ein **Substantiv** oder **Pronomen**, seltener durch ein **substantiviertes Adjektiv** oder **Partizip** sowie eine **Wortverbindung** ausgedrückt.

Простое предложение – Der einfache Satz

Übungen

Vom **Prädikat** hängt ab, in welchem **Fall** und/oder mit welcher **Präposition** das Objekt gebraucht wird.

Ему́ не хвата́ет вре́мени. (Substantiv)	не хвата́ть чего́?	Gen.
Я зави́дую тебе́. (Pronomen)	зави́довать кому́?	Dat.
Са́ша вспомина́ет про́шлое. (Adjektiv)	вспомина́ть что?	Akk.
Мы ду́маем о проше́дшем. (Partizip)	ду́мать о чём?	Präp. + о
Де́вочка игра́ет с маши́нкой бра́та. (Wortverbindung)	игра́ть с чем?	Instr. + с

не хвата́ть – *fehlen*
зави́довать – *neidisch sein, beneiden*
про́шлое, проше́дшее – *Vergangenheit*

Das **Attribut** bezeichnet ein **Merkmal** eines **Gegenstandes** oder einer **Person**. Es kann ein **Adjektiv**, **Partizip**, **Pronomen** oder ein **Zahlwort** sein und richtet sich in seiner Form nach seinem Bezugswort.

Там сиди́т **ры́жая** (Adjektiv) ко́шка.	кака́я?	Nom. Sg. fem.
Ма́ма жале́ет **пла́чущего** (Partizip) сы́на.	како́го?	Akk. Sg. mask.
Твои́ (Pronomen) руба́шки уже́ вы́сохли.	чьи?	Nom. Pl.
Втора́я (Zahlwort) кни́га ещё у меня́.	кака́я?	Nom. Sg. fem.

Merken Sie sich beim Lernen neuer Verben, welchen Fall und welche Präpositionen sie erfordern!

Adverbialbestimmungen geben **Ort**, **Zeit**, **Zweck**, **Grund**, **Art und Weise** einer Handlung an und werden durch **Adverbien**, **Adverbialpartizipien** oder **Substantive mit Präpositionen** ausgedrückt.

Сего́дня я **оста́нусь до́ма**. (Adverbien)	когда́? где?	Zeit, Ort
Мы **с трудо́м** (Präposition + Substantiv) вста́ли.	как?	Art und Weise
Не дозвони́вшись (Adverbialpartizip), я пове́сила тру́бку.	почему́?	Grund
Ты де́лаешь э́то мне **назло́**. (Adverb)	заче́м?	Zweck

§ Das Adverb, S. 181

ры́жий – *rothaarig*
жале́ть – *trösten*
с трудо́м – *mühsam*
дозвони́ться – *telefonisch erreichen*
пове́сить тру́бку – *den Hörer auflegen*
назло́ – *zum Trotz*

Übungen

1. Unterstreichen Sie das **Subjekt** und schreiben Sie, welche Wortart es ist.*

a) <u>Мы</u> сиди́м на ле́стнице и разгова́риваем.   (*Pronomen*)

b) Понеде́льник – день тяжёлый.   (_____)

c) Фотографи́ровать здесь нельзя́.   (_____)

d) Чита́ющие мно́го зна́ют.   (_____)

e) Се́меро одного́ не ждут.   (_____)

f) Меня́ разбуди́ло гро́мкое «мя́у!».   (_____)

g) На́ше за́втра начина́ется сего́дня.   (_____)

h) Рабо́чие возвраща́ются с фа́брики.   (_____)

Се́меро одного́ не ждут. – *Sechs oder sieben sollen nicht harren auf einen Narren, sondern essen und des Narren vergessen.*

Üben und Anwenden

Der einfache Satz: Satzglieder: Das Subjekt, abhängige Satzglieder

2. Setzen Sie die **Prädikate** in die richtige Form.**

го́лубь – *Taube*

a) Мы с Ма́шей никогда́ не _ссо́римся_ (ссо́риться – Präs.).

b) Шесть дете́й _____ (уме́ть – Präs.) са́ми одева́ться.

c) В аква́риуме _____ (пла́вать – Präs.) мно́го ра́зных краси́вых ры́бок.

Sammelzahl-wörter, S. 91 §

d) Большинство́ посети́телей музе́я _____ (не знать – Präs.) об э́том за́ле.

e) Сто оди́н студе́нт _____ (прийти́ – Prät.) на ле́кцию.

f) Па́ра сапо́г _____ (стоя́ть – Prät.) в коридо́ре.

g) Ско́лько часо́в _____ (пройти́ – Prät.) по́сле опера́ции?

h) Не́сколько велосипе́дов _____ (упа́сть – Prät.) от ве́тра.

i) Ио́сиф с Мари́ей _____ (уйти́ – Prät.) из го́рода.

3. Bilden Sie **Sätze** im Präteritum, achten Sie auf die Form des Subjekts und des Prädikats.***

a) на/пло́щадь/быть/мно́го/го́луби

_____

b) не́сколько/друзья́/стоя́ть/у/метро́

_____

c) в/э́тот/бале́т/танцева́ть/два/изве́стный/балери́на

_____

d) о́ба/её/сын/учи́ться/игра́ть/на/гита́ра

_____

e) мы/с/сестра́/ходи́ть/в/кино́

_____

f) на/кры́ша/сиде́ть/шесть/ко́шка

_____

Простóе предложéние – Der einfache Satz

Satzglieder: Das Prädikat

Das Prädikat

Das Prädikat hängt grammatisch vom Subjekt ab. Es bestimmt das Subjekt näher, indem es auf die Fragen **что дéлает?** (*was macht?*) **что дéлается?** (*was geschieht?*) **какóв?** (*wie ist?*) **какóй?** (*was für ein?*) **кто он?** (*wer/was ist er?*) antwortet.

Что дéлают стрóйтели?	Стрóйтели **стрóят** дом.
Что дéлается с дождём?	Дождь **начинáется**.
Каковá погóда?	Погóда **хорошá**.
Какáя сейчáс погóда?	Погóда сейчáс **хорóшая**.
Кто он по профéссии?	Он – **клóун**.

Das Prädikat kann eine **Handlung**, einen **Zustand**, eine **Eigenschaft** oder eine **Qualität** der durch das Subjekt ausgedrückten Person bzw. des Gegenstandes bezeichnen.

Das Prädikat stimmt mit dem Subjekt in der **Zahl** überein. Im Präteritum hat es außerdem dasselbe grammatische **Geschlecht** wie das Subjekt, im Präsens und im Futur dieselbe **Person**.

§ Das Präteritum, S. 131
Das Präsens, S. 135
Das Futur, S. 140

Артíст **поёт**.	Артíст **пел**.
Артíсты **поют**.	Артíстка **пéла**.
Вы **поёте**.	Вы **пéли**.

Man unterscheidet zwischen dem **einfachen** und dem **zusammengesetzten** Prädikat.

Das einfache Prädikat besteht aus einem Verb im Indikativ, im Konjunktiv oder im Imperativ.

§ Der Konjunktiv, S. 148
Der Imperativ, S. 144

Indikativ	Жéня **учи́лся** в университéте.
	Жéня **у́чится** в университéте.
	Жéня **бу́дет учи́ться** в университéте.
Konjunktiv	Жéня **бы учи́лся** в университéте.
Imperativ	**Учи́сь** в университéте!

Das zusammengesetzte Prädikat besteht aus zwei Teilen:

Погóда **былá отли́чная**.	Он **мóжет уéхать**.

Es gibt zwei Typen von zusammengesetzten Prädikaten: das **zusammengesetzte nominale** und das **zusammengesetzte verbale** Prädikat.

Ein **zusammengesetztes nominales Prädikat** setzt sich aus einem **Kopulaverb** und dem **Prädikatsnomen** zusammen.

Простóе предложéние – Der einfache Satz

Satzglieder: Das Prädikat

Im Präsens wird die Kopula **быть** meistens weggelassen.
Я готóва. (Präs.)
Я былá готóва. (Prät.)

Das **Kopulaverb** hat keine eigene Bedeutung, es bestimmt nur die **Zeit** und den **Modus** (Indikativ, Konjunktiv, Imperativ) des Prädikats. Meistens erscheint das Verb **быть** in dieser Funktion, aber auch einige andere Verben wie **являться**, **казáться**, **становúться**, **окáзываться**, **считáться** u. a. können als Kopulaverben gebraucht werden.

Das Verb *быть*, S. 120

Он **был профéссором**.
Морóз **бýдет сúльный**.
Бýдь готóв к вы́ходу.

Э́то **кáжется** мне **стрáнным**.
Кристúна **стáла учúтельницей**.
И́горь **считáется** хорóшим **специалúстом**.

Die Kopulaverben können nicht alleine auftreten, sie werden nur mit Prädikatsnomen gebraucht!

Der nominale Teil des Prädikats (das **Prädikatsnomen**) füllt die Bedeutung des Verbs mit **Sinn** auf und wird durch folgende Wortarten ausgedrückt:

- durch ein **Substantiv**:

Im **Präsens** steht das Substantiv im **Nominativ**, im **Präteritum** und im **Futur** im **Instrumental**.

Егó сестрá – **студéнтка**.	Мю́нхен – **столúца** Бавáрии.
Онá бýдет **экономúстом**.	Бонн был **столúцей** ФРГ.

Die Lang- und die Kurzform der Adjektive, S. 44
Die Steigerung der Adjektive, S. 49

- durch ein **Adjektiv**:

Adjektive können als Prädikate in ihren Kurz-, Lang- und Steigerungsformen auftreten.

Кнúга **былá интерéсная**.	Э́та кнúга **былá интерéснее** другóй.
Кнúга **былá интерéсна**.	Э́та кнúга – **сáмая интерéсная**.

In der gesprochenen Sprache wird häufiger der Nominativ, in der Schriftsprache der Instrumental gebraucht.

Im Präteritum und Futur können die Langformen der Adjektive als Prädikatsnomen im Nominativ oder im Instrumental stehen.

Ночь **былá тёмная**.	Ночь **былá тёмной**.
Дорóга **бýдет длúнная**.	Дорóга **бýдет длúнной**.

Ein Attribut bestimmt ein Wort näher, indem es Eigenschaften einer Person bzw. eines Gegenstandes bezeichnet.

Tritt die Langform des Adjektivs als Prädikatsnomen auf, so steht sie gewöhnlich nach dem Subjekt und dem Kopulaverb. Wenn das Adjektiv in der Langform vor dem Subjekt steht, ist es ein Attribut.

Вчерá былá **хорóшая** погóда. (Attribut)	*Gestern war schönes Wetter.*
Погóда былá **хорóшая**. (Prädikatsnomen)	*Das Wetter war schön.*

Die Kurzform der Partizipien, S. 163

- durch ein **Partizip Passiv** in der Kurzform:

Дом **пострóен**.	Письмó **бýдет отпрáвлено** зáвтра.

Простое предложение – Der einfache Satz

Satzglieder: Das Prädikat

- durch ein **Zahlwort**, **Adverb** oder **Pronomen**:

Трижды три **будет девять**.	Кто **это**?
Полина **была не замужем**.	Эти ботинки – **мой**.

Das Zahlwort, S. 84
Das Adverb, S. 181
Das Pronomen, S. 57

- durch ein **Adjektiv** oder **Pronomen** + **Substantiv** im Genitiv:

Мой брат **большого роста**.	Платье **было моего** размера.
Печенье **стало коричневого цвета**.	Окно **будет такой ширины**.

печенье – *Gebäck, Plätzchen*

рынок – *Markt*

- durch **один** + **из** Substantiv oder Adjektiv im Plural:

Ольга – **одна из дочерей** Аркадия Степановича.	Этот ноутбук – **один из самых** лучших на рынке.

Ein **zusammengesetztes verbales Prädikat** besteht aus einem **Infinitiv** und der konjugierten Form des **Hilfsverbs**.

Он **умеет летать**.	Снег **начал таять**.

Die **Hilfsverben** werden nach ihrer Bedeutung in zwei Gruppen eingeteilt.

- Verben, die den **Beginn**, die **Fortdauer** und das **Ende** einer Handlung oder eines Zustands ausdrücken

Мы **начинаем** убирать.	Дождь **продолжает** идти.
Певец **стал** петь.	Они **перестали** ссориться.

Mit diesen Verben werden immer unvollendete Verben gebraucht.

- Verben, die das **Können** oder das **Wollen** bezeichnen

Вы **можете** войти.	Оля **хочет** похудеть.
Она **умеет** менять лампочки.	Она **старается** меньше есть.

Bezeichnung des Beginns und des Endes einer Handlung, S. 111

Mit diesen Verben kann der Infinitiv sowohl des vollendeten als auch des unvollendeten Aspekts gebraucht werden.

Я сейчас не могу **говорить**. (uv)	Я сейчас не могу ничего **сказать**. (v)

лампочка – *Glühbirne*

Außerdem können die **Kurzformen** der **Adjektive должен** (*muss*), **готов** (*bereit*), **согласен** (*einverstanden*), **рад** (*froh*), **обязан** (*verpflichtet*) und einige andere als Bestandteil des zusammengesetzten verbalen Prädikats vorkommen. Im Präteritum und im Futur steht das Kopulaverb **быть** in der jeweiligen Form.

Я **был бы** очень **рад** вас видеть.	Вы **готовы** обедать?
Они **были обязаны** подписаться.	Она **будет должна** платить штраф.

Die Aspekte des Verbs, S. 108
Die Lang- und die Kurzform der Adjektive, S. 44
Das Verb быть, S. 120

подписаться – *Unterschrift setzen*

Üben und Anwenden

Der einfache Satz: Satzglieder: Das Prädikat

Übungen

1. Unterstreichen Sie das **Prädikat** und bestimmen Sie, ob es ein **einfaches** (A), **zusammengesetztes nominales** (B) oder **zusammengesetztes verbales** (C) ist.

a) Врач осма́тривает больно́го. (_A_)

b) Де́ти игра́ют в баскетбо́л. (___)

c) Вы удивлены́? (___)

d) Мо́ника – воспита́тельница. (___)

e) Я о́чень рад вас ви́деть. (___)

f) Был зи́мний день. (___)

g) Ночь была́ холодна́. (___)

h) Ему́ бу́дет нужна́ ва́ша по́мощь. (___)

i) Я ухожу́ домо́й. (___)

j) Парикма́херская начина́ет рабо́тать в во́семь часо́в. (___)

k) Они́ хотя́т написа́ть вме́сте но́вый рома́н. (___)

2. Finden Sie alle **15 Wörter**, die **mit einem Infinitivverb** gebraucht werden können.**

Seien Sie vorsichtig: Hier haben sich einige Verben versteckt, die nicht mit dem Infinitiv zu gebrauchen sind!

А	Г	У	Ч	И	Т	Ь	С	Я	С	Н	Й
М	О	Ч	Ь	Д	В	Х	И	З	П	А	К
Р	Т	М	Ч	Б	А	Ё	П	Н	А	Д	О
Д	О	Л	Ж	Е	Н	Ж	Р	У	Т	О	Н
Щ	В	Ъ	Э	Г	Л	Р	А	Д	Ь	Е	Ч
Б	Ф	О	Ъ	А	О	Д	З	Л	С	Д	А
Л	Ю	Б	И	Т	Ь	И	Р	О	Т	А	Т
Я	Х	Я	З	Ь	Ж	Д	Е	Л	А	Т	Ь
В	С	З	Ш	К	М	Е	Ш	А	Т	Ь	Ж
Ч	З	А	П	Р	Е	Щ	А	Т	Ь	Р	Б
Г	У	Н	Р	Е	Ш	А	Т	Ь	Д	К	В
Д	Е	П	Б	Р	А	Т	Ь	И	М	Х	О

___готов___ _____ _____

_____ _____ _____

_____ _____ _____

_____ _____ _____

214

Üben und Anwenden

Der einfache Satz: Satzglieder: Das Prädikat

3. Schreiben Sie die Sätze nach dem Muster im **Konjunktiv**. Benutzen Sie dabei die Wörter aus der Schüttelbox.**

a) Я глу́пый.

Если бы я был умный!

b) Ты бо́лен.

_____

c) Му́зыка сли́шком гро́мкая.

_____

d) Артём жена́т.

_____

e) Ва́ля за́мужем.

_____

f) Э́та ю́бка сли́шком дли́нная.

_____

g) Э́то дорого́й биле́т.

_____

> у́мный •
> холосто́й •
> дешёвый •
> коро́ткий •
> не за́мужем •
> ти́хий •
> здоро́вый

жена́тый – *verheiratet* (auf einen Mann bezogen)

холосто́й – *ledig* (auf einen Mann bezogen)

за́мужем – *verheiratet* (auf eine Frau bezogen)

не за́мужем – *ledig* (auf eine Frau bezogen)

4. In welchen Sätzen ist das **Prädikat falsch** markiert?**

		Falsch
a)	<u>Пусть</u> Мари́на мне <u>напи́шет</u>!	☐
b)	Э́тот фотоаппара́т <u>был</u> совсе́м <u>но́вый</u>.	☐
c)	Я <u>зна́ю</u> А́ллу Серге́евну.	☐
d)	Мы <u>переста́ли</u> <u>разгова́ривать</u>.	☐
e)	За́втра <u>бу́дет</u> <u>но́вый</u> день.	☐
f)	Окно́ <u>бы́ло</u> <u>вы́мыто</u> до бле́ска.	☐
g)	Ма́льчик <u>бои́тся</u> <u>идти́</u> к врачу́.	☐
h)	<u>Дава́й</u> <u>пригото́вим</u> пельме́ни.	☐
i)	Твоя́ сестра́ <u>тако́го</u> <u>же</u> <u>ро́ста</u>?	☐
j)	Мне <u>нужна́</u> <u>ру́чка</u>.	☐

блеск – *Glanz*
пельме́ни – *Teigtaschen*

Простое предложение – Der einfache Satz

Sätze ohne grammatisches Subjekt

Sätze ohne grammatisches Subjekt

In Sätzen ohne grammatisches Subjekt findet man **kein Substantiv und kein Pronomen im Nominativ. Dieser Satztyp ist** im Russischen eine weitverbreitete Erscheinung. In Abhängigkeit von der Konjugationsform des Verbs geben die Sätze ohne grammatisches Subjekt unterschiedliche Bedeutungen wieder.

По телевизору **показывают** новый фильм.	*Im Fernsehen wird ein neuer Film gezeigt.*
Ему никогда не **дозвонишься**!	*Ihn kann man telefonisch nie erreichen!*
Мне **жарко**.	*Mir ist heiß.*

Unbestimmt-persönliche Sätze

Unbestimmt-persönliche Sätze enthalten **kein Subjekt**, ihr Prädikat bezeichnet eine Handlung, die von einem unbestimmten Personenkreis ausgeführt wird.

букет цветов – *Blumenstrauß*

| Вам **пишут**. | Мне **подарили** букет цветов. |

Form

Im Präsens oder im Futur steht das **Verb**, das das Prädikat eines unbestimmt-persönlichen Satzes bezeichnet, immer in der **3. Person Plural**. Im Präteritum steht das Verb in der Pluralform.

Präteritum	Мне **звонили**?
Präsens	Мне **звонят**.
Futur	Мне **будут звонить**.

Einige russische unbestimmt-persönliche Sätze lassen sich ins Deutsche weder mit *man* noch mit einer Passivkonstruktion übersetzen: **Меня зовут Елена**. – *Ich heiße Jelena.*

Gebrauch

Unbestimmt-persönliche Sätze werden gebraucht, wenn die handelnde Person unwichtig ist und die **Aufmerksamkeit** des Sprechers der **Handlung** bzw. dem **Ereignis** gilt (wie in deutschen Sätzen mit *man* als Subjekt).

| Мне не **дали** выступить. | *Man ließ mich nicht auftreten.* |
| Об этом **писали** в газетах. | *Darüber schrieb man in den Zeitungen.* |

Mit unbestimmt-persönlichen Sätzen kann man auch deutsche **Passivkonstruktionen** übersetzen.

Das Passiv, S. 151

| Дом **построили** в 1956 году. | *Das Haus wurde 1956 gebaut.* |

Простое предложение – Der einfache Satz
Sätze ohne grammatisches Subjekt

Die Handlung, um die es in einem unbestimmt-persönlichen Satz geht, wird entweder von **einer unbestimmten Anzahl von Personen** oder **einer einzelnen, nicht näher bestimmten Person** ausgeführt.

Вокзал **ремонтируют** уже два года.   Мне **принесли** письмо.
(mehrere handelnde Personen)   (eine handelnde Person)

In einigen Fällen ist unklar, ob die Handlung von einer oder von mehreren Personen ausgeführt wird.

Вас **ждут**.   К тебе **пришли**.

Allgemein-persönliche Sätze

In allgemein-persönlichen Sätzen bezeichnet das Prädikat eine **Handlung**, die **von einer beliebigen Person** ausgeführt werden kann.

Её не **переубедишь**.   *Sie ist nicht zu überzeugen.*
Вас ничем не **удивишь**!   *Ihr seid durch nichts zu beeindrucken.*

Allgemein-persönliche Sätze werden oft mit der Konstruktion *ist ... zu* (+ Inf.) ins Deutsche übersetzt.

Form

Das Prädikat wird in allgemein-persönlichen Sätzen **meist** durch ein **Verb** der **2. Person Singular** wiedergegeben.

Слезами горю не **поможешь**.*   Такой музыки больше нигде не **услышишь**.

Das Prädikat kann auch durch ein **Verb** im **Imperativ** (Singular) ausgedrückt werden.

Век **живи** – век **учись**.*   Не **родись** красивой, а **родись** счастливой.*

Allgemein-persönliche Sätze kommen besonders häufig in **Sprichwörtern** vor (hier mit * gekennzeichnet).

Oft steht das Verb in der **3. Person Plural**.

После драки кулаками не **машут**.*   В лес дров не **возят**.*

Seltener wird das Prädikat durch ein Verb in der **1. Person Plural** ausgedrückt.

Что **имеем** – не **храним**, **потеряем** – **плачем**.*

слеза – *Träne*
горе – *Unglück*
век – *Jahrhundert*
драка – *Schlägerei*
кулак – *Faust*
дрова – *(Brenn-)Holz*
хранить – *bewahren*
В лес дров не возят.– *Man sollte keine Eulen nach Athen tragen.*
После драки кулаками не машут. – *Begangene Tat leidet keinen Rat.*

Простóе предложéние – Der einfache Satz

Sätze ohne grammatisches Subjekt

Gebrauch

Allgemein-persönliche Sätze werden gebraucht, wenn eine Handlung von einer beliebigen Person ausgeführt werden kann oder eine Behauptung für alle gilt (vor allem in **Sprichwörtern**, hier mit * gekennzeichnet).

Когдá **читáешь** интерéсную кни́гу, **забывáешь** обо всём.	**Знай** бóльше, а **говори́** мéньше.*

Unpersönliche Sätze

Unpersönliche Sätze bezeichnen Handlungen, die nicht von einer **handelnden Person** ausgeführt werden, also kein reales Subjekt haben.

Стáло холодáть.	*Es wird kälter.*
Мне **скýчно**.	*Mir ist langweilig.*

Form

Das **Prädikat** in einem unpersönlichen Satz kann in verschiedenen Formen auftreten.

Unpersönliche Verben, S. 127 §

1. **Unpersönliche Verben** als Prädikat

Unpersönliche Verben stehen immer in der **3. Person Singular**, im Präteritum in der sächlichen Form.

Ди́му **зноби́т**.	*Dima hat Schüttelfrost.*
Сегóдня Ми́ре не **спи́тся**.	*Heute kann Mira nicht (ein-)schlafen.*

Das Prädikat kann auch **zusammengesetzt** sein und ein **Hilfsverb** enthalten. Dabei steht das bedeutungstragende Verb im Infinitiv.

холодáть – *kalt werden*
смеркáться – *dämmern*
стóить – *sich lohnen*

Стáло холодáть.	**Началó** смеркáться.

In anderen Sätzen besteht das zusammengesetzte Prädikat aus einem **unpersönlichen Verb** in der 3. Pers. Sg. (Präsens und Futur) bzw. im Sg. neutr. (Präteritum) und dem **Infinitiv** eines **persönlichen Verbs**.

Мне **хóчется** есть.	Тебé **не стóит волновáться**.
Мне бýдет **хотéться** есть.	Тебé не **стóило волновáться**.

Простóе предложéние – Der einfache Satz

Sätze ohne grammatisches Subjekt

2. Einige **persönliche Verben** können als Prädikat in unpersönlichen Sätzen auftreten. Dabei erhalten sie unpersönliche Bedeutung.

persönliche Sätze		unpersönliche Sätze	
Нéбо **темнéет**.	Der Himmel wird dunkel.	Ужé **темнéет**.	Es wird dunkel.
Дýет вéтер.	Der Wind bläst.	В кóмнате **дýет**.	Im Zimmer zieht es.

Manchmal lassen sich **persönliche Sätze durch unpersönliche ersetzen**. Ihre Bedeutung bleibt dabei unverändert. Bei der Umformung eines persönlichen Satzes wird das Subjekt zum Instrumentalobjekt und das Prädikat wird in die sächliche Singularform des Präteritums gesetzt.

Meistens handelt es sich dabei um Naturereignisse, als Subjekt der persönlichen Sätze treten also Substantive wie **дождь**, **снег**, **водá**, **вéтер**, **грозá** usw. auf.

persönliche Sätze		unpersönliche Sätze	
Машину завалил <u>снег</u>.	Der Schnee hat das Auto unter sich begraben.	Машину завалило <u>снéгом</u>.	Das Auto wurde unter dem Schnee begraben.
Дорóгу размыл <u>дождь</u>.	Der Regen hat den Weg weggespült.	Дорóгу размыло <u>дождём</u>.	Der Weg wurde vom Regen weggespült.

завалить – *begraben*
размыть – *wegspülen*
грозá – *Gewitter*

3. **Prädikative Adverbien** können als Prädikat eines unpersönlichen Satzes gebraucht werden. Im Präteritum und im Futur werden die entsprechenden Formen von **быть** gebraucht, im Präsens wird es weggelassen. Anstelle von **быть** können auch die Verben **становиться**, **окáзываться**, **казáться**, **дéлаться** verwendet werden.

Мне **жáрко**.	Вошли гóсти, и **стáло шýмно**.
Мне **было жáрко**.	В вагóне **оказáлось пýсто**.
Мне **бýдет жáрко**.	Вдруг **сдéлалось темнó**.

Prädikate mit einem prädikativen Adverb können auch ein **Infinitivverb** enthalten.

Смешнó дýмать об этом.	Сюдá **мóжно приéхать** тóлько на машине.

Unpersönliche Sätze mit **слышно**, **видно** lassen sich **durch persönliche ersetzen**. Dabei wird das Akkusativobjekt (oder das Genitivobjekt bei Verneinung) zum Subjekt des persönlichen Satzes und das prädikative Adverb wird durch die Kurzform des Adjektivs ersetzt.

unpersönliche Sätze	persönliche Sätze
Видно рáдугу.	Рáдуга **виднá**.
Не **слышно** голосóв.	Голосá не **слышны**.

рáдуга – *Regenbogen*

Простое предложение – Der einfache Satz

Sätze ohne grammatisches Subjekt

Die Kurzform der Partizipien, S. 163

4. **Kurzformen** der **Partizipien** können auch als Prädikate von unpersönlichen Sätzen auftreten.

   In einem unpersönlichen Satz mit einer Kurzform eines Partizips als Prädikat kann **kein direktes Objekt** stehen (es sei denn, das Partizip hat ein Infinitivverb bei sich).

В журнале **написано** об этом.	Мне **сказано** вас встретить.

   Unpersönliche Sätze mit Partizipien als Prädikat kann man **in unbestimmt-persönliche Sätze umwandeln**:

unpersönliche Sätze	unbestimmt-persönliche Sätze
Здесь **запрещено курить**.	Здесь **запрещается курить**.
После обеда **решено идти** дальше.	После обеда **решили идти** дальше.

Die Negation, S. 224

Das Substantiv oder das Pronomen, das den fehlenden Gegenstand bzw. die fehlende Person bezeichnet, steht im Genitiv.

5. Das **Nichtvorhandensein** bzw. das **Fehlen** einer Person oder eines Gegenstands wird durch unpersönliche Sätze mit **нет** (Präsens), **не было** (Präteritum) und **не будет** (Futur) als Prädikat ausgedrückt.

Никого **нет** дома.	Вчера меня весь день **не было** дома.
У меня **нет** ручки.	Завтра **не будет** дождя.

In verненных unpersönlichen Sätzen können auch andere Verben mit **не** auftreten: **не существует, не стало, не оказалось, не нашлось, не бывает**.
Гномов **не бывает**.

Handelt es sich in einem unpersönlichen Satz um eine **Person**, so lässt sich der Satz durch einen **persönlichen** ersetzen. Das Genitivobjekt des unpersönlichen Satzes wird dabei zum Subjekt des persönlichen Satzes. Handelt es sich um einen **Gegenstand**, kann man den **Satz nicht in einen persönlichen** umwandeln.

unpersönliche Sätze	persönliche Sätze
Оксаны **не было** на празднике.	Оксана **не была** на празднике.
В комнате **не было** лампы.	–

Gebrauch

Unpersönliche Sätze beschreiben meist eine Handlung oder einen Zustand, die entweder gar **keine handelnde Person** bzw. **keinen handelnden Gegenstand** voraussetzen oder deren **Subjekt zweitrangig** ist, weil die Handlung an sich in den Vordergrund tritt.

Стало темно.	Мне не спится.
(keine handelnde Person)	(der Zustand ist wichtiger als das Subjekt)

Простóе предложéние – Der einfache Satz

Übungen

Die unpersönlichen Sätze mit unpersönlichen Verben als Prädikat berichten meist über den **Zustand** der **Natur** oder den **psychischen** bzw. den **physischen Zustand** des **Menschen**. Sie können auch das **Nichtvorhandensein** oder das **Fehlen** von jemandem oder von etwas sowie das **Müssen** oder **Wollen** bezeichnen.

Темнéет.	Влáду **хотéлось** петь.
Ребёнка **морóзит**.	Емý **пришлóсь** уйти.
Мне не **хватáет** тебя.	Им **нáдо** поéсть.

Durch das Benutzen von unpersönlichen Sätzen wird eine gewisse **Unwillkürlichkeit** einer **Handlung** oder eines Zustands zum Ausdruck gebracht. Die Handlung wird also nicht durch das Subjekt, sondern durch **äußere Umstände** verursacht.

Я **хочý** танцевáть.   Мне **хóчется** танцевáть.
(Das ist mein Wunsch.)   (Weil die Musik so feurig ist.)

Das unpersönliche Verb **хотéться** drückt außerdem einen schwächeren Wunsch als **хотéть** aus. Я **хочý** танцевáть. *Ich will tanzen.* – Мне **хóчется** танцевáть. *Ich möchte tanzen.*

Übungen

1. Verwandeln Sie die **persönlichen** Sätze in **unbestimmt-persönliche**.*

a) Тебé кто-то звони́т.

   Тебе звонят.

b) Врач вы́рвал мне зуб.

   _____

c) Кто́-то подари́л ей цветы́.

   _____

d) На мéсте пáрка строи́тели постро́или торго́вый центр.

   _____

e) Стюардéссы про́сят пассажи́ров пристегнýться.

   _____

f) У нас всегдá кто́-то свéрлит.

   _____

g) Тебя́ ужé кто-нибудь поздрáвил с Но́вым гóдом?

   _____

вы́рвать зуб – *einen Zahn ziehen*
торгóвый центр – *Einkaufszentrum*
пристегнýться – *sich anschnallen*
сверли́ть – *bohren*

Üben und Anwenden

Der einfache Satz: Sätze ohne grammatisches Subjekt

2. Bestimmen Sie, ob die Sätze **persönlich** (P) oder **allgemein-persönlich** (AP) sind.*

		P	AP
a)	Ты ре́дко сиди́шь до́ма.	☐	☐
b)	С тобо́й не соску́чишься.	☐	☐
c)	Э́ту кни́гу уже́ нигде́ не ку́пишь.	☐	☐
d)	Ты ку́пишь э́ту кни́гу за́втра.	☐	☐
e)	Ты узна́ешь меня́ по зелёной шля́пе.	☐	☐
f)	Его́ в очка́х и не узна́ешь.	☐	☐

соску́читься – *sich langweilen*

3. Ersetzen Sie die **персональных Sätze** durch **unpersönliche**.**

a) Я хочу́ вина́.

 Мне хочется вина.

b) Он не хоте́л идти́ в го́сти.

 _____

c) Она́ не сиди́т до́ма.

 _____

d) Сын не спит.

 _____

e) Ве́тер слома́л де́рево.

 _____

f) Урага́н снёс не́сколько домо́в.

 _____

урага́н – *Hurrikan*
снести́ – *wegreißen*
затяну́ть – *zuziehen*

g) Всё не́бо затяну́ли тёмные ту́чи.

 _____

h) Мне слы́шен чей-то го́лос.

 _____

i) Отсю́да ви́ден наш дом.

 _____

j) Они́ не ве́рят в успе́х пое́здки.

 _____

Übung und Anwenden

Der einfache Satz: Sätze ohne grammatisches Subjekt

4. Antworten Sie **negativ** auf die Fragen.**

a) У тебя есть сёстры?

   – Нет, у меня нет сестёр.

b) У вас есть часы?

c) Здесь была малина?   малина – *Himbeere*
   вешалка – *Garderobe*

d) У тебя есть свободное время?

e) Тут кто-нибудь есть?

f) В коридоре есть вешалка?

g) В номере есть душ?

5. Übersetzen Sie die Sätze ins Russische, benutzen Sie dabei **unpersönliche Satzkonstruktionen**.***

a) Es war kalt und dunkel.

b) Auf der Straße gab es niemanden.

c) Vor Nebel war nichts zu sehen.

d) Man hätte schnell nach Hause gehen sollen.

e) Manchmal waren merkwürdige Geräusche zu hören.

f) An einem solchen Abend möchte man zu Hause bleiben.

Die Negation

Im Russischen wird die **Verneinung** mit **не** und **нет** ausgedrückt.

| Сейча́с **не** идёт дождь. | Сейча́с **нет** дождя́. |

Die Negation mit *не* und *нет*

Mit der Negationspartikel **не** können im Russischen sämtliche Satzglieder verneint werden. Die Partikel **не** steht immer **vor dem zu verneinenden Satzglied**.

Мы вчера́ купи́ли но́вый пылесо́с.	*Gestern haben wir einen neuen Staubsauger gekauft.*
Не <u>мы</u> вчера́ купи́ли но́вый пылесо́с.	*Nicht wir haben gestern einen neuen Staubsauger gekauft.*
Мы **не** <u>вчера́</u> купи́ли но́вый пылесо́с.	*Wir haben den neuen Staubsauger nicht gestern gekauft.*
Мы вчера́ **не** <u>купи́ли</u> но́вый пылесо́с.	*Gestern haben wir keinen neuen Staubsauger gekauft.*
Мы вчера́ купи́ли **не** <u>но́вый</u> пылесо́с, а ста́рый.	*Gestern haben wir keinen neuen, sondern einen alten Staubsauger gekauft.*

Nach einem den Akkusativ regierenden verneinten Verb kann das **abhängige Objekt** sowohl im **Akkusativ** als auch im **Genitiv** stehen.

Я получи́л посы́лк**у**. (Akk.)	
Я не получи́л посы́лк**и**. (Gen.)	Я не получи́л посы́лк**у**. (Akk.)

Im Präsens bezeichnet das Wort **нет** als Prädikat das **Nichtvorhandensein**, das **Fehlen** eines Gegenstandes oder einer Person. Das Wort, das das Fehlende bezeichnet, steht in einem verneinenden Satz mit **нет** im Genitiv.

дневни́к – *Tagebuch*

| У него́ **нет** бра́та. | У неё **нет** дневник**а́**. |

Das Verb *быть*, S. 120
Unpersönliche Verben, S. 127

In den entsprechenden bejahenden Sätzen steht im Präsens das Verb **есть**.

| У него́ **есть** брат. | У неё **есть** дневни́к. |

Im Präteritum und im Futur wird das Wort **нет** nicht benutzt. Stattdessen werden die entsprechenden Formen von **быть** verwendet. Im Präteritum wird dafür **не́ было**, im Futur **не бу́дет** benutzt.

| У меня́ **не́ было** биле́та. | У меня́ **не бу́дет** биле́та. |

Простое предложение – Der einfache Satz

Übungen

Die Doppelte Verneinung

Steht in einem Satz ein **Negationspronomen** mit dem Präfix **ни-** (**никто́**, **ничто́**, **никако́й**, **ниче́й**) oder ein **verneinendes Adverb** (**нигде́**, **никуда́**, **никогда́**), so muss auch das Prädikat mit **не** oder **нет** verneint werden. Nach einem den Akkusativ regierenden Verb sowie nach **нет** steht das abhängige Negationspronomen immer im Genitiv.

 Negationspronomen, S. 73
Das Adverb, S. 181

Он **ничего́ не** купи́л.	Я **нигде́ не** нахожу́ второ́й носо́к.
Она́ **ни с кем не** дру́жит.	Мы **никуда́ не** пое́дем.
Здесь **нет ничего́** интере́сного.	**Никогда́ не** сдава́йся!

сдава́ться – *aufgeben*

Die doppelte Verneinung gilt auch bei der Verwendung der verstärkenden Negationspartikel **ни** vor anderen Wortarten.

Он **не** сказа́л **ни** сло́ва.	*Er sagte kein Wort.*
В э́том упражне́нии **нет ни** одно́й оши́бки.	*In dieser Übung gibt es keinen einzigen Fehler.*
На не́бе **ни** о́блака.*	*Am Himmel ist keine einzige Wolke.*

Die Partikel **ни** wird oft mit dem Wort **оди́н** verbunden.

*Die Partikel **нет** wird in Sätzen mit **ни** oft weggelassen.

Eine doppelte Negation durch die zweifache Verwendung von **не** hebt die Verneinung auf und verstärkt die Satzaussage.

Я **не** могла́ **не** рассказа́ть тебе́ об э́том слу́чае.	*Ich musste dir unbedingt von diesem Fall erzählen.*
Не могу́ **не** согласи́ться с Ва́ми.	*Ich kann Ihnen nur zustimmen.*

ни ... ни wird als *weder ... noch* übersetzt:
У меня́ нет **ни** зо́нтика, **ни** плаща́. – *Ich habe weder einen Regenschirm noch einen Regenmantel.*

Übungen

1. Kreuzen Sie die Sätze an, in denen die **doppelte Verneinung** eine Bejahung ausdrückt.*

a) Он не мог не вмеша́ться. ☐
b) У меня́ нет ни копе́йки. ☐
c) Я не хочу́ остава́ться здесь ни мину́ты. ☐
d) Э́того нельзя́ не заме́тить. ☐
e) Я ничего́ не ви́жу. ☐
f) Ты не мо́жешь не хоте́ть есть! ☐
g) Он уже́ никому́ не ве́рит. ☐
h) Вы не мо́жете не люби́ть бале́т! ☐
i) Мы так ни о чём и не договори́лись. ☐

вмеша́ться – *sich einmischen*

Üben und Anwenden

Der einfache Satz: Die Negation

2. Unterstreichen Sie die Sätze mit der **richtigen Wortreihenfolge.****

a) Ich kenne ihn nicht.
  1. Я зна́ю его́ не.
  2. Я его́ не зна́ю.

b) Ich komme nicht morgen.
  1. Я приду́ не за́втра.
  2. Я не приду́ за́втра.

c) Das ist nicht meine Tasche.
  1. Э́то не моя́ су́мка.
  2. Э́то моя́ не су́мка.

d) Warum rufst du sie nicht an?
  1. Почему́ ты не ей позвони́шь?
  2. Почему́ ты ей не позвони́шь?

e) Ich sehe den Vogel nicht.
  1. Я ви́жу не пти́цу.
  2. Я не ви́жу пти́цу.

f) Ich möchte nicht tanzen.
  1. Я не хочу́ танцева́ть.
  2. Я хочу́ не танцева́ть.

3. **Übersetzen** Sie ins Deutsche.**

a) У него́ нет ни друзе́й, ни семьи́.
  _____

b) Я никогда́ не был в Крыму́.
  _____

c) Андре́й не зна́ет ни одно́й украи́нской пе́сни.
  _____

d) Они́ не могли́ не помо́чь де́тям.
  _____

e) Я ни о чём не слы́шала.
  _____

f) Он не мог не вспо́мнить э́ту исто́рию.
  _____

Сло́жное предложе́ние –
Der zusammengesetzte Satz

– Ich habe gehört, dass Sascha Tanja einen (Heirats-)Antrag gemacht hat, als sie in Paris waren!
– Der Tanja, die er in einer Straßenbahn kennengelernt hat?
– Ja! Und sie war einverstanden, obwohl sie sich erst seit zwei Monaten kennen, aber die Hochzeit ist erst in einem Jahr.

Ein zusammengesetzter Satz besteht aus **zwei** oder **mehreren einfachen Sätzen**.

(1) Са́ша сде́лал предложе́ние Та́не, (2) и она́ согласи́лась.	(1) Са́ша сде́лал предложе́ние Та́не, (2) и она́ согласи́лась, (3) хотя́ они́ знако́мы всего́ два ме́сяца.

§ Der einfache Satz, S. 199

Einfache Sätze können **mit** oder **ohne Konjunktion** zu zusammengesetzten Sätzen verbunden werden.

Са́ша сде́лал предложе́ние Та́не, она́ согласи́лась.	Са́ша сде́лал предложе́ние Та́не, **и** она́ согласи́лась.

Bei den zusammengesetzten Sätzen mit Konjunktionen unterscheidet man zwischen **Satzverbindungen** und **Satzgefügen**.

§ Satzverbindungen, S. 228
Satzgefüge, S. 234

Сло́жное предложе́ние – Der zusammengesetzte Satz

Satzverbindungen

In einer **Satzverbindung** sind die einfachen Sätze **gleichwertig** und **einander nebengeordnet**.

> Ста́ло хо́лодно, и пошёл снег.
> Ста́ло хо́лодно, и поду́л ве́тер, и пошёл снег.

ско́льзко – *glatt, rutschig*
турагéнтство – *Reisebüro*
преподава́ть – *unterrichten*
вяза́ть – *stricken*
охо́титься – *jagen*
клубо́к – *Knäuel*

Ein **Satzgefüge** besteht aus einem **Hauptsatz** (1) und einem oder mehreren ihm **untergeordneten Nebensätzen** (2).

> (1) Я не хочу́ е́хать на маши́не, (2) потому́ что идёт снег.
> (1) Я не хочу́ е́хать на маши́не, (2) потому́ что идёт снег (2) и ско́льзко.

Satzverbindungen

Eine **Satzverbindung** besteht aus zwei oder mehreren nebengeordneten einfachen Sätzen, die auch **unabhängig** voneinander verwendet werden können.

Zum **Gebrauch** der Konjunktion **а**, S. 230

> Серге́й рабо́тает в турагéнтстве, а А́лла преподаёт му́зыку.
>
> Серге́й рабо́тает в турагéнтстве. А́лла преподаёт му́зыку.

Form

In einer durch die Konjunktion **и** verknüpften Satzverbindung steht **kein Komma**, wenn es ein **gemeinsames Satzglied** ist, das sich auf beide Teilsätze bezieht:
Сего́дня идёт дождь **и** ду́ет си́льный ве́тер.

Die Sätze in einer Satzverbindung werden mit **nebenordnenden Konjunktionen** miteinander verknüpft. Dabei werden sie durch **Kommas** getrennt.

> Ба́бушка вя́жет, и ко́шка охо́тится за клубко́м.
>
> Ба́бушка вя́жет, а ко́шка охо́тится за клубко́м.

Die Konjunktionen können aus einem Wort (**и, а, но, же, одна́ко, и́ли, ли́бо***) oder mehreren (**ни … ни, то … то, и́ли … и́ли, ли́бо … ли́бо, то ли … то ли, не то … не то***) Wörtern bestehen.

*Die Übersetzungen der Konjunktionen folgen auf der nächsten Seite.

> О́ливер е́дет на Байка́л по́ездом, **а** То́мас лети́т в Москву́ самолётом.
>
> **То ли** бензи́н ко́нчился, **то ли** мото́р слома́лся.

Oft können die Teilsätze ihre **Plätze tauschen**, ohne dass sich die Bedeutung des Satzes dadurch ändert (vgl. Satz 1). Manchmal kommt es allerdings doch zu einer Bedeutungsverschiebung (vgl. Satz 2).

> 1. Он поёт, а она́ танцу́ет.
> 2. Он ушёл, и она́ запла́кала.
>
> Она́ танцу́ет, а он поёт.
> Она́ запла́кала, и он ушёл.

Сложное предложение – Der zusammengesetzte Satz

Satzverbindungen

Gebrauch

Die Bedeutung des zusammengesetzten Satzes hängt von der Konjunktion ab, die die Teilsätze verbindet. Die nebenordnenden **Konjunktionen** werden in **drei Gruppen** eingeteilt:

anreihende:	и, ни … ни, и … и, не только … но и	*und, weder … noch, sowohl … als auch, nicht nur … sondern auch*
entgegensetzende:	но, однако, а, же	*aber, allerdings, und/aber, jedoch*
ausschließende:	то … то, или, либо, не то … не то, то ли … то ли	*mal … mal, oder, oder, ob … ob, oder*

Die Konjunktion **и** verbindet Sätze, in denen die Handlungen:
- **gleichzeitig** ablaufen

Солнце светит, **и** поют птицы.
Уже сварилась каша **и** испёкся пирог.

- **aufeinander** folgen

Открылась дверь, **и** вошли гости.
Скоро прозвенит звонок **и** начнётся урок.

- den **Grund** und die **Folge** bezeichnen (vor allem in Sätzen mit **потому**, **оттого** im zweiten Teil)

Пошёл дождь, **и** мы промокли.
Было -30°C, **и потому** школы были закрыты.

Die Konjunktion **ни … ни** verbindet **verneinte Sätze** und verstärkt die Verneinung. Sie kann durch **и** ersetzt werden.

Ни самолёты туда не летают, **ни** поезда не ездят.
(**И** самолёты туда не летают, **и** поезда не ездят.)

Die entgegensetzende Konjunktion **но** weist auf die **Gegenüberstellung** von zwei Handlungen bzw. Erscheinungen hinweist. Der **zweite Satz** enthält dabei das **Gegenteil** von dem, was **erwartet** wird.

Мы пошли в кафе, **но** оно было закрыто.
Он изучал философию, **но** ему приходится работать таксистом.

Die Konjunktion **однако** wird in der Bedeutung von **но** gebraucht.

Мы пошли в кафе, **однако** оно было закрыто.
Он изучал философию, **однако** ему приходится работать таксистом.

Nicht alle russischen Konjunktionen haben genaue Entsprechungen im Deutschen. Daher werden mehrere russische Konjunktionen mit einer deutschen Konjunktion übersetzt.

свариться – *gekocht werden*
испечься – *gebacken werden*

Zur Bezeichnung von aufeinanderfolgenden Handlungen werden **vollendete** Verben gebraucht.

Die Aspekte des Verbs, S. 108

звонок – *Klingel*
промокнуть – *nass werden*

Die doppelte Verneinung, S. 225

Vgl. Beispiele mit **но** auf S. 230

Однако wird hauptsächlich in der gehobenen Sprache verwendet.

Сло́жное предложе́ние – Der zusammengesetzte Satz

Satzverbindungen

Die Konjunktion **a** hat keine genaue Entsprechung im Deutschen und wird je nach Kontext mit *und* oder *aber* übersetzt. Diese Konjunktion verbindet Sätze, in denen zwei **Geschehen**, **Erscheinungen** oder **Eigenschaften verglichen** bzw. **gegenübergestellt** werden.

Ксю́ша у́чится в университе́те, **а** Окса́на рабо́тает в музе́е.	*Ksjuscha studiert an einer Uni, und Oksana arbeitet in einem Museum.*
По́ля хоте́ла пойти́ на дискоте́ку, **а** роди́тели ей не разреши́ли.	*Polja wollte in die Disco gehen, aber die Eltern erlaubten es ihr nicht.*

Man benutzt die Konjunktion **a**, wenn es keinen starken Widerspruch zwischen den Teilsätzen gibt. Der mit **a** eingeleitete Teilsatz enthält nur **zusätzliche Informationen**.

Ге́йдельберг – *Heidelberg*
мяу́кать – *miauen*
виля́ть хвосто́м – *mit dem Schwanz wedeln*
мурлы́кать – *schnurren*

В Мю́нхене идёт снег, **а** в Нюрнбе́рге су́хо.
В Ге́йдельберге ещё ве́чер, **а** в Москве́ уже́ по́лночь.

In verneinten Sätzen kann **a** auch *sondern* bedeuten.

Э́то <u>не</u> ребёнок пла́чет, **а** ко́шка мяу́кает.
<u>Не</u> он мне позвони́л, **а** я ему́ позвони́ла.

Vergleichen Sie die Sätze mit **и**, **но** und **а**.

Вчера́ пого́да была́ плоха́я,	**и** мы оста́лись до́ма.
	но мы всё-таки пое́хали в зоопа́рк.
	а сего́дня све́тит со́лнце.
Соба́ка виля́ет хвосто́м,	**и** ей ве́село.
	но я её бою́сь.
	а ко́шка мурлы́кает.

Die Konjunktion **же** wird wie **а** bei **Gegenüberstellungen** gebraucht, allerdings steht sie nie am Anfang des Teilsatzes sondern **nach dem ersten Wort** des zweiten Satzes und hebt es hervor.

Вчера́ пого́да была́ плоха́я, <u>сего́дня</u> **же** све́тит со́лнце.
Соба́ка виля́ет хвосто́м, <u>ко́шка</u> **же** мурлы́кает.

In Sätzen mit **то ... то** werden meist unvollendete Verben gebraucht.

Die ausschließende Konjunktion **то ... то** verbindet Sätze, deren **Handlungen einander ablösen**.

Стра́нная сего́дня пого́да: **то** со́лнце све́тит, **то** дождь льёт.
Я так не могу́ рабо́тать: **то** компью́тер зависа́ет, **то** телефо́н звони́т, **то** есть хо́чется.

лить – *gießen*
зависа́ть – *sich aufhängen*

Сложное предложение – Der zusammengesetzte Satz

Übungen

Die Konjunktion **или** steht, wenn **eine Aussage die andere ausschließt**.

Мне никто́ не звони́т, **и́ли** у меня́ не рабо́тает телефо́н.
И́ли Поли́на с Ми́шей прие́дут к нам, **и́ли** мы к ним пое́дем.

Die Konjunktion **ли́бо** hat dieselbe Bedeutung wie **и́ли**, ist aber etwas **hochsprachlicher**. Diese Konjunktion wird häufig in der Form **ли́бо … ли́бо** verwendet.

Мне никто́ не звони́т, **ли́бо** у меня́ не рабо́тает телефо́н.
Ли́бо Поли́на с Ми́шей прие́дут к нам, **ли́бо** мы к ним пое́дем.

Die Bedeutung der Konjunktionen **не то́ … не то́** und **то́ ли … то́ ли** ist der Konjunktion **и́ли** ähnlich, sie drücken jedoch außerdem **Ungewissheit** aus.

Не то́ кто́-то стучи́т в воро́та, **не то́** ве́тер их кача́ет.
То́ ли э́та коме́дия глу́пая, **то́ ли** у меня́ нет чу́вства ю́мора.

кача́ть – *bewegen*
глу́пый – *dumm*
чу́вство ю́мора – *Sinn für Humor*

Übungen

1. Bestimmen Sie, ob der Satz **einfach** (E) oder **zusammengesetzt** (Z) ist und setzen Sie, wenn nötig, ein **Komma**.*

		E	Z	
a)	Я лежу́ на дива́не и чита́ю кни́гу.	☐	☐	
b)	Мы лю́бим игра́ть в те́ннис а они́ не лю́бят.	☐	☐	
c)	Все уста́ли и нам пришло́сь сде́лать переры́в.	☐	☐	
d)	Твой брат ско́ро придёт и отвезёт нас домо́й.	☐	☐	
e)	Ста́ло о́чень жа́рко но мы шли да́льше.	☐	☐	
f)	В лесу́ бы́ло сы́ро и росло́ мно́го грибо́в.	☐	☐	сы́ро – *nass*

2. Verbinden Sie die Sätze mit **а** und **же**. Achten Sie dabei auf die **Wortfolge**.**

a) В кино́ мы бы́ли вчера́. В о́перный теа́тр мы пойдём в суббо́ту.

В кино мы были вчера, а в оперный театр мы пойдём в субботу.

В кино мы были вчера, в оперный театр же мы пойдём в субботу.

Üben und Anwenden

Der zusammengesetzte Satz: Satzverbindungen

мали́на – *Himbeere*
клубни́ка – *Erdbeere*

b) У меня́ аллерги́я на мали́ну. Клубни́ку я могу́ есть.
___
___
___

c) Она́ не лю́бит рок. Кла́ссика ей о́чень нра́вится.
___
___
___

d) Влад не говори́т по-англи́йски. По-неме́цки он говори́т свобо́дно.
___
___
___

3. Kreuzen Sie die Sätze mit **falschen Konjunktionen** an.**

ла́мпочка – *Glühbirne*
перегоре́ть – *durchbrennen*
хло́пать – *knallen*
автоотве́тчик – *Anrufbeantworter*
перезвони́ть – *zurückrufen*

a) Я включи́л свет, и́ли ла́мпочка перегоре́ла. ☐
b) Ди́ма откры́л окно́, и в ко́мнате ста́ло хо́лодно. ☐
c) Здесь шу́мно: не то́ две́ри хло́пают, не то́ му́зыка игра́ет. ☐
d) То́ ли вы пло́хо слы́шите, то́ ли я сли́шком ти́хо говорю́. ☐
e) В те́ксте мно́го незнако́мых слов, одна́ко Ле́на всё понима́ет. ☐
f) Мне пришло́ ва́жное письмо́, а мне на́до на него́ отве́тить. ☐
g) Ли́бо я успе́ю на авто́бус, ли́бо мне придётся идти́ пешко́м. ☐
h) Он оста́вил сообще́ние на автоотве́тчике, но я ему́ перезвони́л. ☐
i) Он звони́л нам, и мы уже́ ушли́. ☐
j) Ми́ше приноси́ли посы́лку, и его́ не́ было до́ма. ☐
k) Де́вочке подари́ли мяч, и она́ о́чень обра́довалась. ☐
l) Ка́тя зна́ет три языка́, но Тама́ра зна́ет два. ☐

Üben und Anwenden

Der zusammengesetzte Satz: Satzverbindungen

4. Setzen Sie die richtigen **Konjunktionen** (**и, а oder но**) ein.***

a) Этот фильм был о́чень стра́шный, _но_ я досмотре́л его́ до конца́.

_а_ тот – весёлый.

_и_ я его́ вы́ключил.

стра́шный – *gruselig*
ту́ча – *(Regen-)Wolke*
вско́ре – *bald*
спра́виться с + Instr.- *schaffen, hinbekommen*
посы́лка – *Paket*
дома́шний но́мер – *Festnetznummer*
рабо́чий но́мер – *Büronummer*
комар – *Stechmücke*
за́ город – *aufs Land*

b) И́ра у́чит неме́цкий уже́ пять лет, ___ почти́ не де́лает оши́бок.

___ говори́т с си́льным акце́нтом.

___ Ки́ра то́лько начина́ет его́ учи́ть.

c) На не́бе бы́ли тёмные ту́чи, ___ дождя́ не́ было.

___ мы так жда́ли со́лнца.

___ вско́ре пошёл дождь.

d) Это упражне́ние о́чень сло́жное, ___ ты с ним спра́вишься.

___ над ним на́до до́лго ду́мать.

___ то упражне́ние ле́гче.

e) В дверь позвони́ли, ___ почтальо́н принёс посы́лку.

___ пото́м я услы́шал стук.

___ я реши́л не открыва́ть.

f) Это мой дома́шний но́мер, ___ я до́ма то́лько по вечера́м.

___ ты мо́жешь звони́ть по нему́ в любо́е вре́мя.

___ рабо́чий но́мер я скажу́ тебе́ пото́м.

g) Я люблю́ приро́ду, ___ в лесу́ сли́шком мно́го комаро́в.

___ моему́ му́жу нра́вятся больши́е города́.

___ ча́сто е́зжу за́ город.

h) Бы́ло уже́ по́здно, ___ спать он не хоте́л.

___ он ника́к не возвраща́лся.

___ мы пошли́ спать.

Satzgefüge

Ein **Satzgefüge** besteht aus einem **Hauptsatz** und mindestens einem **Nebensatz**. Der **Hauptsatz** ist von den anderen Sätzen **unabhängig**, die **Nebensätze** sind ihm **untergeordnet** und erweitern oder erklären ihn näher.

Hauptsatz	Nebensätze
Он нашёл дом,	в котором он жил в детстве.
Он нашёл дом,	в котором он жил в детстве, когда его семья ещё жила в Ташкенте.

детство – *Kindheit*
спешить – *sich beeilen*

Zwischen dem Hauptsatz und dem Nebensatz steht immer ein **Komma**. Zwischen mehreren Nebensätzen, die miteinander durch eine nebenordnende Konjunktion verknüpft sind, steht **kein Komma**.

> Он не мог вспомнить, **где он был** и **как он туда попал**.

Der Nebensatz kann sich **auf den ganzen Hauptsatz beziehen**.

Когда я шёл домой, дул сильный ветер.	(Когда дул сильный ветер?)
Надо спешить, **потому что скоро придут гости**.	(Почему надо спешить?)

Nebensätze können sich aber auch **auf ein Satzglied des Hauptsatzes beziehen**.

Мне написала девушка, **с которой я познакомился в отпуске**.	(Какая девушка?)
Тот, кто знает ответ, может поднять руку.	(Кто может поднять руку?)

Ein Nebensatz kann sich **auf einen weiteren Nebensatz** oder **auf ein Satzglied eines Nebensatzes beziehen**.

Hauptsatz	Nebensatz 1	Nebensatz 2
Я знаю,	что надо много заниматься,	чтобы хорошо выучить русский.
Я попросил Аню,	чтобы она дала мне книгу,	которая лежит на столе.

Das Wort **что** kann in einem Satz eine Konjunktion, in dem anderen ein Konjunktionswort sein. Vgl.:
Я знаю, **что** ты скоро уедешь. (Konjunktion, da kein Satzglied)
Я знаю, **что** лежит у тебя в сумке. (Konjunktionswort, da das Objekt des Nebensatzes)

Die Nebensätze werden durch **unterordnende Konjunktionen** oder **Konjunktionswörter** (Relativpronomen oder Relativadverbien) mit dem Hauptsatz verbunden.

Die **unterordnenden Konjunktionen sind keine Satzglieder**, sie verknüpfen lediglich den Nebensatz mit dem Hauptsatz.

Relativpronomen, S. 71
Satzglieder, S. 206

что, чтобы, хотя, потому что, если u.a.	dass, damit (um zu), obwohl, weil, wenn u.a.

> В газете написано, **что** на выходных будет отличная погода.

Сло́жное предложе́ние – Der zusammengesetzte Satz
Objekt- und Subjektsätze

Die **Konjunktionswörter** (auch unechte Konjunktionen genannt) sind **Relativpronomen** und **Relativadverbien**, die als Bindewort auftreten und ihre Bedeutung im Satz behalten.

Relativpronomen, S. 71
Das Adverb, S. 181

Relativpronomen:	кто, что, како́й, кото́рый, чей	wer, was, welcher, der/welcher, wessen
Relativadverbien:	где, куда́, отку́да	wo, wohin, woher

Я зна́ю, **чей** э́то го́лос.
Ба́бушка забы́ла, **куда́** она́ положи́ла свои́ очки́.

Die **Hauptsätze** können **hinweisende Wörter** enthalten, die in Verbindung mit Konjunktionswörtern im Nebensatz stehen.

Hauptsatz		Nebensatz
тот	der	кото́рый, кто
то	das	что
так	so	как
тако́й	so ein, ein solcher	како́й
тогда́	dann	когда́
там, туда́, отту́да	dort, dorthin, von dort	где, куда́, отку́да

Тот, **кто** опозда́ет на вечери́нку, бу́дет мыть посу́ду!
В сле́дующий раз мы пое́дем **туда́**, **где** мы уже́ бы́ли.

Objekt- und Subjektsätze

Wenn der **Nebensatz** als **Objekt** zu einem Satzglied des **Hauptsatzes** (meist zum Prädikat) dient und auf Fragen nach dem Genitiv, Dativ, Akkusativ, Instrumental oder Präpositiv antwortet, nennt man ihn **Objektsatz**.

Satzglieder, S. 206

Я ви́жу пробле́му.	Я ви́жу, что у нас есть пробле́ма.
(что? – Akk.-Objekt)	(что? – Objektsatz)

Ein Objektsatz kann auch das **durch ein Pronomen ausgedrückte Objekt des Hauptsatzes** erläutern.

Она́ не по́мнит того́ (Gen.-Objekt), **что случи́лось вчера́**.
На́до найти́ тех (Akk.-Objekt), **кто мо́жет её знать**.

Oft kann man das Pronomen im Hauptsatz auch weglassen:

Она́ не по́мнит, **что случи́лось вчера́**.

Сложное предложение – Der zusammengesetzte Satz

Objekt- und Subjektsätze

Ein **Subjektsatz** übernimmt die Funktion des **Subjekts** zum Prädikat des **Hauptsatzes**.

мечтать о + Präp. – träumen von

> Мне было всё (что? – Subjekt) понятно.
>
> Мне было понятно, что она меня не узнаёт (что? – Subjektsatz).

Er kann auch das **durch ein Pronomen ausgedrückte Subjekt** des Hauptsatzes erläutern.

> Произошло то (Subjekt), о чём мы даже не мечтали.
> Тот (Subjekt), кого мы ждали, так и не пришёл.

Konjunktionen in Objekt- oder Subjektsätzen

Objekt- oder Subjektsätze werden durch folgende **Konjunktionen** eingeleitet:

Konjunktionen		
	что	dass
	чтобы	dass
	как	wie
	будто (бы)	dass (angeblich), ob
	ли	ob
	как бы не	dass ... nicht

Form

Durch **что, чтобы, как, будто (бы), ли** oder **как бы не** eingeleitete Nebensätze beziehen sich in der Regel auf das **Prädikat eines Hauptsatzes**.

> Я слышал, **что** ты больше не работаешь на телевидении.
> Передайте Сабине, **чтобы** она мне позвонила.
> Он видел, **как** убирают снег.
> Она не знает, смогут **ли** они приехать.

In einem durch **чтобы** oder **как бы не** eingeleiteten Objektsatz wird das **Prädikat immer durch ein Verb im Präteritum** ausgedrückt, egal, zu welchem Zeitpunkt die Handlung vor sich geht und welche Zeitform das Prädikat des Hauptsatzes hat.

In einem Nebensatz mit **как бы не** steht **как бы** am Anfang des Satzes und **не** vor dem Prädikat. Das Prädikat wird aber dadurch nicht verneint. Вера боится, **как бы** её сын **не** заболел. – *Vera befürchtet, dass ihr Sohn krank werden könnte.*

Я хочу, (Präs.)	чтобы ты всегда был со мной.
	чтобы ты завтра был со мной.
Я хотела, (Prät.)	чтобы ты вчера был со мной.
Он написал, (Prät.)	
Он пишет, (Präs.)	чтобы ему больше не присылали рекламу.
Он напишет, (Fut.)	
Вера боялась, (Prät.)	
Вера боится, (Präs.)	как бы её сын не заболел.
Вера будет бояться, (Fut.)	

Сло́жное предложе́ние – Der zusammengesetzte Satz
Objekt- und Subjektsätze

In einem Nebensatz mit **что**, **как**, **бу́дто бы**, **ли** kann das **Verb** im **Präteritum**, **Präsens** oder **Futur** stehen. Die Zeitform des Verbs im Nebensatz hängt nicht von der Zeitform des Verbs im Hauptsatz ab.

Das **Präsens im Nebensatz** wird gebraucht, wenn die Handlungen des Hauptsatzes und des Nebensatzes **gleichzeitig** verlaufen. Das Prädikat des Hauptsatzes kann dabei in allen drei Zeitformen stehen.

Она́ сказа́ла, Она́ говори́т, Она́ ска́жет,	что у неё боли́т голова́.	Sie sagte, dass sie Kopfschmerzen habe. Sie sagt, dass sie Kopfschmerzen habe. Sie wird sagen, dass sie Kopfschmerzen habe.
Я не знал, Я не зна́ю, Я не бу́ду знать,	мо́жно ли здесь кури́ть.	Ich wusste nicht, ob man hier rauchen darf. Ich weiß nicht, ob man hier rauchen darf. Ich werde nicht wissen, ob man hier rauchen darf.

 Ли steht nicht am Anfang des Nebensatzes sondern nach dem Satzteil, der erfragt wird: Я спроси́л, мо́жно **ли** вы́йти. (*ob man rausgehen darf*) Я спроси́л, все **ли** уже́ пришли́. (*ob alle schon gekommen sind*) Я спроси́л, здесь **ли** бу́дет ле́кция. (*ob die Vorlesung hier stattfindet*)

Das **Präteritum** des Verbs im Nebensatz gibt an, dass die Handlung des Nebensatzes **vor der Handlung des Hauptsatzes** verlief.

Она́ сказа́ла, Она́ говори́т, Она́ ска́жет,	что у неё боле́ла голова́.	Sie sagte, dass sie Kopfschmerzen gehabt habe. Sie sagt, dass sie Kopfschmerzen gehabt habe. Sie wird sagen, dass sie Kopfschmerzen gehabt habe.

Das **Futur** des Verbs im Nebensatz gibt an, dass die Handlung des Nebensatzes **nach der Handlung im Hauptsatz** folgt.

Она́ сказа́ла, Она́ говори́т, Она́ ска́жет,	что у неё **бу́дет боле́ть** голова́.	Sie sagte, dass sie Kopfschmerzen haben werde. Sie sagt, dass sie Kopfschmerzen haben werde. Sie wird sagen, dass sie Kopfschmerzen haben werde.

Ein durch **что/что́бы** eingeleiteter Nebensatz kann sich sowohl unmittelbar auf das **Prädikat** des **Hauptsatzes** als auch auf das **Pronomen то** beziehen, das beim Prädikat des Hauptsatzes steht. Das **то** dient dann als Platzhalter für das Satzglied im Hauptsatz, in dessen Funktion der Nebensatz auftritt.

Ему́ рассказа́ли, **что** Де́да Моро́за нет. Он попроси́л, **что́бы** я никому́ об э́том не расска́зывал.	Ему́ рассказа́ли **о том, что** Де́да Моро́за нет. Он попроси́л **о том, что́бы** я никому́ об э́том не расска́зывал.	Дед Моро́з – *Väterchen Frost, Weihnachtsmann*

Сло́жное предложе́ние – Der zusammengesetzte Satz

Objekt- und Subjektsätze

In einigen Fällen muss das hinweisende Wort **то unbedingt verwendet** werden.

Merken Sie sich die Wortverbindungen, die **то** erfordern:
де́ло **в том, что**...
пробле́ма **в том, что**...
нача́ть **с того́, что**...
заключа́ться **в том, что**...
состоя́ть **в том, что**...
ко́нчиться **тем, что**...
объясня́ться **тем, что**...

Пробле́ма не в **том, что** он не говори́т по-англи́йски.
Начнём с **того́, что** он вообще́ не лю́бит говори́ть.

Gebrauch

Ein durch **что** eingeleiteter Nebensatz bezieht sich in der Regel auf das **Prädikat eines Hauptsatzes**, das durch folgende Wortarten ausgedrückt wird:

Verben des **Sagens** und **Denkens**, der **Empfindung** und der **sinnlichen Wahrnehmung**:

заключа́ться/состоя́ть в том, что – *darin bestehen, dass*

ви́деть	*sehen*	понима́ть	*verstehen*
говори́ть	*sagen*	ра́довать	*freuen*
ду́мать	*denken*	ра́доваться	*sich freuen*
замеча́ть	*merken*	слы́шать	*hören*
знать	*wissen*	сообща́ть	*mitteilen*
нра́виться	*gefallen*	удивля́ться	*sich wundern*
оказа́ться	*sich herausstellen*	чу́вствовать	*fühlen*

Das Prädikat des Hauptsatzes bestimmt die Deklinationsform von **то**:
ду́мать **о том** (Präp.), что...
удивля́ться **тому́** (Dat.), что...
запомина́ть **то** (Akk.), что... usw.

Мне нра́вится, **что** здесь так мно́го ме́ста.
Они́ не понима́ют, **что** э́то не вы́ход.

вы́ход – *Ausweg, Lösung*

• **Kurzformen** von einigen **Adjektiven**:

рад	*froh*	согла́сен	*einverstanden*
сча́стлив	*glücklich*	винова́т	*schuldig*
дово́лен	*zufrieden*	уве́рен	*sicher*

Флори́н о́чень рад, **что** нашла́сь рабо́та в Норве́гии.
Ле́ся согла́сна, **что** э́то бы́ло пра́вильное реше́ние.

Die Lang- und die Kurzformen der Adjektive, S. 44
Das Adverb, S. 181
Unpersönliche Sätze, S. 218

• **prädikative Adverbien** oder **sächliche Kurzformen** von **Adjektiven**:

ви́дно	*man sieht*	слы́шно	*man hört*
жаль (жа́лко)	*es ist schade*	смешно́	*es ist lächerlich*
заме́тно	*man merkt*	стра́нно	*es ist merkwürdig*
изве́стно	*es ist bekannt*	стра́шно	*es ist furchtbar*
поня́тно	*es ist verständлich*	удиви́тельно	*es ist sonderbar*
прия́тно	*es ist angenehm*	я́сно	*es ist klar*

Жаль, **что** вы не мо́жете прие́хать.
Ви́дно, **что** он стара́ется.

стара́ться – *sich Mühe geben*

Сложное предложение – Der zusammengesetzte Satz
Objekt- und Subjektsätze

- **Kurzformen** von **Partizipien** des **Passivs**:

замечено	es ist bemerkt worden	доказано	es ist bewiesen
сказано	es ist gesagt worden	объявлено	es ist bekanntgegeben worden

Было объявлено, **что** курс переносится на следующую среду.
Доказано, **что** шахматы существуют полторы тысячи лет.

 Die Kurzform der Partizipien, S. 163

Als **Prädikate**, auf die sich ein durch **чтобы** eingeleiteter Nebensatz bezieht, können stehen:

- **Verben**, die einen **Wunsch**, eine **Bitte**, einen **Befehl** oder das **Streben** nach etwas ausdrücken:

бороться	darum kämpfen	просить	bitten
велеть	etw. machen lassen	стремиться	streben
желать	wünschen	требовать	fordern
приказывать	befehlen	хотеть	wollen

Я хочу, **чтобы** меня оставили в покое.
Я велел, **чтобы** мне принесли инструменты.

оставить в покое – *in Ruhe lassen*

инструменты – *Werkzeug*

- **prädikative Adverbien**, die ausdrücken, dass eine **Handlung erwünscht** oder **notwendig** ist:

желательно	es ist erwünscht	необходимо	es ist erforderlich, es ist unumgänglich
надо, нужно	es ist notwendig		

 Das Adverb, S. 181

Надо, **чтобы** все пришли на карнавал в масках.
Необходимо, **чтобы** больной пил много воды.

Nach einigen Wörtern kann **sowohl что als auch чтобы** gebraucht werden. Der Sinn des Satzes hängt dabei davon ab, welche Konjunktion verwendet wird.

сказать	sagen	написано	geschrieben
сказано	es ist gesagt worden	предупредить	warnen
написать	schreiben	важно	es ist wichtig

Артём сказал, **что** все вышли. — *Artjom sagte, dass alle rausgegangen waren.*
Артём сказал, **чтобы** все вышли. — *Artjom sagte, dass alle rausgehen sollen.*

 Unpersönliche Sätze, S. 218

239

Сло́жное предложе́ние – Der zusammengesetzte Satz

Objekt- und Subjektsätze

Ein durch **как** eingeleiteter Nebensatz bezieht sich meistens auf das **Prädikat** eines Hauptsatzes, das durch Wörter der **sinnlichen Wahrnehmung** ausgedrückt ist:

ви́деть	sehen	ви́дно	man sieht
слы́шать	hören	слы́шно	man hört
заме́тить	merken	заме́тно	man merkt
смотре́ть	sehen, ansehen	наблюда́ть	beobachten
слу́шать	hören, anhören	следи́ть	folgen

С у́лицы бы́ло <u>слы́шно</u>, **как** в до́ме кто́-то кричи́т.
Де́ти <u>наблюда́ли</u>, **как** дельфи́нов ко́рмят ры́бой.

Mit der Konjunktion **бу́дто (бы)** werden Nebensätze mit **unsicherem Inhalt** eingeleitet. Sie beziehen sich auf **Verben** des **Sagens**, des **Denkens** und der **sinnlichen Wahrnehmung**.

Die Verben **каза́ться, сни́ться, послы́шаться** werden meistens in unpersönlichen Sätzen gebraucht:
Мне ка́жется… – *Mir scheint …*
Мне сни́тся… – *Ich träume …*
Мне послы́шалось… – *Mir schien …*

говори́ть	sagen	каза́ться	scheinen, vorkommen
расска́зывать	erzählen	сни́ться	träumen
ду́мать	denken	послы́шаться	scheinen (akustisch)

Го́ша <u>расска́зывал</u>, **бу́дто бы** он рабо́тал в библиоте́ке.
Мне <u>сни́лось</u>, **бу́дто бы** я уме́ю лета́ть.

Ein durch **ли** eingeleiteter Nebensatz bezieht sich auf das Prädikat des Hauptsatzes, dass durch folgende Wörter ausgedrückt wird:

Unpersönliche Sätze, S. 218

спроси́ть	fragen	не по́мнить	sich nicht erinnern
узна́ть	sich erkundigen	неизве́стно	es ist unbekannt
ждать	warten	нея́сно	es ist unklar
не знать	nicht wissen	непоня́тно	es ist unverständlich
не поня́ть	nicht verstehen	интере́сно	es ist interessant

Вы не <u>зна́ете</u>, мо́жно **ли** здесь купа́ться?
<u>Интере́сно</u>, пойдёт **ли** за́втра снег.

Die direkte und die indirekte Rede, S. 258

Wenn sich ein Nebensatz mit **ли** auf das Verb **спроси́ть** bezieht, drückt er eine **indirekte Frage** aus.

Она́ <u>спроси́ла</u>: «Ты пойдёшь со мной в кино́?»
Она́ <u>спроси́ла</u>, пойдёшь **ли** ты с ней в кино́.

Сложное предложение – Der zusammengesetzte Satz
Objekt- und Subjektsätze

Ein Objektsatz, der mit **как бы не** eingeleitet wird, drückt **Unruhe** oder eine **Befürchtung** aus. Im Hauptsatz stehen dabei Verben wie:

| беспоко́иться | *beunruhigt sein* | боя́ться | *fürchten* |
| волнова́ться | *sich aufregen* | опаса́ться | *befürchten* |

Тури́сты <u>опаса́лись</u>, **ка́к бы не** испо́ртилась пого́да.
Я <u>волну́юсь</u>, **ка́к бы** мы **не** опозда́ли.

Das Prädikat wird durch не nicht verneint.

Konjunktionswörter in Objekt- oder Subjektsätzen

In Objekt- und Subjektsätzen werden folgende **Konjunktionswörter** (unechte Konjunktionen) gebraucht:

Relativpronomen:	кто	*wer*
	что	*was*
	како́й	*welcher*
	чей	*wessen*
	ско́лько	*wieviel*
Relativadverbien:	где	*wo*
	куда́	*wohin*
	отку́да	*woher*
	когда́	*wann*
	как	*wie*
	почему́	*warum*
	заче́м	*wozu*

Relativpronomen, S. 71
Das Adverb, S. 181

Form

Ein durch **Relativpronomen** oder **-adverbien** eingeleiteter **Nebensatz** kann das Objekt oder das Subjekt eines Hauptsatzes näher bestimmen.

	Objektsatz	Subjektsatz
Я не зна́ю,	кто э́та де́вушка. о чём э́та кни́га. кака́я э́то у́лица. где мы. куда́ на́до идти́. отку́да э́ти де́ньги. когда́ зако́нчится заня́тие.	То, **о чём напи́сано в рома́не**, происходи́ло на са́мом де́ле. Все, **кто меня́ зна́ет**, мо́гут э́то подтверди́ть. Любо́й, **кто с ним обща́лся**, счита́л его́ ге́нием.

на са́мом де́ле – *wirklich*
подтверди́ть – *bestätigen*
обща́ться – *sich unterhalten*

Сло́жное предложе́ние – Der zusammengesetzte Satz

Objekt- und Subjektsätze

Als **Subjekt** bzw. **Objekt** des **Hauptsatzes**, das durch den Nebensatz bestimmt wird, können folgende Wortarten auftreten:

Demonstrativ-
pronomen, S. 65

- die **Demonstrativpronomen то́т** (*derjenige*) und **то** (*das*).

> То́т, кто прибежи́т пе́рвым, полу́чит приз. (Subjektsatz)
> Того́, что случи́лось де́сять лет наза́д, уже́ никто́ не по́мнит. (Objektsatz)

- die **Definitpronomen все** (*alle*), **всё** (*alles*), **вся́кий** (*jeder (beliebige)*), **ка́ждый** (*jeder*), **любо́й** (*ein beliebiger*).

помеща́ться –
hineinpassen

> Все́, кого́ мы встре́тили, бы́ли ра́ды нас ви́деть.
> Всё, что я хоте́ла взять с собо́й, помести́лось в двух су́мках.
> Ка́ждому, кто задава́л вопро́с, президе́нт дава́л отве́т.

- die **Negationspronomen никто́** (*niemand, keiner*), **ничто́** (*nichts*). Erläutert der Nebensatz das Pronomen **никто́**, **ничто́** im Hauptsatz, wird im Nebensatz immer die verstärkende Partikel **ни** gebraucht.

* Oft wird diese Konstruktion ins Deutsche mit *Wer/Was/ ... auch immer* übersetzt:
Wem auch immer ich über die Begegnung mit Aliens erzähle, niemand glaubt mir.

> Кому́ я ни расска́зываю о встре́че с инопланетя́нами, никто́ мне не ве́рит.*
> Чем она́ ни занима́ется, ничто́ её бо́льше не ра́дует.

Die Pronomen im Hauptsatz und die Konjunktionswörter **кто** und **что** können in einem **beliebigen Fall mit oder ohne Präposition** stehen. Der Fall des Pronomens und des Konjunktionswortes hängt von seiner Funktion im Satz ab.

разочарова́ть –
enttäuschen

чего́ и сле́довало
ожида́ть – *was zu erwarten war*

Там бы́ли **те**,		(Nom.)
Там не́ было **тех**,		(Gen.)
Это́ бы́ло я́сно **тем**,	кто его́ зна́ет.	(Dat.)
Он разочарова́л **тех**,		(Akk.)
Он разгова́ривал с **те́ми**,		(Instr.)
Он ду́мал о **тех**,		(Präp.)

Кто kann sich sowohl auf einen Singular als auch auf einen Plural beziehen:
Он ду́мал о **тех**, кто его́ зна́ет. (Pl.)
Он ду́мал о **том**, кто его́ зна́ет. (Sg.)

	что должно́ бы́ло произойти́.	(Nom.)
	чего́ и сле́довало ожида́ть.	(Gen.)
Произошло́ то,	**чему́** все удиви́лись.	(Dat.)
	что на́до бы́ло ви́деть.	(Akk.)
	о чём ещё до́лго говори́ли.	(Präp.)

Relativ-
pronomen, S. 71
S. Beispiele im Kapitel
Konjunktionen in Objekt- oder Subjektsätzen,
S. 236

Das **Verb** in einem durch ein Konjunktionswort eingeleiteten **Nebensatz** kann im **Präsens**, **Präteritum** oder **Futur** stehen und hängt nicht von der Zeitform des Verbs im Hauptsatz ab. Das **Präteritum** drückt die **Vorzeitigkeit**, das **Präsens** die **Gleichzeitigkeit** und das **Futur** die **Nachzeitigkeit** gegenüber der Handlung im Hauptsatz aus.

Сложное предложение – Der zusammengesetzte Satz

Übungen

Gebrauch

Die **Konjunktionswörter** кто, что, какой, чей, сколько, где, куда, откуда, когда, как, почему, зачем stehen nach **Verben**, **Kurzadjektiven** und **-partizipien** des **Sagens** und **Denkens** bzw. der **sinnlichen Wahrnehmung**.

говори́ть	sagen	понима́ть	verstehen
спра́шивать	fragen	слы́шать	hören
объясня́ть	erklären	ви́деть	sehen
узнава́ть	sich erkundigen	(не)изве́стно	es ist (un)bekannt
отвеча́ть	antworten	(не)поня́тно	es ist (un)verständlich
знать	wissen	интере́сно	es ist interessant
по́мнить	sich erinnern	ска́зано u. a.	es wird gesagt

Мне непоня́тно то, **о чём** вы говори́те.
Она́ не по́мнит, **куда́** положи́ла свой зо́нтик.
Они́ не зна́ют, **чей** э́то телефо́н.

§ Unpersönliche Sätze, S. 218

Übungen

1. Entscheiden Sie, ob der Nebensatz durch eine **Konjunktion** (K) oder ein **Konjunktionswort** (KW) eingeleitet wird.*

		K	KW
a)	Мари́на ду́мала о том, что ей нужна́ но́вая су́мка	☐	☐
b)	Кари́на наконе́ц-то узна́ла, кто присла́л ей буке́т цвето́в.	☐	☐
c)	Ко́ля зна́ет, что подари́ть сестре́ на день рожде́ния.	☐	☐
d)	То́ля попроси́л, что́бы ему́ ничего́ не дари́ли.	☐	☐
e)	Маша́ смотре́ла, как её дочь ра́дуется пода́рку.	☐	☐
f)	Са́ше непоня́тно, как пора́довать сы́на.	☐	☐
g)	Вале́рий не сказа́л, понра́вился ли ему́ наш сюрпри́з.	☐	☐
h)	Вале́рия не представля́ет себе́, ско́лько э́то сто́ит.	☐	☐

2. Bestimmen Sie, ob die Handlung im Nebensatz **vor**, **gleichzeitig** oder **nach** der Handlung im Hauptsatz passiert ist.*

a) Он зна́ет, что Ва́ля хорошо́ рисова́ла.   _vor_____

b) Ва́ся понима́ет, что э́то бу́дет ску́чно.   _____

Üben und Anwenden

Der zusammengesetzte Satz: Satzgefüge, Objekt- und Subjektsätze

бесполе́зно – *sinnlos*
воспи́тывать – *aufziehen*
птене́ц – *Küken*

c) Мне бы́ло я́сно, что никто́ меня́ не бу́дет слу́шать. _____

d) Она́ ска́жет, что э́то бы́ло бесполе́зно. _____

e) Им не нра́вилось, что их никто́ не слу́шает. _____

f) Учёные наблюда́ли за тем, как пти́цы воспи́тывают птенцо́в.
_____

g) Его́р объясни́л мне, что произошло́ вчера́. _____

h) Никто́ не зна́ет, когда́ начнётся кри́зис. _____

3. Setzen Sie die Konjunktion **что** oder **чтобы** ein.**

a) Раи́са хоте́ла, _чтобы_ я отвёз её домо́й на маши́не.

b) Михаи́л узна́л, _____ экза́мен перенесли́ на за́втра.

c) Я чу́вствую, _____ мне на́до сро́чно отдохну́ть.

d) И́нна попроси́ла продавщи́цу, _____ она́ принесла́ ей ту́фли друго́го разме́ра.

e) И́нна сказа́ла продавщи́це, _____ ей нужны́ ту́фли друго́го разме́ра.

f) Все о́чень ра́довались, _____ наконе́ц наступи́ли кани́кулы.

g) Шко́льники о́чень хоте́ли, _____ наконе́ц наступи́ли кани́кулы.

h) На́до, _____ меня́ кто́-нибудь встре́тил на вокза́ле.

i) Я ду́маю, _____ меня́ кто́-нибудь встре́тит на вокза́ле.

4. Setzen Sie die **hinweisenden Wörter** in die richtige Form.**

a) На́до спроси́ть _тех_ (те), кто его́ хорошо́ зна́ет.

b) _____ (тот), кому́ я пишу́, живёт в Австра́лии.

c) Я расскажу́ об э́том _____ (все), кого́ я зна́ю.

d) Об э́том до́лжен знать _____ (ка́ждый), кто собира́ется пое́хать в Росси́ю.

e) Ей хоте́лось рассказа́ть мне обо _____ (всё), что произошло́ с ней за пять лет.

f) Они́ не люби́ли вспомина́ть _____ (то), что случи́лось.

Üben und Anwenden

Der zusammengesetzte Satz: Satzgefüge, Objekt- und Subjektsätze

g) Что мы ему ни предлагáли, _____ (ничтó) он не заинтересовáлся.

заинтересовáться + Instr. – *sich interessieren für*

h) С кем мы егó ни знакóмили, _____ (никтó) он бóльше не позвонил.

i) _____ (любóй), кто видел его фотогрáфию, считáл егó симпатичным.

5. Setzen Sie die entsprechenden **Konjunktionswörter** ein.**

a) Вы знáете, *когда* начинáется лéкция?

b) Я не пóмню, _____ лежáт твои ключи.

c) Ты не пóмнишь, _____ её зовýт?

d) Вы не знáете, _____ это фотогрáфия?

e) Я забыл, _____ ещё дóлжен был прийти к нам в гóсти.

f) Всем, _____ видел этот фильм, он óчень понрáвился.

6. Bilden Sie **zusammengesetzte Sätze**, benutzen Sie dabei die passenden **Konjunktionen**.***

a) Я рад. Сейчáс не жáрко.

  Я рад, что сейчас не жарко.

b) Мне показáлось. Ктó-то позвонил в дверь.

  _____

  _____

что •
кáк бы не •
бýдто бы •
как •
ли

c) Лина волнýется. Илья простýдится.

  _____

  _____

простудиться – *sich erkälten*

d) Я не знáю. Нáдо снимáть сапоги?

  _____

  _____

e) Всем было замéтно. Онá выросла за эти полгóда.

  _____

  _____

Attributsätze

Ein Attributsatz bestimmt ein **Substantiv des Hauptsatzes** näher und beantwortet die Fragen **какóй? какáя? какóе? какие?** (*welcher? welche? welches? welche? was für ein/eine/welche?*).

Die Frage kann in einem **beliebigen Fall**, **mit oder ohne Präposition** gestellt werden.

Это была́ у́лица (Nom.), **на кото́рой он вы́рос**.	кака́я у́лица? (Nom.)
Он нашёл у́лицу(Akk.), **где он вы́рос**.	каку́ю у́лицу? (Akk.)
Он шёл по у́лице (Dat.), **на кото́рой он вы́рос**.	по како́й у́лице? (Dat.)
Он жил на тако́й у́лице (Präp.), **что её бы́ло тру́дно найти́ на ка́рте го́рода**.	на како́й у́лице? (Präp.)

Die Attributsätze können durch Konjunktionen oder Konjunktionswörter (unechte Konjunktionen) eingeleitet werden.

Konjunktionen im Attributsatz

Ein Attributsatz kann durch folgende **Konjunktionen** eingeleitet werden:

что	dass
что́бы	damit
бу́дто, как бу́дто	als ob

Die Regeln zum Gebrauch der **Zeitformen** in Nebensätzen, die durch **что, что́бы, бу́дто** eingeleitet sind, werden im Abschnitt **Form** des Unterkapitels ▸ **Konjunktionen in Objekt- oder Subjektsätzen**, S. 236 erklärt.

Die Konjunktion **что** leitet Attributsätze ein, die als Zusatzbedeutung eine **Folge** angeben.

Начала́сь така́я гроза́, **что** бы́ло стра́шно вы́йти из до́ма.	*Es begann so ein Gewitter, dass man Angst hatte, aus dem Haus zu gehen.*

Die Konjunktion **бу́дто** (**как бу́дто**) verleiht dem Nebensatz die Bedeutung des **Vergleichs**.

Она́ взяла́ с собо́й таку́ю су́мку, **бу́дто** уезжа́ла на ме́сяц.	*Sie nahm so eine (große) Tasche mit, als ob sie für einen Monat wegfahren würde.*

Чтоб wird eher in der gesprochenen Sprache gebraucht.

Die Konjunktion **что́бы** (**чтоб**) leitet einen Attributsatz ein, wenn der Hauptsatz einen **Wunsch** oder ein **Erfordernis** ausdrückt.

Я хочу́ найти́ таку́ю ла́мпу, **что́бы** её мо́жно бы́ло поста́вить в у́гол.	*Ich möchte so eine Lampe finden, die man in die Ecke stellen kann.**
На́до сде́лать тако́е расписа́ние, **что́бы** всем бы́ло удо́бно.	*Man muss so einen Stundenplan machen, der für alle passt.**

*Wörtlich:
... dass man sie in die Ecke stellen kann.
... dass es für alle bequem ist.

Сложное предложение – Der zusammengesetzte Satz

Attributsätze

Wenn der Attributsatz mit den Konjunktionen **что**, **как будто**, **будто** oder **чтобы** eingeleitet wird, kann im Hauptsatz vor dem Substantiv das **hinweisende Wort** **такой**, **такая**, **такое**, **такие** stehen.

> Зима была такая тёплая, **что** в феврале зацвела вишня.
> У неё такой вид, **будто** она очень расстроена.
> Он хочет нарисовать такую картину, **чтобы** все поразились.

Der Gebrauch von hinweisenden Wörtern ist nicht obligatorisch:
У неё **такой** вид, как будто она очень расстроена. – У неё вид, как будто она очень расстроена.

зацвести – *blühen*
расстроенный – *verstimmt*
поразиться – *erstaunen*

Konjunktionswörter im Attributsatz

Ein Attributsatz kann durch folgende **Konjunktionswörter** (unechte Konjunktionen) mit dem Hauptsatz verbunden werden:

Pronomen		Adverbien	
который	} welcher, was für ein,	где	wo
какой	} der, wie	куда	wohin
что	}	откуда	woher
чей	} wessen	когда	wann

Das Pronomen, S. 57
Das Adverb, S. 181

Form

Die Konjunktionswörter **который**, **какой** und **чей** stimmen mit dem **Substantiv des Hauptsatzes**, auf das sie sich beziehen, in **Geschlecht** und **Zahl** überein.

Вот учебник, о **котором** я тебе говорил.	mask. Sg.
Мы увидели женщину, **которая** идёт к реке.	fem. Sg.
Это было такое тёмное утро, **какое** бывает поздней осенью.	Neutr. Sg.
Я решила посоветоваться с другом, **чьи** советы мне всегда помогали.	Pl.

Der **Fall** der Konjuktionswörter hängt von seiner **Funktion im Nebensatz** ab bzw. davon, welchen Fall das Verb im Nebensatz erfordert.

Там сидит девушка,	**которая** звонила мне вчера.	Nominativ
	у **которой** есть с собой компьютер.	Genitiv
	которой я должен 1000 рублей.	Dativ
	которую я люблю.	Akkusativ
	с **которой** я знаком.	Instrumental
	о **которой** я тебе говорил.	Präpositiv

Tritt **что** als Subjekt des Attributsatzes auf, so ist dieses unveränderlich, unabhängig davon, auf welches Wort im Hauptsatz es sich bezieht. Hingegen stimmt das **Prädikat** des Attributsatzes mit seinem **Bezugswort** im **Hauptsatz** in **Geschlecht** und **Zahl** überein.

Мы увидели кошку, что **сидела** на дереве.	fem. Sg.
Наши друзья, что нас давно не **навещали**, приезжают на следующей неделе.	Pl.

поздняя осень – *Spätherbst*

Das Wort **чей** kann man im Attributsatz durch den **Genitiv** von **который** ersetzen, das nach seinem Bezugswort steht:
Я решила посоветоваться с другом, советы **которого** мне всегда помогали.

навещать – *besuchen*

Что lässt sich problemlos durch **который** ersetzen:
Мы увидели кошку, **что** сидела на дереве.
Мы увидели кошку, **которая** сидела на дереве.

Das Adverb, S. 181

Сло́жное предложе́ние – Der zusammengesetzte Satz

Attributsätze

Da **где**, **куда́**, **отку́да** und **когда́** Adverbien sind, bleiben sie immer **unverändert**. Sie treten als **Adverbialbestimmungen** im Nebensatz auf.

> Ко́мната, **где** все собрали́сь, была́ больша́я и све́тлая.
> Они́ смотре́ли на го́ру, **куда́** они́ собира́лись зале́зть.
> Село́, **отку́да** он был ро́дом, находи́лось на берегу́ Оки́.
> Стари́к расска́зывал о тех времена́х, **когда́** он был молоды́м.

быть ро́дом – *stammen aus*

Die Konjunktionswörter **где**, **куда́**, **отку́да**, **когда́** lassen sich im Attributsatz meistens durch **кото́рый** mit Präposition ersetzen:
Ко́мната, **в кото́рой** все собрали́сь, была́ больша́я и све́тлая.

Wenn der Nebensatz mit einem Konjunktionswort eingeleitet wird, kann das **Substantiv** (das Bezugswort) im **Hauptsatz** ein **hinweisendes Wort** (**тот** oder **тако́й**) bei sich haben. Hinweisende Wörter treten als **Attribute** auf und stimmen mit dem **Bezugswort** in **Geschlecht**, **Zahl** und **Fall** überein. Sie heben das Bezugswort im Hauptsatz hervor, sind aber nicht obligatorisch.

> Та ко́мната, **где** все собрали́сь, была́ больша́я и све́тлая.
> Она́ рассказа́ла мне таку́ю исто́рию, **како́й** я ещё никогда́ не слы́шал.

Ein **Attributsatz** steht **immer unmittelbar nach dem Substantiv**, auf das er sich bezieht. Er kann dabei nach dem Hauptsatz oder in seiner Mitte (zwischen Kommas eingeschlossen) stehen.

> Я положи́л на сту́л оде́жду, **кото́рую хочу́ наде́ть за́втра**.
> Оде́жда, **кото́рую я хочу́ наде́ть за́втра**, лежи́т на сту́ле.

Кото́рый steht nicht am Anfang des Nebensatzes, wenn es von einem Substantiv im Nebensatz abhängt:
В дом вошёл челове́к, нос **кото́рого** был кра́сный от моро́за.

моро́з – *Frost*
звёздный – *sternenklar*
Ве́на – *Wien*

маха́ть – *winken*

Gebrauch

Das Konjunktionswort **кото́рый** hat eine **allgemeine attributive Bedeutung** und verleiht dem Satz keine zusätzliche Bedeutungsschattierung.

> Вот дом, **кото́рый** постро́ил Джек.

Das Konjunktionswort **како́й** verleiht dem Satz (vor allem wenn im Hauptsatz ein hinweisendes Wort steht) die zusätzliche Bedeutung eines **Vergleichs**. Im Hauptsatz steht immer das hinweisende Wort **тако́й**.

> Была́ така́я звёздная ночь, **каки́е** быва́ют то́лько в а́вгусте.
> На конце́рте была́ така́я прекра́сная му́зыка, **како́й** мы ра́ньше никогда́ не слы́шали.

Das Wort **чей** bezeichnet die **Zugehörigkeit** zu einer Person oder einem Gegenstand, die von seinem Bezugswort im Hauptsatz bezeichnet werden.

> Музыка́нты, **чью** му́зыку мы то́лько что слу́шали, живу́т в Ве́не.

Das Konjunktionswort **что**, das Attributsätze einleiten kann, wird wie который in einer **neutralen Bedeutung** verwendet.

> Лю́ди, **что** стоя́ли на берегу́, маха́ли нам рука́ми.

Сложное предложение – Der zusammengesetzte Satz

Übungen

Die Konjunktionswörter **где**, **куда**, **откуда** stehen in Attributsätzen, die Angaben zu **räumlichen Verhältnissen** enthalten.

Шко́лы, **где** я учи́лась, уже́ давно́ нет.
Гости́ница, **куда́** мы е́здили в про́шлом году́, была́ в це́нтре го́рода.
В стране́, **отку́да** они́ прие́хали, произошла́ револю́ция.

Das Konjunktionswort **когда́** verleiht dem Satz **zeitliche Bedeutung** und wird nur dann gebraucht, wenn sein Bezugswort die Bedeutung der Zeit hat.

Поли́на родила́сь в том году́, **когда́** была́ Олимпиа́да в Москве́.

Übungen

1. Setzen Sie **кото́рый** in der richtigen Form ein.*

a) Они́ бы́ли в магази́не, _кото́рый_ нахо́дится на сосе́дней у́лице.
b) Я знако́м со студе́нтом, _____ прие́хал из Белару́си.
c) Вы не ви́дели письмо́, _____ лежа́ло на столе́?
d) Кни́гу, _____ стои́т на по́лке, я ещё не чита́л.
e) Ко́шка смо́трит на птиц, _____ сидя́т на де́реве.
f) Пти́цы смо́трят на ко́шку, _____ сиди́т под де́ревом.
g) Я хочу́ приме́рить пла́тье, _____ здесь продаётся. *приме́рить – anprobieren*
h) На́до вы́бросить стул, _____ слома́лся.

2. Unterstreichen Sie die richtige Form der **Konjunktionswörter**.*

a) Под мои́ми о́кнами стои́т маши́на, **кото́рая/кото́рую** поста́вил мой сосе́д.
b) Мне подари́ли ре́дкую кни́гу, **како́й/кака́я** у меня́ ещё не́ было.   *мо́шка – kleine Fliege*
c) Под фонарём, **кото́рым/кото́рый** стоя́л ря́дом с до́мом, лета́ли мо́шки.
d) В карма́не брюк, **кото́рые/кото́рых** он наде́л, нашли́сь де́ньги.
e) Я свари́л тако́й борщ, **како́го/како́й** ты ещё никогда́ не ел! Das verneinte Objekt steht im Genitiv.
f) На́до почи́стить сиде́ние, **кото́рое/на кото́рое** вы́лился ко́фе.

 Die Negation, S. 224

Üben und Anwenden

Der zusammengesetzte Satz: Attributsätze

3. Ersetzen Sie die Nebensätze mit **который** durch Nebensätze mit **чей**.**

a) Мы встре́тились с писа́телем, кни́ги кото́рого нам о́чень нра́вятся.

Мы встре́тились с писа́телем, _чьи кни́ги нам о́чень нра́вятся._

b) Я позвони́л знако́мому, сестра́ кото́рого учи́лась в моём кла́ссе.

Я позвони́л знако́мому, _____

_____

c) Я была́ в гостя́х у люде́й, сын кото́рых живёт в сосе́дней кварти́ре.

Я была́ в гостя́х у люде́й, _____

_____

арти́ст – *Schauspieler*
ла́ять на + Akk. – *jmdn. anbellen*

d) Вы познако́митесь с арти́стом, и́мя кото́рого изве́стно ка́ждому.

Вы познако́митесь с арти́стом, _____

_____

e) Тут живёт наш сосе́д, соба́ки кото́рого всегда́ ла́ют на меня́.

Тут живёт наш сосе́д, _____

_____

4. Setzen Sie die passenden **Konjunktionen** oder **Konjunktionswörter** ein.**

где •
куда́ •
отку́да •
где •
когда́ •
что •
чтобы •
когда́ •
бу́дто

a) Мы дошли́ до той у́лицы, _____ жи́ли на́ши знако́мые.

b) Он не добежа́л до платфо́рмы, _____ до́лжен был отправля́ться по́езд.

c) У де́вочки тако́е выраже́ние лица́, _____ она́ сейча́с запла́чет.

d) Он взял о́тпуск в том ме́сяце, _____ у дете́й кани́кулы.

e) Де́вушка побежа́ла в том направле́нии, _____ убежа́ла её соба́ка.

отправля́ться – *abfahren*
выраже́ние лица́ – *Gesichtsausdruck*

f) Включи́ таку́ю му́зыку, _____ мы могли́ танцева́ть.

g) Дива́н был тако́й мя́гкий, _____ я сра́зу на нём усну́ла.

h) Мы до́лго иска́ли рестора́н, _____ мо́жно пообе́дать.

i) В тот день, _____ она́ родила́сь, вы́пал пе́рвый снег.

Üben und Anwenden

Der zusammengesetzte Satz: Attributsätze

5. Verbinden Sie zwei **einfache Sätze** zu einem **Satzgefüge** mit **который**.***

a) Это учительница математики. Она заменяет учителя физики.

   Это учительница математики, которая заменяет учителя физики.

b) Мы вышли на дорогу. По дороге мы ещё не ходили.

c) Кошелёк может быть в пакете. Пакет я повесила на стул.

d) Позвони юристу. Я с ним вчера встречался.

e) Я получил письмо. Я долго его ждал.

f) Она купила туфли. В них можно танцевать всю ночь.

заменять – *vertreten*
кошелёк – *Geldbeutel*
пакет – *Tüte*

6. Ändern Sie die Sätze so um, dass der **Nebensatz zum Hauptsatz** und der **Hauptsatz zum Nebensatz** wird.***

a) Фильм, который мы смотрели, был снят двадцать лет назад.

   Мы смотрели фильм, который был снят двадцать лет назад.

b) В рюкзаке, который я потерял, были важные документы.

c) Знакомые, с которыми я разговаривал, недавно приехали из Индии.

d) Я говорю о людях, у которых нет чувства юмора.

снять – *aufnehmen, drehen*
чувство юмора – *Sinn für Humor*

Adverbialsätze

Das Adverb, S. 181

Eine große Gruppe von Nebensätzen bilden die **Adverbialsätze**, die die **Handlung im Hauptsatz näher bestimmen** und eine **Adverbialbestimmung** ersetzen. Nach ihrer Bedeutung unterscheidet man zwischen folgenden Hauptgruppen:

Adverbialsatz des Ortes	где? куда? откуда?	wo? wohin? woher?
Adverbialsatz der Zeit	когда?	wann?
Adverbialsatz des Zweckes	зачем?	wozu?
Adverbialsatz des Grundes	почему? из-за чего?	warum? weswegen?
Bedingungssatz	при каком условии?	unter welcher Bedingung?

война – *Krieg*
шумно – *laut*

Наш дом стоит там, где раньше был лес.	Ort
Его построили, когда закончилась война.	Zeit
Я закрыла окно, чтобы не было холодно.	Zweck
Мне жарко, потому что все окна закрыты.	Grund
Если я открою окно, будет слишком шумно.	Bedingung

Adverbialsätze des Ortes

Ein Adverbialsatz des Ortes bestimmt den Ort oder die Richtung, die im Hauptsatz erwähnt werden, näher und beantwortet die Fragen **где?** **куда?** **откуда?** (*wo? wohin? woher?*).

Adverbialsätze des Ortes werden durch die **Konjunktionswörter** (Adverbien) **где, куда** oder **откуда** eingeleitet.

> Там, где мы стояли, было темно.
> Мы пошли туда, куда нам показал прохожий.
> Он пришёл оттуда, откуда слышались голоса.

прохожий – *Passant*

Einige Verben, die im Deutschen mit einer Ortsangabe im Dativ stehen, sind im Russischen mit einer Ortsangabe im Akkusativ zu verwenden (und umgekehrt): Он пишет задание **в тетради**. (Dat.) – *Er schreibt die Aufgabe in sein Heft.* (Akk.) Президент прибыл **в аэропорт**. (Akk.) – *Der Präsident ist auf dem Flughafen angekommen.* (Dat.)

Im Hauptsatz können die hinweisenden Wörter **там, туда, оттуда** (*dort, dorthin, von dort*) stehen, ihr Gebrauch ist aber nicht immer erforderlich.

> Я встала туда, где было место.   Я встала, где было место.

Im Nebensatz kann bei einem Konjunktionswort die verstärkende Partikel **ни** stehen. Im Hauptsatz treten dabei die Adverbien **везде/всюду** (*überall*) oder **нигде** (*nirgendwo*) auf.

Куда **ни** поедешь, везде красиво.	*Wohin man auch fährt, überall ist es schön.*
Куда **ни** посмотришь, всюду туман.	*Wohin man auch blickt, überall ist Nebel.*
Где мы **ни** искали кошку, нигде её не было.	*Wo auch immer wir die Katze gesucht haben, sie war nirgendwo.*

Adverbialsätze der Zeit

Ein Adverbialsatz der Zeit gibt die **Zeit** der Handlung im Hauptsatz an.

Der Nebensatz der Zeit antwortet auf die **Frage когда?** (*wann?*) und wird durch die **Konjunktion когда** eingeleitet. Dabei können im Hauptsatz die **hinweisenden Wörter то** oder **тогда** gebraucht werden.

> Девочка научилась читать, **когда** ей было пять лет.
> **Когда** прошло пять лет, то уже никто не вспоминал об этом.
> Почему ты не позвонил тогда, **когда** я ждал твоего звонка?

звонок – *Anruf*

Adverbialsätze des Zweckes

Ein Adverbialsatz des Zweckes bestimmt das **Ziel** oder den **Zweck** der im Hauptsatz bezeichneten Handlung und antwortet auf die Frage **зачём?** (*wozu?*).

Ein Adverbialsatz des Zweckes wird ausschließlich durch die Konjunktion **чтобы** eingeleitet.

> Я пришёл, **чтобы** спасти вас.
> Дай мне руку, **чтобы** я не упала.

Das **Prädikat** von einem Adverbialsatz des Zweckes kann im **Infinitiv** oder im **Präteritum** stehen (s. o.). Enthält der Nebensatz mit **чтобы** ein **Subjekt**, so steht das Prädikat immer im Präteritum, unabhängig von der Zeitform des Prädikats im Hauptsatz.

Das **Prädikat**, S. 211

Он дал мне руку,	чтобы я не **упала**.
Он даёт мне руку,	чтобы не **упасть**.
Он даст мне руку,	

Wenn der **Nebensatz unpersönlich** ist, so steht das **Prädikat** auch im **Präteritum**.

> Возьми меня за руку, чтобы мне не **было** страшно.
> Надо закрыть окно, чтобы не **было** холодно.

Bezieht sich das Prädikat des **Nebensatzes** auf **dieselbe handelnde Person** (Subjekt) wie das Prädikat des **Hauptsatzes**, so steht im Nebensatz normalerweise kein Subjekt. Das **Prädikat** vom **Adverbialsatz des Zweckes** steht dabei im **Infinitiv**.

Саша пришёл, чтобы **помочь** мне.	~~Саша пришёл, чтобы Саша помочь мне.~~

Vgl. im Deutschen:
Sascha kam, um mir zu helfen.
~~*Sascha kam, damit Sascha mir hilft.*~~

Der Nebensatz kann sowohl **vor** als auch **nach dem Hauptsatz** stehen.

> Я включила свет, чтобы было светлее.
> Чтобы было светлее, я включила свет.

Сложное предложение – Der zusammengesetzte Satz

Adverbialsätze

Adverbialsätze des Grundes

Ein Adverbialsatz des Grundes gibt den **Grund** für die im Hauptsatz genannte Handlung an. Er antwortet auf die Fragen **почему**? **из-за чего**? (*warum? weswegen?*) und wird durch folgende Konjunktionen eingeleitet:

потому что так как из-за того что оттого что поскольку	*weil, da, wenn*

Ein durch **потому что** eingeleitete Nebensatz **steht immer nach dem Hauptsatz**, Sätze mit anderen Konjunktionen können sowohl vor als auch nach dem Hauptsatz stehen.

состояться – *stattfinden*
застрять – *stecken bleiben*
испугать – *erschrecken*
заикаться – *stottern*
торопиться – *sich beeilen*

Я не ем яблоки, **потому что** у меня на них аллергия.
Концерт не состоялся, **так как** музыканты застряли в лифте.
Из-за того что ты меня испугал, я теперь заикаюсь.
Она сделала ошибку, **оттого что** очень торопилась.
Поскольку они не могут приехать, мы сами поедем к ним.

Die zusammengesetzten Konjunktionen **из-за того что** und **оттого что** können **getrennt werden**. Dabei steht der erste Teil im Hauptsatz und der zweite im Nebensatz. In diesem Fall wird der erste Teil der Konjunktion betont, um den Grund des Geschehens hervorzuheben.

Он не мог уснуть, **из-за того что** было слишком шумно. Мне так холодно, **оттого что** ноги промокли.	**Из-за того** он не мог уснуть, **что** было слишком шумно. **Оттого** мне так холодно, **что** ноги промокли.

Bedingungssätze

Если ist die gebräuchlichste Konjunktion, **раз** wird seltener gebraucht (▶ S. 255).

Ein Bedingungssatz bezeichnet die **Bedingung**, unter der die im Hauptsatz genannte Handlung eintritt. Er antwortet auf die Frage **при каком условии**? (*unter welcher Bedingung?*) und wird durch die Konjunktionen **если** oder **раз** (*wenn, falls*) eingeleitet.

Если я поеду в Россию, я смогу разговаривать там по-русски. (Futur)
Если бы я жил в России, я бы везде говорил по-русски. (Konjunktiv)
Раз ты хочешь выучить русский, поезжай в Россию. (Imperativ)

Сло́жное предложе́ние – Der zusammengesetzte Satz

Adverbialsätze

Satzgefüge mit einem **Bedingungssatz** werden in zwei Typen eingeteilt:

1. Die Handlung im Hauptsatz kann unter einer im Nebensatz genannten Bedingung geschehen, geschieht zum selben Zeitpunkt oder kann in der Zukunft geschehen. Die Prädikate im Nebensatz und im Hauptsatz stehen im **Präsens**, **Präteritum** oder **Futur**.

> Éсли мы не **приноси́ли** сме́нную о́бувь, нас не **пуска́ли** в класс.
> Ты **мо́жешь** позвони́ть мне, éсли **хо́чешь**.
> Éсли **бу́дет** жа́рко, мы **пойдём** в бассе́йн.

сме́нная о́бувь – *Wechselschuhe*

Das **Prädikat** des **Hauptsatzes** kann auch im **Imperativ** stehen.

> Éсли ты хо́чешь, **позвони́** мне за́втра.

§ Der Imperativ, S. 144

In Sätzen mit dem **Imperativ** wird oft die Konjunktion **раз** verwendet, die eine reale Bedingung angibt.

> **Раз** ты не хо́чешь со мной идти́, <u>остава́йся</u> до́ма.
> **Раз** у нас не хвата́ет де́нег на рестора́н, <u>дава́й</u> <u>поу́жинаем</u> до́ма.

Wenn der **Nebensatz** kein Subjekt aufweist und **verallgemeinernde Bedeutung** hat, steht das Prädikatsverb des Bedingungssatzes im **Infinitiv**.

му́читься – *sich quälen*
получи́ться – *klappen, gelingen*

> Éсли до́лго **му́читься**, что́-нибудь полу́чится. (Sprichwort)

2. Im Hauptsatz wird von einer **möglichen** oder **irrealen Handlung** gesprochen, im Nebensatz von einer möglichen Bedingung dieser Handlung. In diesem Fall stehen die **Prädikate** des **Hauptsatzes** und des **Bedingungssatzes** im **Konjunktiv**.

§ Der Konjunktiv, S. 148

> Éсли **бы** то́лько мо́жно **бы́ло** тебя́ встре́тить, я **был бы** сча́стлив.
> Éсли **бы** ты **пришёл** во́время, мы **бы успе́ли** посмотре́ть вме́сте футбо́л.

Der Bedingungssatz kann **vor** oder **nach** dem **Hauptsatz** stehen sowie in den Hauptsatz **eingeschlossen** sein.

> Éсли у меня́ бу́дет вре́мя, я помогу́ тебе́ за́втра.
> Я помогу́ тебе́ за́втра, éсли у меня́ бу́дет вре́мя.
> За́втра, éсли у меня́ бу́дет вре́мя, я помогу́ тебе́.

Wenn der **Bedingungssatz** vor dem **Hauptsatz** steht, können am Anfang des Hauptsatzes die **hinweisenden Wörter то** oder **тогда́** gebraucht werden.

> Éсли бы я вы́играл миллио́н, **тогда́** бы я купи́л дом.
> Éсли ты не хо́чешь мне помога́ть, **то** так и скажи́.

Üben und Anwenden

Der zusammengesetzte Satz: Adverbialsätze

Übungen

1. Setzen Sie in die **Adverbialsätze** des **Ortes** und der **Zeit** passende **Konjunktionswörter** ein.*

a) Мы пошли туда, _куда_ нас отправила мама.

b) Он вернётся в свой город, _____ закончит университет.

c) Я ждала тебя там, _____ мы договорились встретиться.

d) Она пришла оттуда, _____ её никто не ждал.

e) Руслан решил поехать туда, _____ он ещё не был.

f) Ключи висели там, _____ я их обычно вешаю.

g) _____ кто-нибудь играет на скрипке, мне хочется плакать.

2. Setzen Sie **hinweisende Wörter** ein.*

a) Стул стоит _там_ , где он никому не мешает.

b) Если тебе позвонят, _____ я обязательно тебе скажу.

c) Это случилось _____ , когда Андрей болел.

d) Я спрятал деньги _____, где их никто не найдёт.

e) Ему удалось вернуться _____ , откуда ещё никто не возвращался.

f) Ты провалил экзамен _____ , что слишком волновался.

g) Раз вы не хотите петь, _____ давайте потанцуем!

h) Если у вас нет дома, _____ он не сгорит при пожаре.

i) Я записал твой телефон для _____ , чтобы не забыть.

удаться – *gelingen*
провалить экзамен – *durch die Prüfung fallen*
сгореть – *abbrennen*
пожар – *Brand*

3. Setzen Sie das **Verb** in der richtigen Form ein.**

a) Если вы к нам _придёте_ , мы _приготовим_ вам блины. (прийти/приготовить)

b) Если бы Алексей _____ художником, он _____ тебя. (быть/нарисовать)

c) _____ мне завтра, если у тебя _____ время. (позвонить/быть)

Üben und Anwenden

Der zusammengesetzte Satz: Adverbialsätze

d) Если бы я (mask.) _____ тебя на улице, я не

_____ тебя в этих очках. (встретить/узнать)

e) Если у меня _____ лишний билет на концерт, я

_____ его тебе. (быть/отдать)

лишний – *zu viel, übrig*

f) Если я не _____ выпить кофе утром, я обычно потом весь

день _____ спать. (успевать/хотеть)

g) Если бы они _____ к вам вчера, сегодня мы

_____ поехать вместе с ними на пляж. (приехать/мочь)

h) Если вы уже _____ это упражнение, _____

(Imperativ) делать следующее задание. (сделать/начинать)

4. Bilden Sie aus jedem Satzpaar ein Satzgefüge mit einem **Adverbialsatz des Zweckes** oder einem **Adverbialsatz des Grundes**.***

a) Сергей пришёл. Катя отдаст ему книгу.

Сергей пришёл, чтобы Катя отдала ему книгу.

b) Дмитрий звонит мне. Он узнает номер телефона Олега Ивановича.

_____

_____

c) Я достану эту вазу. Мне нужно залезть на стул.

_____

_____

d) Юля надела резиновые перчатки. Она не запачкает руки.

_____

_____

резиновые перчатки – *Gummihandschuhe*

запачкать – *schmutzig machen*

аэрофобия – *Flugangst*

e) Марианна не летает самолётами. У неё аэрофобия.

_____

_____

f) Владимир открыл дверь. Надя может войти.

_____

_____

Die direkte und die indirekte Rede

Die Aussagen anderer können auf zwei Weisen wiedergegeben werden:

- **direkte Rede**: Der Sprecher zitiert die Aussagen wörtlich in ihrer ursprünglichen Form.
- **indirekte Rede**: Der Sprecher gibt eine Äußerung inhaltlich wieder, ohne sie wörtlich zu wiederholen.

direkte Rede	indirekte Rede
Света сказа́ла: «Приезжа́йте к нам в го́сти!»	Света сказа́ла, **что́бы мы приезжа́ли к ним в го́сти**.

Bei der Wiedergabe von **Dialogen** wird die direkte Rede meistens mit einem neuen Absatz und einem Gedankenstrich eingeleitet.

Bei der direkten Rede muss man beachten, dass die russische **Zeichensetzung** von der deutschen abweicht. Es gibt zwei Möglichkeiten, die direkte Rede wiederzugeben – mit **Anführungszeichen** oder mit einem **Gedankenstrich**.

«Что у нас на у́жин?» – спроси́ла О́ля. «Пи́цца», – отве́тила ма́ма.	– Что у нас на у́жин? – спроси́ла О́ля. – Пи́цца, – отве́тила ма́ма.

Wenn die direkte Rede **nach dem Einführungssatz** steht, dann steht sie hinter einem **Doppelpunkt**. Am Ende der direkten Rede steht ein Punkt nach dem Anführungszeichen. Frage- oder Ausrufezeichen stehen vor dem Anführungszeichen.

> Света сказа́ла: «Приезжа́йте в гоусти».
> Света сказа́ла: «Приезжа́йте в го́сти!»
> Света спроси́ла: «Вы прие́дете в го́сти?»

Wenn die direkte Rede **vor dem Einführungssatz** steht, dann folgt nach der direkten Rede anstelle des Punktes ein Komma bzw. ein Frage- oder Ausrufezeichen vor dem Anführungszeichen und danach ein **Gedankenstrich**:

> «Приезжа́йте в го́сти», – сказа́ла Света.
> «Приезжа́йте в го́сти!» – сказа́ла Света.
> «Вы прие́дете в го́сти?» – спроси́ла Света.

Wird die direkte Rede mit **Gedankenstrichen** eingeleitet, so entfallen die Anführungszeichen. Für alle anderen Interpunktionszeichen gelten dieselben Regeln wie oben.

> Света спроси́ла:
> – Вы прие́дете в го́сти?
> – Спаси́бо за приглаше́ние, обяза́тельно прие́дем, – отве́тила я.
> – Мы бу́дем о́чень ра́ды вас ви́деть! – сказа́ла Света.

Bei der **Umwandlung der direkten Rede in die indirekte** wird der Einführungssatz zum Hauptsatz und die wiedergegebene Äußerung zum Nebensatz.

Сло́жное предложе́ние – Der zusammengesetzte Satz

Übungen

indirekte Aussage	**Objektsatz mit что**
	«Ма́рта игра́ет», – сказа́ла Э́мма.
	Э́мма сказа́ла, **что** Ма́рта игра́ет.
indirekte Aufforderung	**Objektsatz mit что́бы**
	Я попроси́ла Ми́шу: «Принеси́ мне ча́ю».
	Я попроси́ла Ми́шу, **что́бы** он принёс мне ча́ю.
indirekte Frage	**mit Fragewort**: Fragewort ▶ Konjunktionswort
	Он спроси́л меня́: «Куда́ ты идёшь?»
	Он спроси́л меня́, **куда́** я иду́.
	ohne Fragewort: Objektsatz mit ли
	Он спроси́л меня́: «Ты пойдёшь со мной в кино́?»
	Он спроси́л меня́, пойду́ **ли** я с ним в кино́.

Objekt- oder Subjektsätze, S. 235

Bei der Umwandlung der direkten Rede in die indirekte muss man die Formen der Verben sowie den Gebrauch der Pronomen beachten.
Он спроси́л меня́: «Ты **пойдёшь** со **мной** в кино́?» („*Gehst du mit mir* ins Kino?")
Он спроси́л меня́, **пойду́** ли **я** с **ним** в кино́. (…*ob ich mit ihm* ins Kino *gehe*.)

Übungen

1. Setzen Sie die fehlenden **Satzzeichen** in die Sätze mit der **direkten Rede** ein.*

a) Како́й прекра́сный день!   поду́мал я.

b) Он спроси́л   Здесь есть врачи́

c) О́ля сказа́ла   Дай мне, пожа́луйста, моё пальто́

d) Дени́с предложи́л   Пойдём пешко́м!

e) Вот мой дом   сказа́ла Ната́ша

f) Тебе́ не хо́лодно?   спроси́ла я

Die Zeiten, S. 131
Personalpronomen, S. 58
Possessivpronomen, S. 60

2. Wandeln Sie die **direkte Rede** in die **indirekte** um.**

a) Же́ня сказа́л Ри́те: «Я тебя́ люблю́».

   Же́ня сказа́л Ри́те, *что он её лю́бит.*

b) Дочь попроси́ла па́пу: «Закро́й окно́!»

   Дочь попроси́ла па́пу, _____

c) Сосе́дка сказа́ла: «К вам приходи́л почтальо́н».

   Сосе́дка сказа́ла, _____

d) Я спроси́ла у подру́ги: «Отку́да у тебя́ э́та су́мочка?»

   Я спроси́ла у подру́ги, _____

су́мочка – *Handtasche*

e) Учени́к спроси́л: «Мо́жно войти́?»

   Учени́к спроси́л, _____

Anhang

Lösungen				262

Sachregister			278

Wortregister			283

Lösungen

Seite 11–28

Lösungen

Rechtschreibung (Seite 11)

Natürlich müssen Sie in Ihren Lösungen keine Betonungszeichen setzen. Sie dienen hier nur der besseren Lesbarkeit.

1. a) Oper; b) Schokolade; c) Theater; d) Zirkus; e) Professor; f) Telefon
2. a) „Отцы́ и де́ти" – рома́н Ива́на Турге́нева. b) Знако́мьтесь, э́то мой брат Же́ня, а э́то – моя́ подру́га Поли́на. c) В День Побе́ды в Москве́ устра́ивают салю́т. d) Река́ Днепр протека́ет по террито́рии Росси́и, Белару́си и Украи́ны. e) Пра́здновать Но́вый год мы бу́дем у на́ших друзе́й в Дюссельдо́рфе. f) Моя́ знако́мая игра́ет в орке́стре Большо́го теа́тра. g) В э́том году́ я не пое́ду на Чёрное мо́ре.

Formenlehre (Seite 14–15)

1. a) рука́, ручно́й, приручи́ть, рукави́ца; b) бе́гать, бег, вы́бежать; c) мо́ре, морско́й, моря́к; d) де́ти, де́тский, де́точка; e) де́рево, деревя́нный; f) ста́рый, ста́рость, стари́к; g) ско́рость, ско́рый, ско́ро
2. _-мы́ш-к-а; под-одея́ль-ник-_; пере-ки́-ну-ть; не-больш-_-о́й; _-буты́л-очк-а

подберёзовик – *Birkenpilz*

3. a) подхо́д, подходи́ть, прихо́д, приходи́ть, дохо́д, доходи́ть, перехо́д, переходи́ть, похо́д, походи́ть, ходи́ть; b) кра́сный, прекра́сный, красне́ть, покрасне́ть, красота́, кра́сненький; c) берёза, берёзовый, подберёзовик; d) пры́гать, попры́гать, пры́гнуть, перепры́гнуть, подпры́гнуть, прыжо́к; e) чернота́, черне́ть, почерне́ть, чёрненький, чёрный; f) ро́за, ро́зовый, розове́ть, порозове́ть, ро́зовенький; g) весёлый, весёленький, весели́ть, весели́ться, веселе́ть, повеселе́ть

Das Substantiv (Seite 19–20)

1. <u>Maskulina</u>: c), e), f); <u>Feminina</u>: b), h), i), j); <u>Neutra</u>: a) d), g), k), l)
2. b) одна́; c) оди́н; d) одно́; e) одна́; f) оди́н; g) одно́; h) одна́
3. <u>Nur Sg.</u>: a), f), g), k); <u>Sg. und Pl.</u>: c), e), h), l); <u>Nur Pl.</u>: b), d), i), j)
4. b) мой; c) моя́; d) мой; e) моё; f) мой; g) мой; h) мой; i) мой; j) мой; k) моё; l) моя́
5. b) –; c) боти́нок; d) близне́ц; e) –; f) –; g) перча́тка; h) –

Deklinationsmodelle: Die Deklination der Substantive im Singular (Seite 26–28)

1. b) Neutr., Gen.; c) Mask., Präp.; d) Mask., Nom. e) Mask., Instr.; f) Mask., Akk.; g) Mask., Gen.; h) Mask., Instr.; i) Fem., Nom.; j) Fem., Instr.; k) Fem., Gen.; l) Fem.; Instr.; m) Mask., Instr.; n) Mask. Gen.
2. b) ро́дственник; c) фи́зику; d) с подру́гой; e) об о́тпуске; f) пла́тье; g) в лесу́; h) карандашо́м; i) кот; j) жене́

Lösungen

Seite 34 – 42

3. b) 1; c) 2; d) 3; e) 1; f) 1; g) 2; h) 3; i) 1; j) 2; k) 1; l) 1; m) 1; n) 3; o) 1; p) 1; q) wird nicht dekliniert; r) 1
4. b) ключ; c) ключо́м; d) му́ха; e) му́хе; f) му́хой; g) о му́хе; h) ка́мня; i) ка́мень; j) о ка́мне; k) стекло́; l) стеклу́; m) стекло́м; o) любо́вь; p) любо́вью; q) со́лнце; r) со́лнцу; s) со́лнцем; t) о со́лнце; u) му́жа; v) му́жа; w) о му́же; x) исто́рия; y) исто́рии; z) исто́рией
5. b) подру́ги; c) се́тью; d) ба́бочку; e) ле́те; f) саду́; g) контролёру, биле́т; h) окно́
6. a) б; b) а; c) й; d) к; e) а; f) л; Lösungswort: Байка́л

Deklinationsmodelle: Die Deklination der Substantive im Plural, die Deklination von Eigennamen (Seite 34 – 37)

1. b) гру́ши; c) кре́сла; d) при́нтеры; e) крова́ти; f) костры́; g) сёстры; h) гарди́ны; i) моря́; j) чемода́ны; k) скри́пки; l) мячи́; m) директора́; n) ве́шалки
2. b) mask., 1. Dekl.; c) fem., 2. Dekl.; d) mask., 1. Dekl.; e) fem., 2. Dekl.; f) neutr.; nicht deklinierbar; g) mask., 1. Dekl.; h) fem., 3. Dekl.
3. a) студе́нтов, домо́в, городо́в, языко́в, телефо́нов; экза́менов; b) сту́льев, геро́ев, ме́сяцев, украи́нцев; c) словаре́й, портфе́лей, дней, календаре́й, друзе́й, голубе́й
4. b) упражне́ний; c) тетра́дей; d) чи́сел; e) страни́ц; f) облако́в; g) дере́вьев
5. b) сыр; c) во́ду; d) воды́; e) мёд; f) мёда; g) клубни́ку; h) клубни́ки
6. a) 1; b) 2; c) 2; d) 2; e) 1; f) 1; g) 2; h) 2
7. b) В магази́не он купи́л о́вощи и фру́кты. c) Учи́тель объясня́л де́тям пра́вила. d) Па́па забива́ет молотко́м гво́зди. e) Мы чита́ем кни́ги и журна́лы о пти́цах и зверя́х. f) Почтальо́н принёс мне пи́сьма от ро́дственников. g) Мы́ши всегда́ боя́тся ко́шек. h) Медве́ди лю́бят я́годы. i) Я чита́ю журна́л об автомоби́лях. j) Ни́на звони́т ма́тери по ва́жному вопро́су. k) Де́вочка да́рит дру́гу кни́гу. l) Друзья́ опозда́ли на по́езд.

Das Adjektiv: Die Adjektivdeklination (Seite 41 – 42)

1. b) -ее; c) -ое; d) -ая; e) -ий; f) -ие; g) -ая; h) -ой; i) -ий; j) -яя
2. a) ле́вый; b) золото́й; c) о́бщее; d) до́брый; e) ры́жий; f) большо́е; g) смешно́й; h) плохо́е; i) во́лчье; j) чужо́е
3. b) Же́нский. c) Си́него. d) Но́вое. e) Ста́ршего. f) Лило́вой. g) тёмному.
4. b) ста́ршего; c) о́стрые; d) прекра́сную; e) бе́дным; f) деревя́нным; g) ра́дужный; h) ю́жного; i) све́жий

Das Adjektiv: Qualitäts- und Beziehungsadjektive, die Lang- und die Kurzform (Seite 46–48)

1. <u>Qualitätsadjektive</u>: мягкий, тёплый, толстый, усталый; <u>Beziehungsadjektive</u>: немецкий, резиновый, речной, технический
2. b) e; c) ё; d) o; e) o; f) ё; g) e; h) ё; i) o
3. b) толстый литературный; c) просторная ванная; d) длинный майский; e) вкусный яблочный; f) высокая книжная
4. c) широкий; d) широка; e) широки; f) умён; g) умно; h) больной; i) больна; j) больны; k) короток; l) коротко; m) плохой; n) плоха; o) плохи
5. b) полезен; c) полон; d) болен; e) велики; f) интересна; g) грустен; h) спокоен; i) сложны; j) беден; k) высок
6. a) 2; b) 1, 2; c) 2; d) 1; e) 1; f) 1, 2; g) 1, 2; h) 2; i) 1; j) 1, 2

Das Adjektiv: Die Steigerung der Adjektive, Substantivierte Adjektive, die Deklination der Familiennamen (Seite 54–56)

Man sollte zwar normalerweise die Formen des einfachen und des zusammengesetzten Superlativs nicht miteinander kombinieren (~~самый теплейший, самый длиннейший~~), aber in zwei Fällen ist dies möglich: **самый лучший, самый худший**.

1. b) мокрее, самый мокрый; c) твёрже, самый твёрдый; d) теплее, самый тёплый; e) мягкий, самый мягкий; f) плохой, самый плохой/самый худший; g) медленный, самый медленный; h) длинный, длиннее; i) маленький, меньше; j) грустный, грустнее
2. <u>kann Steigerungsformen bilden:</u> лёгкий, тёмный, счастливый, тонкий, слабый, удобный, громкий; <u>kann keine Steigerungsformen bilden</u>: железный, весенний, красный, речной, собачий, компьютерный, кухонный
3. b) A; c) S; d) A; e) A; f) S; g) S; h) A; i) S; j) A
4. b) Сергеем Сергеевым; c) Кати Беляевой; d) Олегу Ильину; e) Оксану Наумову; f) Пушкине; g) Спасского
5. b) длиннейшая; c) глубочайшее; d) крупнейшее; e) холоднейший; f) длиннейшая
6. b) Оля младше Юли, а Лена – самая младшая. c) Стол выше тумбочки, а шкаф – самый высокий. d) Черепаха медленнее лягушки, а улитка – самая медленная. e) Мотоцикл быстрее велосипеда, а самолёт – самый быстрый. f) Юпитер ближе Сатурна, а Марс – самый близкий.
7. a) Мой дом выше твоего дома. b) Гепард – самое быстрое (быстрейшее) животное на свете. c) Дунай длиннее Рейна. d) Шоколад слаще моркови. e) Ламборжини Венено – самая дорогая машина (самый дорогой автомобиль) на свете. f) В Москве самый короткий день года длится семь часов.

Das Pronomen: Personalpronomen, Possessivpronomen, Reflexivpronomen (Seite 62–64)

1. a) 2; b) 2; c) 3; d) 3; e) 1; f) 2; g) 1; h) 3
2. <u>Nom</u>: твоё; <u>Gen</u>.: твоего́, твоего́, твои́х; <u>Dat</u>.: твоему́, твое́й, твои́м; <u>Akk</u>.: твоего́ (bel.) твой (unbel.), твоё, твой; <u>Instr</u>.: твои́м, твое́й, твои́ми; <u>Präp</u>.: о твое́й, о твоём
3. b) твоя́; c) наш; d) их; e) его́; f) твой; g) мой; h) её
4. b) себе́, тебе́; c) ему́, себе́; d) ней, собо́й; e) себе́, нам
5. b) Мы подари́ли дру́гу его́ карти́ну. c) Он дал конфе́ты свои́м де́тям. d) Вы чита́ли мою́ статью́? e) Нет, она́ пое́дет со свои́ми друзья́ми. f) Мы пое́дем на мое́й маши́не.

Das Pronomen: Demonstrativpronomen (Seite 68)

1. a) 2; b) 2; c) 2; d) 2
2. b) Э́тот, э́тот, тот, тот; c) те; d) э́том; e) те
3. a) – i); b) – g); c) – h); d) – l); e) – j); f) – k)

Das Pronomen: Interrogativpronomen (Seite 72)

1. b) Что́ это? c) Кто́ это? d) Кто́ это? e) Что́ это? f) Кто́ это? g) Что́ это?
2. b) Кото́рый; c) Чьи; d) Ско́льким; e) Каки́ми; f) Чью; g) Ско́лько; h) Кото́рую; i) како́м
3. a) Кто; b) Кого́; c) кем; d) чём; e) Како́е; f) како́й; g) Каку́ю; h) Что; i) Каку́ю; j) кото́ром

Das Pronomen: Negationspronomen (Seite 75)

1. <u>Richtige Pronomen</u>: a) ничего́; b) не́чего; c) никого́; d) не́кого; e) ничего́; f) не́чего, ничего́; g) ни с ке́м; h) не́ с кем
2. b) У неё нет никаки́х цвето́в. c) Он не отвеча́ет ни на чьи́ звонки́. d) Они́ ни о чём не зна́ют. e) Я не по́льзуюсь никаки́ми духа́ми. f) Он никого́ не лю́бит. g) Ты мне ни о чём не расска́зывала.

Das Pronomen: Indefinitpronomen, Definitpronomen (Seite 81–83)

1. b) ка́ждую; c) не́скольких; d) все; e) ке́м-то; f) любо́й; g) вся́ком; h) чего́-то; i) вся́ких
2. a) F; b) R; c) R; d) F; e) F; f) R; g) R; h) F; i) R; j) F
3. b) что́-то; c) ко́е-что́; d) каку́ю-нибудь; e) чей-то; f) что́-нибудь; g) Кто́-нибудь; h) чьё-то; i) кака́я-то; j) ко́е-кому́
4. a) Manche Leute verstehe ich nicht. b) Ich sehe mehrere/ein paar Pferde, und du? c) Nimm irgendeine Zeitschrift, ich habe mehrere davon. d) Jeden Morgen bereitet er das Frühstück für die ganze Familie zu. e) Den ganzen Winter über trägt sie dieselbe Mütze wie im Herbst. f) Nehmen Sie diese Tabletten alle zwei Stunden. g) Er hat

diese Musik selbst komponiert. h) Anna versteht alle slawischen Sprachen. i) In dieser Schatulle liegen verschiedene Knöpfe. j) Diese Aufgabe schafft nicht jeder! k) Jeden Sommer fahren wir ans Schwarze Meer. l) Ich habe den gleichen Schal wie du. m) Sie haben bis spät in die Nacht gearbeitet.

Das Zahlwort: Grundzahlwörter (Seite 89–91)

1. b) двена́дцать; c) шестьдеся́т два; d) два́дцать; e) три, пять; f) шестьсо́т шестьдеся́т шесть; g) пять ты́сяч
2. b) Шестьдеся́т мину́т. c) Двена́дцать ме́сяцев. d) Три́ста шестьдеся́т пять.
3. b) две то́лстых/то́лстые кни́ги; c) одно́ ста́рое зе́ркало; d) четы́ре но́вых/но́вые скаме́йки; e) три весёлых поросёнка; f) шесть свобо́дных мест; g) три́дцать оди́н зелёный попуга́й; h) девяти́ больны́х ученико́в; i) сто крупне́йших ба́нков Росси́и
4. b) Во́семь ми́нус оди́н равня́ется семи́. c) Три умно́жить на двена́дцать равня́ется тридцати́ шести́. d) Пятьдеся́т шесть раздели́ть на семь равня́ется восьми́. e) Шесть в квадра́те равня́ется тридцати́ шести́. f) Квадра́тный ко́рень из сорока́ девяти́ равня́ется семи́.
5. <u>Nom</u>.: три прекра́сных/прекра́сные принце́ссы; <u>Gen</u>.: двух весёлых гусе́й; <u>Dat</u>.: трём прекра́сным принце́ссам; <u>Akk</u>.: двух весёлых гусе́й; <u>Instr</u>.: тремя́ прекра́сными принце́ссами; <u>Präp</u>.: (о) двух весёлых гуся́х; <u>Nom</u>.: со́рок оди́н год; <u>Gen</u>.: ты́сячи одно́й но́чи; <u>Dat</u>.: сорока́ одному́ го́ду; <u>Akk</u>.: ты́сячу одну́ ночь; <u>Instr</u>.: сорока́ одни́м го́дом; <u>Präp</u>.: (о) ты́сячи одно́й но́чи
6. b) Я учи́лась в кла́ссе с <u>двадцатью́ пятью́</u> учени́ками. c) У нас нет пятна́дцати <u>чёрных</u> карандаше́й. d) Мы смотре́ли фильм о Белосне́жке и <u>семи́ гно́мах</u>. e) Он ви́дел пятьсо́т девяно́сто <u>одну́</u> ба́бочку.

Das Zahlwort: Sammelzahlwörter (Seite 93–95)

1. <u>Nom</u>.: о́бе, пя́теро; <u>Gen</u>.: обо́их, трои́х; <u>Dat</u>.: обе́им, пятеры́м; <u>Akk</u>.: обо́их (bel.)/о́ба (unbel.), трои́х (bel.)/тро́е (unbel.); <u>Instr</u>.: обе́ими, пятеры́ми; <u>Präp</u>.: (об) обо́их, (о) трои́х

Merken Sie sich: **два часа́** (*zwei Stunden/zwei Uhr*) aber **дво́е часо́в** (*zwei Uhren*).

2. a) о́кон, студе́нтов, сынове́й, су́ток, теля́т, шкафо́в, бра́тьев, дете́й, часо́в, учителе́й; b) студе́нта, студе́нтки, сы́на, до́чери, телёнка, шка́фа, бра́та, сестры́, ребёнка, маши́ны, учи́теля
3. a) R; b) F; c) F; d) R; e) F; f) R; g) R; h) R
4. b) обо́их города́х; c) нас че́тверо; d) пять подру́г; e) две сестры́, о́бе; f) семеры́х; g) тро́е со́лнечных очко́в; h) четы́ре продавщи́цы; i) четверы́х котя́т

Das Zahlwort: Ordnungszahlwörter, Bruch- und Dezimalzahlen (Seite 98–99)

1. <u>Grundzahlwörter</u>: два, сто, девяно́сто де́вять, девятна́дцать, во́семь, семна́дцать; <u>Sammelzahlwörter</u>: че́тверо, дво́е, ше́стеро; <u>Ordnungszahlwörter</u>: пе́рвый, пятна́дцатый, пятиты́сячный, пятьдеся́т шесто́й, второ́й, ты́сяча девя́тый
2. c) седьма́я ры́ба, – ; d) тридца́тая ла́мпа, 30-я ла́мпа; e) пе́рвое сло́во, – ; f) второ́й тайм, – ; g) со́тый клие́нт, 100-й клие́нт; h) тре́тьи но́жницы, – ; i) пятьдеся́т восьма́я страни́ца, 58-я страни́ца
3. a) 9; b) 8; c) 3; d) 6; e) 7; f) 10; g) 1; h) 4; i) 5; j) 2
4. b) четвёртом; c) Втора́я, семьсо́т пя́той; d) шесто́го, деся́тый; e) оди́ннадцатого; f) три́дцать шесто́е, три́дцать седьмо́е; g) со́рок восьмо́м, девя́том; h) пе́рвом, деся́том; i) двадца́тую; j) пя́тый

Das Zahlwort: Datum und Uhrzeit (Seite 102–104)

1. a) два́дцать восьмо́е ноября́ ты́сяча четы́реста пятьдеся́т седьмо́го го́да; b) 16.05.1713; c) тре́тье ма́рта ты́сяча девятьсо́т восьмидеся́того го́да; d) 04.07.1599; e) оди́ннадцатое февраля́ две ты́сячи четвёртого го́да; f) 01.01.2000
2. b) 9.20/21.20; c) 7.45/19.45; d) 5.05/17.05; e) 11.15/23.15; f) 12.00; g) 5.47/17.47; h) 4.00; i) 8.30; j) 6.10, 18.10
3. b) де́вять часо́в два́дцать мину́т, два́дцать мину́т деся́того; c) де́сять часо́в пятна́дцать мину́т, че́тверть оди́ннадцатого; d) оди́ннадцать часо́в три́дцать мину́т, полдвена́дцатого; e) двена́дцать часо́в со́рок мину́т, без двадцати́ час; f) трина́дцать часо́в со́рок пять мину́т, без че́тверти два; g) шестна́дцать часо́в ро́вно, четы́ре часа́ дня; h) два́дцать три часа́ со́рок мину́т, без двадцати́ двена́дцать; i) ноль часо́в пять мину́т, пять мину́т пе́рвого но́чи; j) два часа́ ро́вно, два часа́ но́чи
4. b) В шесто́м ве́ке. c) В ты́сяча семьсо́т двена́дцатом году́. d) Два́дцать пе́рвого апре́ля ты́сяча семьсо́т два́дцать девя́того го́да. e) Два́дцать восьмо́го декабря́ ты́сяча восемьсо́т девяно́сто пя́того го́да. f) Трина́дцатого а́вгуста ты́сяча девятьсо́т шестьдеся́т пе́рвого го́да. g) В ты́сяча девятьсо́т восьмидеся́том году́. h) В две ты́сячи восьмо́м году́.
5. a) 2; b) 1; c) 1; d) 2; e) 2; f) 2; g) 2; h) 1; i) 2; j) 1

Lösungen

Seite 114 – 124

Das Verb: Der Infinitiv, die Aspekte des Verbs (Seite 114 – 116)

1.

П	О	Б	Е	Ж	А	Т	Ь	Е	П	Д	Б
О	Д	Е	Т	Ь	К	Р	К	И	О	Э	Ы
Л	Е	Ж	А	Т	Ь	Я	П	Л	Л	Е	Т
З	Л	И	Т	Ь	Л	С	Л	Е	З	Т	Ь
Т	У	Т	И	К	О	Т	Б	Р	А	Т	Ь
И	С	К	А	Л	М	И	Г	А	Т	Ь	Й
У	К	У	С	И	Т	Ь	М	Ж	Ь	С	В
З	А	К	Р	Ы	Т	Ь	О	К	Я	Е	Н
Э	З	О	В	У	Т	Д	Ч	И	Т	А	Л
Ц	А	Р	А	П	А	Т	Ь	С	В	П	У
Ю	Т	О	Т	Р	Ы	В	А	Т	Ь	К	Щ
Х	Ь	У	Ь	Ю	Ъ	Ж	У	Ь	У	Ш	А

злить – *ärgern*
мига́ть – *blinken*
укуси́ть – *beißen*
цара́пать – *kratzen*
отрыва́ть – *abreißen*
по́лзать / ползти́ – *kriechen*
рвать – *reißen*
трясти́ – *schütteln*
ныря́ть uv, нырну́ть v – *tauchen*

<u>waagerecht</u>: побежа́ть, оде́ть, лежа́ть, злить, лезть, брать, мига́ть, укуси́ть, закры́ть, цара́пать, отрыва́ть; <u>senkrecht</u>: ползти́, сказа́ть, рвать, трясти́, мочь, по́лзать, быть

2. b) лета-; c) тряс-; d) слови-; e) висе-; f) отвез-; g) гуля-; h) ид-; i) смея-; j) одева-

3. a) брать, взять; b) броса́ть, бро́сить; c) ви́деть, уви́деть; d) класть, положи́ть; e) ныря́ть, нырну́ть; f) открыва́ть, откры́ть; g) отреза́ть, отре́зать; h) писа́ть, написа́ть; i) сади́ться, сесть; j) смея́ться, засмея́ться; k) стро́ить, постро́ить; l) тро́гать, тро́нуть

4. a) Richtig; b) Richtig; c) Falsch; d) Falsch; e) Richtig; f) Richtig; g) Falsch; h) Richtig; i) Falsch

5. b) заболе́л; c) отдала́; d) отдава́ла; e) дописа́л; f) допи́сывал; g) отре́зать; h) отреза́ть; i) растёт; j) вы́росли; k) нарисова́ли; l) рисова́ть

6. b) купи́ть; c) налей; d) бери́те; e) волнова́ться; f) меша́ть; g) расска́зывать

Das Verb: Verben der Fortbewegung, das Verb *быть* (Seite 122 – 124)

1. b) Где; c) Куда́; d) Где; e) Куда́; f) Где; g) Куда́; h) Где

2. a) идти́ b) ходи́ть; c) е́хать; d) е́здить; e) нести́; f) носи́ть; g) вести́; h) води́ть; i) везти́; j) вози́ть; k) по́лзать; l) ползти́

Lösungen

Seite 128–134

3. a) войти́, входи́ть, въе́хать, вбежа́ть, влете́ть, влета́ть, вползти́, вполза́ть, влезть, внести́, вноси́ть, ввести́, ввезти́, ввози́ть, вводи́ть, втащи́ть, вкати́ть, вогна́ть, вгоня́ть;
b) зайти́, заходи́ть, зае́хать, забежа́ть, забега́ть, залете́ть, залета́ть, заползти́, заполза́ть, залеза́ть, зала́зить, занести́, заноси́ть, завести́, заводи́ть, затащи́ть, закати́ть, загна́ть, загоня́ть;
c) ...

4. b) –; c) бы́ли; d) бу́дет; e) бу́дут; f) был, –; g) бу́дут; h) бу́дут; i) –; j) бу́дете

5. b) е́хать; c) идём; d) ле́зем; e) слеза́ем; f) бро́дим; g) е́дем; h) е́здили; i) ходи́ли; j) е́хали; k) вёл; l) пое́хал; m) вела́

Die Möglichkeiten, Verben der Fortbewegung zu präfigieren, sind so vielfältig, dass sie hier nicht alle aufgeführt werden können. Die anderen Verben könnten Sie leicht anhand eines Wörterbuches überprüfen.

Das Verb: Verben mit der Partikel *-ся*, unpersönliche Verben (Seite 128–130)

1. b) 1; c) 3; d) 2; e) 2; f) 2; g) 3; h) 1; i) 3; j) 1
2. b) обнима́ть; c) ката́ть; d) оставля́ть; e) дви́гать; f) хоте́ть; g) –; h) опуска́ть; i) –; j) печа́лить; k) крути́ть; l) раздева́ть; m) –; n) начина́ть; o) –; p) –; q) открыва́ть; r) –
3. b) +; c) +; d) –; e) +; f) –; g) +; h) –; i) +; j) +; k) +; l) +; m) –; n) +; o) +
4. a) поднима́ться; b) остава́ться; c) дви́гаться; d) серди́ться; e) наде́яться; f) опуска́ться; g) ра́доваться; h) проща́ться; i) ложи́ться; j) возвраща́ться; k) горди́ться; l) стара́ться
5. a) 1; b) 2; c) 1; d) 1; e) 1; f) 1
6. b) откры́л, открыва́ется; c) помы́ться, помы́л; d) останови́лось, останови́ла; e) руга́ет, руга́ются; f) вы́тереться, вы́тереть; g) встре́тились, встре́тили

Beispiele für die unpersönlichen Verben:
Мне нездоро́вится. – *Ich fühle mich nicht gut.*
Его́ шата́ет от уста́лости. – *Er schwankt vor Müdigkeit.*
Ей прихо́дится мно́го рабо́тать. – *Sie muss viel arbeiten.*

Die Zeiten: Das Präteritum (Seite 133–134)

1. Infinitiv: куса́ть, быть, пры́гнуть, класть, запере́ть; <u>Prät.</u> <u>mask.</u>: тряс, тёк, привы́к, оши́бся; <u>Prät.</u> <u>fem.</u>: куса́ла, была́, пры́гнула, кла́ла, за́перла; <u>Prät.</u> <u>neutr.</u>: чи́стило, трясло́, текло́, привы́кло, оши́блось; <u>Prät.</u> <u>Pl.</u>: куса́ли, бы́ли, пры́гнули, кла́ли, за́перли
2. b) Его́ мать рабо́тала бухга́лтером. c) С на́ми произошло́ весёлое приключе́ние. d) Во́зле до́ма рос ста́рый клён. e) Ко мне приходи́ли знако́мые. f) Ната́лья шла домо́й. g) На́ша сосе́дка до́лго лежа́ла в больни́це.
3. b) ходи́ла; c) сел; d) вела́; e) цвела́; f) шло; g) привы́к; h) е́хала; i) могло́; j) при́был

Lösungen

Seite 138–144

4.

в	ё	л	л	у	с	ц	ж	у	х	и	л	у
ё	о	к	щ	ъ	е	э	с	м	з	ч	а	ш
з	а	н	е	с	л	о	л	е	и	р	я	л
м	о	г	л	и	з	б	а	р	о	к	х	а
к	п	р	и	в	ы	к	л	а	к	е	д	е

<u>waagerecht</u>: вёл, занесло́, могли́, привы́кла; <u>senkrecht</u>: вёз, е́ли, сел, у́мер, ушла́

5. a) пошли́; b) гуля́ли; c) собира́ли; d) начался́; e) спря́тались; f) ко́нчился; g) появи́лась

Die Zeiten: Das Präsens (Seite 138–140)

1. b) выход-, выход-; c) скака-, скач-; d) плы-; плыв-; e) собира-, собира-; f) писа-, пиш-; g) целова-, целу-; h) иска-, ищ-; i) пря́та-, пряч-

2. 1. Konjugation: разгова́ривать, нести́, шить, слу́шать, тяну́ть, печа́тать;

   2. Konjugation: носи́ть, лежа́ть, ложи́ться, горе́ть, слы́шать, стуча́ть

3. b) игра́ешь, игра́ю; c) лю́бите, люблю́, лю́бит; d) де́лает, мо́ет; e) де́лает, игра́ет; f) гото́вите, печём; g) ешь, ем; h) собира́ются, приезжа́ют; i) де́лаете, хо́дим

4. b) смею́тся, пла́чу; c) прилета́ем, улета́ете; d) сиди́те, сто́им; e) открыва́ет, закрыва́ет; f) рабо́таю, отдыха́ешь; g) продаёте, покупа́ем

Die Zeiten: Das Futur (Seite 142–144)

1. a) <u>я</u>: узна́ю, причешу́, съем; <u>ты</u>: подни́мешь, свернёшь, побежи́шь; <u>он</u>, <u>она́</u> <u>оно́</u>: узна́ет, причёшет, съест; <u>мы</u>: улети́м, пока́жем, укра́сим; <u>вы</u>: уе́дете, захоти́те, вы́льете, свя́жете; <u>они́</u>: улетя́т, пока́жут, укра́сят

2. b) бу́дешь звони́ть; c) бу́дет ходи́ть; d) бу́дем проводи́ть; e) бу́дете приезжа́ть; f) бу́дут кури́ть; g) бу́ду учи́ть

3. a) P; b) F; c) F; d) P; e) F; f) P; g) P; h) F; i) P; j) F

4. b) – Что ты бу́дешь де́лать, когда́ сде́лаешь дома́шнее зада́ние? – Когда́ я сде́лаю дома́шнее зада́ние, я бу́ду отдыха́ть. c) – Что Са́ша бу́дет де́лать, когда́ пригото́вит обе́д? – Когда́ Са́ша пригото́вит обе́д, он бу́дет занима́ться. d) – Что вы бу́дете де́лать, когда́ вы поу́жинаете? – Когда́ мы поу́жинаем, мы бу́дем игра́ть в ка́рты. e) – Что де́ти бу́дут де́лать, когда́ помо́ют ру́ки? – Когда́ де́ти помо́ют ру́ки, они́ бу́дут обе́дать.

Der Imperativ (Seite 146–148)

1. b) сядь! ся́дьте! c) ложи́сь! ложи́тесь! d) закро́й! закро́йте! e) поднима́й! поднима́йте! f) вези́! вези́те! g) зале́зь! зале́зьте! h) фотографи́руй! фотографи́руйте! i) встань! вста́ньте! j) возьми́! возьми́те! k) бей! бе́йте!
2. a) 2; b) 1; c) 2; d) 1; e) 2; f) 2; g) 1
3. b) свари́те; c) наре́жьте, поджа́рьте; d) Доба́вьте; e) Жа́рьте; f) Налейте, посоли́те, поперчи́те
4. b) Пла́вай зимо́й в бассе́йне! c) Иди́ ко мне́! d) Ча́ще ходи́ пешко́м! e) Скоре́е неси́ мне полоте́нце! f) Носи́ зимо́й ша́пку!

Der Konjunktiv (Seite 149–150)

1. b) шёл бы, шла́ бы, шло́ бы, шли́ бы; c) игра́л бы, игра́ла бы, игра́ло бы, игра́ли бы; d) спа́л бы, спала́ бы, спало́ бы, спа́ли бы; e) пое́л бы, пое́ла бы, пое́ло бы, пое́ли бы; f) прие́хал бы, прие́хала бы, прие́хало бы, прие́хали бы; g) мы́лся бы, мы́лась бы, мы́лось бы, мы́лись бы; h) забра́л бы, забрала́ бы, забра́ло бы, забра́ли бы
2. b) Написа́л бы письмо́ ба́бушке, ей бу́дет прия́тно. c) Убра́л бы свои́ кни́ги, здесь не́где сиде́ть. d) Наде́л бы ша́пку, на у́лице прохла́дно. e) Сня́л бы сви́тер, жа́рко.
3. b) бы, была́, назва́л(-а́) бы; c) бы, зна́ли, смотре́ли бы; d) бы, была́, могли́ бы; e) бы, просну́лся, успе́л бы; f) бы, вы́играл, купи́л бы; g) бы, могли́, се́ли бы

Das Passiv (Seite 152)

1. a) переводи́ть; b) писа́ть; c) роня́ть; d) ожида́ть; e) съесть; f) проверя́ть; g) приноси́ть; h) иска́ть; i) надева́ть
2. b) Ко́мната освеща́ется ла́мпой. c) Пацие́нт бу́дет осма́триваться врачо́м. d) Кни́га брала́сь чита́телем в библиоте́ке.

Das Partizip: das Partizip Präsens Aktiv, das Partizip Präteritum Aktiv, die Deklination der Partizipien Präsens und Präteritum Passiv (Seite 158–159)

1. b) включа́ющий, включа́вший; c) дви́гающийся, дви́гавшийся; d) –, вы́ключивший; e) подпи́сывающий, подпи́сывавший; f) убира́ющий, убира́вший; g) ды́шащий, дыша́вший; h) пи́лящий, пили́вший; i) ползу́щий, по́лзший; j) во́зящий, вози́вший; k) теку́щий, тёкший
2. b) Писа́тель, написа́вший э́ту кни́гу, живёт в Бо́нне. c) Сотру́дница, рабо́тающая над прое́ктом, в о́тпуске. d) Э́то сосе́ди, живу́щие над на́ми. e) Преподава́тель, чита́вший ле́кцию, уже́ ушёл. f) Де́вочка, дое́вшая за́втрак, мо́ет таре́лку.

Lösungen

Seite 164–172

3. b) живу́щую в на́шем до́ме, живу́щей в на́шем до́ме;
   c) прие́хавший из Кита́я, прие́хавшему из Кита́я;
   d) уча́ствовавшими в Олимпиа́де, уча́ствовавших в Олимпиа́де

Das Partizip: das Partizip Präsens Passiv, das Partizip Präteritum Passiv, die Deklination der Partizipien Präsens und Präteritum Passiv, die Kurzform der Partizipien (Seite 164–166)

1. b) дава́емый/да́нный/~~дава́нный~~; c) ~~мы́нный~~/мо́емый/мы́тый; d) ~~напишу́емый~~/~~написа́тый~~/напи́санный; e) ~~одева́нный~~/одева́емый/оде́тый; f) ~~сня́емый~~/снима́емый/сня́тый; g) убира́емый/у́бранный/~~у́братый~~; h) нагрева́емый/~~нагрева́нный~~/нагре́тый

2. b) журна́л, печа́тающий рекла́му; рекла́ма, печа́таемая журна́лом; c) грузови́к, перевозя́щий груз; груз, перевози́мый грузовико́м; d) перево́дчик, переводя́щий статью́; статья́, переводи́мая перево́дчиком; e) ве́тер, гоня́щий ли́стья; ли́стья, гони́мые ве́тром. f) пульт, включа́ющий телеви́зор; телеви́зор, включа́емый пу́льтом; g) сквозня́к, гася́щий свечу́; свеча́, гаси́мая сквозняко́м.

3. b) заброни́рован; c) сло́жены; d) о́тдан; e) поли́ты; f) нако́рмлена; g) зака́зано

4. b) сда́нных; c) изуча́емый; d) вы́ученные; e) покупа́емые; f) ку́пленный; g) исполня́емых; h) испо́лнены; i) узнава́ем; j) у́знанной

5. a) Посы́лка, отпра́вленная в пя́тницу, всё ещё не пришла́. b) Предме́ты/ве́щи, забы́тые в по́езде и́ли на вокза́ле, вы мо́жете найти́ в бюро́ нахо́док. c) Это ру́сское предложе́ние, переводи́мое мной на неме́цкий, не сло́жное. d) По телеви́зору идёт мой горячо́ люби́мый фильм.

Das Adverbialpartizip: Adverbialpartizipien der Gleichzeitigkeit, Adverbialpartizipien der Vorzeitigkeit (Seite 170–172)

* Die Form **отнёсши** wird in der modernen Sprache nicht mehr gebraucht.

1. b) возвраща́ясь, возврати́вшись; c) красне́я, покрасне́в; d) ра́дуясь, обра́довавшись; e) зовя́, позва́в; f) неся́, отнеся́*; g) танцу́я, станцева́в; h) приезжа́я, прие́хав

2. a) Написа́в; b) Расска́зывая; c) Чита́я; d) Сдав; e) Рису́я; f) Взя́вшись; g) взяв, h) собира́я; i) смея́сь

3. b) Уви́дев э́ту де́вушку, я поняла́, что мы знако́мы. –; c) –, Купи́в биле́ты, мы сра́зу же пошли́ в киноза́л. d) Проезжа́я ми́мо ста́нции, я потеря́л шля́пу. –; e) Возвраща́ясь домо́й, он всегда́ в хоро́шем настрое́нии. –

4. a) Сидя за столом, они разговаривали. b) Гуляя, я часто встречаю свою соседку. c) Поднявшись на гору, туристы увидели море. d) Прочитав письмо, отец передал его матери. e) Она убирает свою комнату, слушая музыку. f) Он ушёл, ничего не объяснив.

Die Präposition (Seite 178–180)

1. b) в школу, в школе; c) на почту, на почте; d) в парикмахерскую, в парикмахерской; e) на стадион, на стадионе; f) на работу, на работе; g) в спальню, в спальне; h) в музей, в музее; i) на выставку, на выставке; j) на стоянку, на стоянке; k) в гости, в гостях.
2. <u>Gen.</u>: без, с, около, кроме, до, из, от, мимо; <u>Dat.</u>: к, благодаря, по; <u>Akk.</u>: на, под, через, о, с, за, про, сквозь, по; <u>Instr.</u>: под, между, с, за, над, перед; <u>Präp.</u>: на, при, о, по
3. b) месяц; c) четверга; d) тебе; e) России; f) цирка; g) нашего знакомства; h) концертом; i) обеда; j) посетителей выставки
4. b) через; c) под; d) перед; e) после; f) на; g) Из-за; h) по; i) обо; j) за; k) вдоль
5. b) на; c) с; d) до; e) без; f) по; g) на; h) на; i) –; j) у; k) на; l) на; m) в; n) в; o) на; p) под; q) за; r) в; s) с; t) на; u) на

Das Adverb: Die Steigerung der Adverbien (Seite 185–186)

1. b) слева, налево; c) близко; d) по-моему; e) спокойно; f) по-своему; g) похоже; h) осторожно
2. b) ласковее, ласковее всех/всего; c) быстрее, быстрее всех/всего; d) медленнее, медленнее всех/всего; e) дальше, дальше всех/всего; f) труднее, труднее всех/всего; g) мягче, мягче всех/всего; h) лучше, лучше всех/всего; i) хуже, хуже всех/всего; j) больше, больше всех/всего; k) ближе, ближе всех/всего
3. b) часто; c) хорошее; d) плохо; e) правильный; f) крепко; g) поздно; h) много; i) тихий

Das Adverb: Prädikative Adverbien (Seite 188)

1. c); e); f)
2. a) Es ist für Sie schon Zeit aufzustehen! b) Muss irgendjemand eine Fahr-/Eintrittskarte kaufen? c) Ich darf kein Bier trinken. d) Sie muss nicht abnehmen.
3. b) Нам было интересно на лекции. c) Мне грустно. d) В отпуске будет хорошо. e) Ей всегда беспокойно.

Die Partikel (Seite 194–195)

1. a) бы; b) только; c) то; d) Разве; e) же; f) ни; g) даже; h) же; i) ни … ни; j) ведь; k) Вон; l) ни-

2. b); e); f); g)
3. b) не, ни, ни; c) не; d) ни; e) не, ни, ни; f) ни, не; g) ни, не
4. a) Z; b) Z; c) Z; d) G; e) Z; f) Z; g) G; h) G

Die Interjektion (Seite 197–198)

1. b) Бу́дьте здоро́вы! c) Пожа́луйста; d) Алло́; e) Приве́т;
   f) Здра́вствуйте; g) Споко́йной но́чи; h) До свида́ния
2. a) овца́; b) коро́ва; c) куку́шка; d) коза́; e) соба́ка; f) ко́шка;
   g) пету́х; h) воробе́й; i) свинья́; j) гусь; k) лягу́шка; l) у́тка;
   m) мышь; n) ку́рица
3. b) 5; c) 2; d) 6; e) 1; f) 8; g) 7; h) 4; i) 10; j) 9

Der einfache Satz: Die Wortstellung in Aussage- und Fragesätzen, Aufforderungssätze (Seite 203–205)

1. b) Продаве́ц до́лго не дава́л мне второ́й боти́нок. c) Почтальо́н всегда́ прино́сит нам све́жие газе́ты. d) Макси́м го́рдо показа́л Са́ше свою́ но́вую маши́ну. e) И́горь за́втра сде́лает Ле́не предложе́ние. f) Врач сра́зу вы́писал больно́му лека́рство. g) Соба́ка с ра́достью принесла́ хозя́ину та́пки. h) Пе́тер ча́сто да́рит Ри́вке цветы́. i) Окса́на обы́чно передаёт Андре́ю приве́т.
2. a) Bitte; b) Empfehlung; c) Befehl; d) Bitte; e) Bitte; f) Empfehlung; g) Befehl; h) Empfehlung; i) Bitte
3. b) Я ходи́л в бассе́йн вчера́. c) Мы пода́рим э́ти цветы́ учи́тельнице. d) Мы в Ита́лию полети́м. e) На флейте игра́ет моя́ подру́га.
4. b) Чем он боле́л? c) О чём была́ пе́сня? d) Что ты де́лаешь/вы де́лаете после у́жина? e) Где стои́т твой/ваш стол? f) Когда́ прие́дут его́ роди́тели?
5. b) Мари́на уме́ет танцева́ть вальс? Уме́ет ли Мари́на танцева́ть вальс? Ра́зве Мари́на уме́ет танцева́ть вальс? Неуже́ли Мари́на уме́ет танцева́ть вальс? c) Пингви́ны (не) уме́ют лета́ть? (Не) Уме́ют ли пингви́ны лета́ть? Ра́зве пингви́ны не уме́ют лета́ть? Неуже́ли пингви́ны не уме́ют лета́ть? d) У неё есть брат? Есть ли у неё брат? Ра́зве у неё есть брат? Неуже́ли у неё есть брат?

Der einfache Satz: Satzglieder: Das Subjekt, abhängige Satzglieder (Seite 209–210)

1. b) Понеде́льник – Substantiv; c) Фотографи́ровать – Verb; d) Чита́ющие – substantiviertes Partizip; e) Се́меро – Zahlwort; f) «мя́у!» – Interjektion; g) «за́втра» – Adverb; h) Рабо́чие – substantiviertes Adjektiv
2. b) уме́ет/уме́ют; c) пла́вает; d) не зна́ет; e) пришёл; f) стоя́ла; g) прошло́; h) упа́ло/упа́ли; i) ушли́

3. a) На площади было много голубей. b) Несколько друзей стояло/стояли у метро. c) В этом балете танцевали две известные балерины. d) Оба её сына учились играть на гитаре. e) Мы с сестрой ходили в кино. f) На крыше сидело шесть кошек.

Der einfache Satz: Satzglieder/Das Prädikat (Seite 214–215)

1. b) A; c) B; d) B; e) B; f) A; g) B; h) B; i) A; j) C; k) C
2.

А	Г	У	Ч	И	Т	Ь	С	Я	С	Н	Й
М	О	Ч	Ь	Д	В	Х	И	З	П	А	К
Р	Т	М	Ч	Б	А	Ё	П	Н	Н	Д	О
Д	О	Л	Ж	Е	Н	Ж	Р	У	Т	О	Н
Щ	В	Ъ	Э	Г	Л	Р	А	Д	Ь	Е	Ч
Б	Ф	О	Ъ	А	О	Д	З	Л	С	Д	А
Л	Ю	Б	И	Т	Ь	И	Р	О	Т	А	Т
Я	Х	Я	З	Ь	Ж	Д	Е	Л	А	Т	Ь
В	С	З	Ш	К	М	Е	Ш	А	Т	Ь	Ж
Ч	З	А	П	Р	Е	Щ	А	Т	Ь	Р	Б
Г	У	Н	Р	Е	Ш	А	Т	Ь	Д	К	В
Д	Е	П	Б	Р	А	Т	Ь	И	М	Х	О

<u>waagerecht</u>: учиться, мочь, надо, должен, рад, любить, мешать, запрещать, решать;
<u>senkrecht</u>: готов, обязан, разрешать, стать, надоедать, кончать

3. b) Если бы ты был здоров! c) Если бы музыка была тихая/тише! d) Если бы Артём был холостой! e) Если бы Валя была не замужем! f) Если бы эта юбка была короткая/короче! g) Если бы этот билет был дешёвый/дешевле!
4. e); j)

Der einfache Satz: Sätze ohne grammatisches Subjekt (Seite 221–223)

1. b) Мне вырвали зуб. c) Ей подарили цветы. d) На месте парка построили торговый центр. e) Пассажиров просят пристегнуться. f) У нас всегда сверлят. g) Тебя уже поздравили с Новым годом?
2. a) P; b) AP; c) AP; d) P; e) P; f) AP
3. b) Ему не хотелось идти в гости. c) Ей не сидится дома. d) Сыну не спится. e) Дерево сломало ветром./Ветром сломало дерево. f) Несколько домов снесло ураганом./Ураганом снесло несколько домов. g) Всё небо затянуло тёмными тучами./Тёмными тучами

затяну́ло всё не́бо. h) Мне слы́шно че́й-то го́лос. i) Отсю́да ви́дно наш дом. j) Им не ве́рится в успе́х пое́здки.
4. b) Нет, у меня́ нет часо́в. c) Нет, здесь не́ было мали́ны. d) Нет, у меня́ нет свобо́дного вре́мени. e) Нет, тут никого́ нет. f) Нет, в коридо́ре нет ве́шалки. g) Нет, в но́мере нет ду́ша.
5. a) Бы́ло хо́лодно и темно́. b) На у́лице никого́ не́ было. c) Из-за тума́на ничего́ не́ было ви́дно. d) На́до бы́ло бы скоре́е идти́ домо́й. e) Иногда́ бы́ло слы́шно стра́нные зву́ки. f) В тако́й ве́чер хо́чется остава́ться до́ма.

Der einfache Satz: Die Negation (Seite 225–226)

1. a); d); f); h)
2. a) 2; b) 1; c) 1; d) 2; e) 2; f) 1
3. a) Er hat weder Freunde noch Familie. b) Ich war noch nie auf der Krim. c) Andrej kennt kein einziges ukrainisches Lied. d) Sie mussten den Kindern einfach helfen. e) Ich habe nichts davon gehört. f) Er musste sich einfach an diese Geschichte erinnern.

Der zusammengesetzte Satz: Satzverbindungen (Seite 231–233)

1. a) E; b) Z (Komma nach те́ннис); c) Z (Komma nach уста́ли); d) E; e) Z (Komma nach жа́рко); f) Z
2. b) У меня́ аллерги́я на мали́ну, а клубни́ку я могу́ есть. У меня́ аллерги́я на мали́ну, клубни́ку же я могу́ есть. c) Она́ не лю́бит рок, а кла́ссика ей о́чень нра́вится. Она́ не лю́бит рок, кла́ссика же ей о́чень нра́вится. d) Влад не говори́т по-англи́йски, а по-неме́цки он говори́т свобо́дно. Влад не говори́т по-англи́йски, по-неме́цки же он говори́т свобо́дно.
3. a); c); f); h); i); j); l)
4. b) и, но, а; c) но, а, и; d) но, и, а; e) и, а, но; f) но, и, а; g) но, а, и; h) но, а, и

Der zusammengesetzte Satz: Satzgefüge, Objekt- und Subjektsätze (Seite 243–245)

1. a) K; b) KW; c) KW; d) K; e) K; f) KW; g) K; h) KW
2. b) nach; c) nach; d) vor; e) gleichzeitig; f) gleichzeitig; g) vor; h) nach
3. b) что; c) что; d) что́бы; e) что; f) что; g) что́бы; h) что́бы; i) что
4. b) Тот; c) всем; d) ка́ждый; e) всём; f) то; g) ниче́м; h) никому́; i) Любо́й
5. b) где; c) как; d) чья; e) кто; f) кто
6. b) Мне показа́лось, бу́дто бы кто́-то позвони́л в дверь. c) Ли́на волну́ется, как бы Илья́ не простуди́лся. d) Я не зна́ю, на́до ли снима́ть сапоги́. e) Всем бы́ло заме́тно, как она́ вы́росла за э́ти полго́да.

Der zusammengesetzte Satz: Attributsätze (Seite 249–251)

1. b) кото́рый; c) кото́рое; d) кото́рая; e) кото́рые; f) кото́рая; g) кото́рое; h) кото́рый
2. a) кото́рую; b) како́й; c) кото́рый; d) кото́рые; e) како́го; f) на кото́рое
3. b) чья сестра́ учи́лась в моём кла́ссе. c) чей сын живёт в сосе́дней кварти́ре. d) чьё и́мя изве́стно ка́ждому. e) чьи соба́ки всегда́ ла́ют на меня́.
4. a) где; b) отку́да; c) бу́дто; d) когда́; e) куда́; f) что́бы; g) что; h) где; i) когда́
5. b) Мы вы́шли на доро́гу, по кото́рой мы ещё не ходи́ли. c) Кошелёк мо́жет быть в паке́те, кото́рый я пове́сила на стул. d) Позвони́ юри́сту, с кото́рым я вчера́ встреча́лся. e) Я получи́л письмо́, кото́рого (я) до́лго ждал. f) Она́ купи́ла ту́фли, в кото́рых мо́жно танцева́ть всю ночь.
6. b) Я потеря́л рюкза́к, в кото́ром бы́ли ва́жные докуме́нты. c) Я разгова́ривал со знако́мыми, кото́рые неда́вно прие́хали из Ита́лии. d) У люде́й, о кото́рых я говорю́, нет чу́вства ю́мора.

Der zusammengesetzter Satz: Adverbialsätze (Seite 256–257)

1. b) когда́; c) где; d) отку́да; e) где; f) куда́; g) Когда́
2. b) то; c) тогда́; d) туда́; e) отту́да; f) потому́/и́з-за того́/оттого́; g) то; h) то; i) того́
3. b) был, бы нарисова́л; c) Позвони́, бу́дет; d) встре́тил, узна́л бы; e) бу́дет/есть, отда́м; f) успева́ю, хочу́; g) прие́хали, могли́ бы; h) сде́лали, начина́йте
4. b) Дми́трий звони́т мне, что́бы узна́ть но́мер телефо́на Оле́га Ива́новича. c) Мне ну́жно зале́зть на стул, что́бы доста́ть эту ва́зу. d) Ю́ля наде́ла рези́новые перча́тки, что́бы не запа́чкать ру́ки. e) Мариа́нна не лета́ет самолётами, потому́ что у неё аэрофо́бия. f) Влади́мир откры́л дверь, что́бы На́дя могла́ войти́.

Der zusammengesetzte Satz: die direkte und die indirekte Rede (Seite 259)

1. a) «Како́й прекра́сный день!» – поду́мал я. b) Он спроси́л: «Здесь есть врачи́?» c) О́ля сказа́ла: «Дай мне, пожа́луйста, моё пальто́». d) Дени́с предложи́л: «Пойдём пешко́м!» e) «Вот мой дом», – сказа́ла Ната́ша. f) «Тебе́ не хо́лодно?» – спроси́ла я.
2. b) Дочь попроси́ла па́пу закры́ть окно́. c) Сосе́дка сказа́ла, что к нам приходи́л почтальо́н. d) Я спроси́ла у подру́ги, отку́да у неё э́та су́мочка. e) Учени́к спроси́л, мо́жно ли войти́.

Sachregister

A – D

Sachregister

Fett markierte **Wörter** sind als Überschrift zu den nachfolgenden, eingerückten Wörtern zu verstehen.
Fett markierte **Seitenzahlen** weisen darauf hin, an welcher Stelle des Buches ein Thema hauptsächlich behandelt wird.

A

Adjektiv 38
   als Attribut 41
   als Prädikat 41
   Beziehungsadjektiv 43
   Deklination 38
   Kurzform **44**, 238
   Langform 44
   Qualitätsadjektiv **43**, 49
   Steigerung 49
   substantiviert 52
Adverb 181
   Adjektiv 184
   attributiv 183
   bestimmend 182
   Grund 183
   Komparativ 184
   prädikativ **187**, 219, 238, 239
   Steigerung 184
   Suffix 182
   Superlativ 185
   Zeit 183
   Zweck 183
Adverbialbestimmung **209**, 252
Adverbialpartizip 167
   Gleichzeitigkeit 168
   Vorzeitigkeit 169
Adverbialsatz 252
   Grund 254
   Ort 252
   Zeit 253
   Zweck 253
Akkusativ **18**, 176, 177
Alphabet 8
Anführungszeichen 258
Artikel 16
Aspekt 108
   Futur 112
   Imperativ 114
   Infinitiv 113
   Präteritum 110
   unvollendet **108**, 135, 141
   vollendet **108**, 135, 141

Attribut 41, 206, 209
attributives Adverb 183
Attributsatz 246
Aufforderung 145, 146, 149, **201**, 202
Aufforderungssatz 201
Aufruf 203
Ausrufepartikel 192
Aussagesatz 200
Aussprache 8, 9

B

Bedingung 149
Befehl 145, 146, 202, 203
bekräftigende Partikel 192
belebt 22
Berufsbezeichnung 17
Besitz 60
bestimmendes Adverb 182
Betonungszeichen 9
Bewegung ▶ **Fortbewegung**
Beziehungsadjektiv 43
Bitte 145, 149
Bruchzahlen 97
Buchstabe 8
Buchstabenname 8

D

Dativ **18**, 176
Datum 100
Definitpronomen 79
Deklination 17, **21**, 38
   Adjektiv 38
   Familiennamen 53
   Partizip 158, 162
   Präposition 175
   Substantiv 17, **21**, 22, 29
Demonstrativpronomen 65
Dezimalzahlen 97
direkte Rede 258
Doppelpunkt 258
doppelte Verneinung 73
Druckschrift 8

Sachregister

E – M

E
Eigenname 10, **33**
einfacher Komparativ 49
einfacher Satz 199
einfacher Superlativ 51
einfaches Futur 141
einschränkende Partikel 193
e-Konjugation 135
Emotion 196
Empfehlung 202
Endung 13, 16
Erlaubnis 146, 187

F
Fall 18
Familienname 34, **53**
Feiertagsname 10
Femininum 17
flektierbar 13
flüchtige Vokale 23
Forderung 202
Formenlehre 12
Fortbewegung 117, 118
Fragepartikel 192
Fragesatz 200
Fragewort 200
Futur 112, **140**

G
Gedankenstrich 258
Gefühl 196
Gegenwart ▸ Präsens
gemischte Konjugation 137
Genitiv 18, 26, 32, 175
Geschlecht 16, 38
Großschreibung 10
Grundzahlwörter **84**, 87

H
Handschrift 9
Hauptsatz 228, **234**
Hilfsverb **140**, 213
hinweisende Partikel 193
Höflichkeit 197

I
i-Konjugation 136
Imperativ 114, **144**
imperfektiv 108
Indefinitpronomen 76
indirekte Rede 258
Infinitiv **106**, 113
Infinitivstamm 106
Instrumental **18**, 19, 176, 177
Interjektion **196**
    Gefühl/Emotion 196
    Höflichkeit 197
    lautmalend 197
Interrogativpronomen 69
irreale Handlung 255

K
Kleinschreibung 10
Komma 234
Komparativ 49, 184
Konjugation ▸ Verb
Konjunktion 228, 234, 236
    Attributsatz 246
    nebenordnend 228, 229
    unterordnend 234
Konjunktionswort 235, 241, 247, 248
Konjunktiv 148
Konsonant 9
    hart 9
    weich 9
Konsonantenwechsel 14
Kopulaverb 212
    Adjektiv **44**, 238
    Partizip **163**, 220, 239

L
lautmalend 197
Lautwechsel 14
Lebewesen 17

M
Maskulinum 17
Modus 105

Sachregister

N – R

N
Nebenhandlung 168, 170
nebenordnende Konjunktion 228, 229
Nebensatz 228, **234**, 235
Negation 73, 220, **224**
 doppelte Verneinung 73, **225**
 Negationspronomen **73**, 225
Negationspronomen **73**, 225
Neutrum 17
nicht zielgerichtet 117
Nominativ 18

O
Objekt 151, **208**, 242
Objektsatz 235
Ordnungszahlwörter 95

P
Partikel **189**
 Ausrufepartikel 192
 bekräftigendl 192
 einschränkend 193
 Fragepartikel 192
 hinweisend 193
 verneinend 195
Partizip **153**
 Adverbialpartizip 167
 Deklination 158, 162
 Kurzform **163**, 220, 239
 Präsens Aktiv 155
 Präsens Passiv 160
 Präteritum Aktiv 156
 Präteritum Passiv 161
Passiv 151
perfektiv 108
Personalpronomen 58
Personenname 10
persönliche Sätze 216, 217
persönliche Verben 219
pertitiver Genitiv 26
Pflicht 187
Plural **18**, 29, 31
Possessivpronomen 60

Prädikat 41, 45, **211**, 218, 219, 220
 einfach 211
 zusammengesetzt 211
prädikatives Adverb **187**, 219, 238, 239
Prädikatsnomen 212
Präfix **13**, 108, 117
Präposition **173**
 Akkusativ 176, 177
 Dativ 176
 Deklination 175
 Genitiv 175
 Grund 175
 Instrumental 176, 177
 Objektbeziehung 175
 Ort 174
 Präpositiv 176, 177
 Zeit 174
 Ziel 175
Präpositiv **18**, 19, 23, 176, 177
Präsens 135
Präteritum 110, **131**
Pronomen **57**
 Definitpronomen 79
 Demonstrativpronomen 65
 Indefinitpronomen 76
 Interrogativpronomen 69
 Negationspronomen **73**, 225
 Personalpronomen 58
 Possessivpronomen 60
 reflexives Possessivpron. 62
 Reflexivpronomen 59
 Relativpronomen 71

Q
Qualitätsadjektiv **43**, 49

R
Rechnen 88
Rechtschreibung 10
reflexives Possessivpronomen 62
Reflexivpronomen 59
Relativpronomen 71
Relativsatz 162
relfexiv 125
Resultat 152

Sachregister

S – V

S

Sammelzahlwörter 91
Satz 199
  Adverbialsatz 252
  allgemein-persönlich 217
  Attributsatz 246
  Aussagesatz 200
  direkte Rede 258
  einfach 199
  Fragesatz 200
  Hauptsatz 228, **234**
  indirekte Rede 258
  Nebensatz 228, **234**, 235
  Objektsatz 235
  ohne Subjekt 216
  Relativsatz 162
  Satzgefüge 228, **234**
  Satzglied **206**, 208
  Satzverbindung 228
  Subjektsatz 235
  unbestimmt-persönlich 216
  unpersönlich **218**, 220
  Wortstellung 199
  zusammengesetzt 227
Satzgefüge 228, **234**, 255
Satzglied **206**, 208
  Adverbialbestimmung 209
  Attribut 209
  Objekt **208**, 242
  Prädikat 41, 45, **211**, 218, 219, 220
  Subjekt **206**, 216, 242
Satzverbindung 228
Schreibschrift 8, 9
Singular 18
Stamm ▶ **Wortstamm**
Stammauslaut 22
Steigerung 184
  Adjektiv 49
  Adverb 184
  Komparativ 184
  Superlativ 51, 185
Subjekt **206**, 216, 242
Subjektsatz 235
Substantiv 16
  1. Deklination **22**, 29
  2. Deklination **24**, 30
  3. Deklination **25**, 30
  Artikel 16
  belebt 22
  Berufsbezeichnung 17
  Deklination 17, **21**, 22
  Fall 18
  Femininum 17
  gemischte Deklination 26
  Geschlecht 16
  Lebewesen 17
  Maskulinum 17
  Neutrum 17
  Plural **18**, 29, 31
  unbelebt 22
  Zahl 18
substantiviertes Adjektiv 52
Suffix 10, **13**, 109, 182
Superlativ 51, 185

T

transitiv 151, 160

U

Uhrzeit 101
unbelebt 22
unflektierbar 13
unpersönliche Sätze **218**, 220
unpersönliche Verben **127**, 218
unterordnende Konjunktion 234
unvollendet **108**, 135, 141, 151, 153, 157, 167

V

Vatersname 33
Verb 105
  Aspekt 108
  e-Konjugation 135
  Fortbewegung 117
  Futur 112, **140**
  gemischte Konjugatin 137
  Hilfsverb **140**, 213
  i-Konjugation 136
  Imperativ 114, **144**
  Infinitiv **106**, 113
  Konjunktiv 148
  Kopulaverb 212

Sachregister

W – Z

Modus   105
Partizip   153
Passiv   151
persönlich   219
Präsens   135
Präteritum   110, **131**
reflexiv   125
unpersönlich   127
unpersönlich   218
unvollendet   **108**, 135, 141
Vergangenheit   132
vollendet   **108**, 135, 141
Zeit   131
Zeitform   105
Verbot   145, 187, 202
Vergangenheit ▶ **Präteritum**
Vergleich   50
verneinende Partikel   195
Verneinung ▶ **Negation**
Vokal   23
vollendet   **108**, 135, 141, 151, 153, 157, 167
Vorname   33

W

Wortart   12
flektierbar   13
unflektierbar   13
Wortstamm   13, 14
Wortstellung   199
Aussagesatz   200
Fragesatz   200
Wunsch   145, 146, 149, 201, 202
Wurzel   13

Z

Zahl   18
Zahlwort   84
Bruchzahlen   97
Datum   100
Deklination   87
Dezimalzahlen   97
Grundzahlwörter   **84**, 87
Ordnungszahlwörter   95
Rechnen   88
Sammelzahlwörter   91
Uhrzeit   101
Zeit   131
Futur   140
Präsens   135
Präteritum   131
Vergangenheit   132
Zeitform   105
zielgrichtet   117
Zugehörigkeit   60
Zukunft ▶ **Futur**
zusammengesetzter Komparativ   50
zusammengesetzter Satz   227
zusammengesetzter Superlativ   51
zusammengesetztes Futur   140

Wortregister

А
а 230

Б
башня 33
бежать 137
более 50
будет 88
будто 246
будто (бы) 236, 237, 240
быть 45, **120**, 137, 140, 145, 151, 187, 212

В
ванная 47
ваш 60
ведь 192
век 100
весь 79, 80
вечера 101
вишня 33
вон 193
восемь 85
вот 193
все 51
всё 79, 80
всех 52
всякий 79, 81
второй 95
-вший 156

Г
где 248, 249
год 100

Д
даже 192
далёкий 49
дать 162
два 85, 87
двое 91, 92
девять 85

дедушка 17
десять 85
дня 101
долгий 49
друг друга 126
дядя 17

Е
его 58
ездить 117
-енн- 161
есть 137, 145
ехать 137, 145

Ё
-ённ- 161

Ж
же 192, 230
и 228, 229

И
или 231

К
каждый 79, 81
как 192, 236, 237, 240
как будто 246
как бы не 236, 240
какой 69, 71, 154, 247
когда 248, 249
кое- 76, 78
который 69, 71, 247, 248
кто 69, 242
куда 248, 249

Л
лечь 145
ли 192, 236, 237, 240
-либо 76, 78
либо 231
лист 31

Wortregister

М – С

лишь 193
лишь то́лько 193
любо́й 79, 81

М
ма́ленький 49, 51
миллиа́рд 85
миллио́н 85
миллио́нный 95
мой 60
мочь 107
мужчи́на 17

Н
наи- 51
наш 60
не 190, 195, 224, 225
не- 73, 74, 183
не бу́дет 220
не́ было 220
не то ... не то 231
не́кий 76, 77
не́кого 73
не́который 76
не́кто 76
не́сколько 76
нет 220, 224, 225
неуже́ли 192
не́чего 73
не́что 76
ни 190, 191, 192, 225
ни- 73, 74, 183, 225
ни ... ни 225, 229
-нибудь 76, 78
нигде́ 225
никако́й 73, 225
никогда́ 225
никто́ 73, 225
никуда́ 225
ниче́й 73, 225
ничто́ 73, 225
-нн- 161
но 229
ноль 85
но́чи 101

ну́ и 192
нуль 85

О
о́ба 91, 92
о́бе 91
о́блако 32
оди́н 85, 87, 207
одна́ 97
одна́ко 229
отку́да 248, 249

П
па́па 17
пе́рвый 95
пе́сня 33
пла́вать 117
плохо́й 49, 51
по- 119
пол 98
полови́на 98
полтора́ 97
про- 120
пя́теро 91
пя́тый 95
пять 85, 88

Р
ра́зве 192

С
с- 120
сам 79
са́мый 51, 79, 80
свой 62
себя́ 59, 125
седьмо́й 95
се́меро 91
семь 85
сесть 145
ско́лько 69, 71, 89
сороково́й 95
со́тый 95
сто 85
сто́лько 65, 66
-ся 125, 151, 156, 170

Wortregister

Т – Ю

Т
такой 65, 247, 248
твой 60
то 238
-то 76, 77
то … то 230
то ли … то ли 231
только 193
тонкий 49
тот 65
третий 95
треть 98
три 85, 87
триллион 85
трое 91, 92
тысяча 85
тысячный 95

У
узнать 162
утра 101
-ущ- 155

Х
хороший 49, 51
хотеть 137
хотеться 221

Ц
цвет 31
цветок 31
целый 97

Ч
чей 69, 70, 71, 247, 248
чем 50
четверо 91, 92
четвёртый 95
четверть 98
четыре 85, 87
что 69, 234, 236, 238, 239, 246, 247, 248
что за 192
чтоб 246
чтобы 236, 237, 239, 246

Ш
шестеро 91
шесть 85

Ы
-ый 161

Э
это 193
этот 65

Ю
-ющ- 155

Bildnachweis

S. 10: istock/izold; S. 12: shutterstock/pfshots; S. 16: istock/diane39;
S. 21: istock/Brainsil; S. 38: istock/cwinegarden; S. 57: istock/RonTech2000;
S. 84: istock/sasasasa; S. 105: shutterstock/Wallenrock; S. 153: istock/Sisoje;
S. 167: istockphoto.com/Lise Gagne; S. 173: istock/clu; S. 181: shutterstock.com/Michele Perbellini; S. 189: istock/cloki; S. 196: shutterstock/Radoslaw Korga;
S. 199: istockphoto/Ekaterina Krasnikova; S. 227: istockphoto/Sean Locke